Tomáš Halík

Der Nachmittag des Christentums

Tomáš Halík

Der Nachmittag des Christentums

Eine Zeitansage

Aus dem Tschechischen von Markéta Barth
unter Mitarbeit von Udo Richter

HERDER

FREIBURG · BASEL · WIEN

Diese Arbeit ist entstanden mit Unterstützung des Projektes »Kreativität und Adaptabilität als Voraussetzung für den Erfolg Europas in der vernetzten Welt«, Reg.-Nr.: CZ.02.1.01/0.0/0.0/16_019/0000734, finanziert durch den Europäischen Fonds für regionale Entwicklung.

Titel der Originalausgabe: *Odpoledne křesťanství. Odvaha k proměně*, Praha 2021

MIX
Papier | Fördert gute Waldnutzung
FSC® C014496

www.herder.de

Die Bibeltexte sind entnommen aus:
Die Bibel. Die Heilige Schrift des Alten und Neuen Bundes. Vollständige deutsche Ausgabe

Satz: Carsten Klein, Torgau
Herstellung: GGP Media GmbH, Pößneck

Printed in Germany

ISBN Print 978-3-451-03355-1
ISBN E-Book (E-PUB) 978-3-451-82689-4
ISBN E-Book (PDF) 978-3-451-82690-0

Papst Franziskus in Hochachtung
und Dankbarkeit gewidmet

Seht, ich schaffe Neues. Schon sprosst es auf, merkt ihr es nicht? Fürwahr, ich schaffe in der Wüste einen Weg und Pfade in ödem Land.

Jes 43,19

Gott in allen Dingen suchen und finden. […] Ja, bei diesem Suchen und Finden Gottes in allen Dingen bleibt immer ein Bereich der Unsicherheit. Er muss da sein. Wenn jemand behauptet, er sei Gott mit absoluter Sicherheit begegnet, und nicht berührt ist von einem Schatten der Unsicherheit, dann läuft etwas schief. Für mich ist das ein wichtiger Erklärungsschlüssel. Wenn einer Antworten auf alle Fragen hat, dann ist das der Beweis dafür, dass Gott nicht mit ihm ist. Das bedeutet, dass er ein falscher Prophet ist, der die Religion für sich selbst benutzt. Die großen Führer des Gottesvolkes wie Mose haben immer Platz für den Zweifel gelassen. Man muss Platz für den Herrn lassen, nicht für unsere Sicherheiten. Man muss demütig sein. […]

Abraham ist aufgebrochen, ohne zu wissen, wohin er gehen soll – im Glauben. […] Unser Leben ist uns nicht gegeben wie ein Opernlibretto, in dem alles steht. Unser Leben ist Gehen, Wandern, Tun, Suchen, Schauen … Man muss in das Abenteuer der Suche nach der Begegnung eintreten und in das Sich-suchen-Lassen von Gott, das Sich-begegnen-Lassen mit Gott. […] Ich habe eine dogmatische Sicherheit: Gott ist im Leben jeder Person.

Papst Franziskus
Aus: *Das Interview mit Papst Franziskus*
von Antonio Spadaro SJ

Inhalt

Einleitende Worte ... 11

1. Glaube in Bewegung ... 14
2. Der Glaube als Erfahrung des Geheimnisses ... 21
3. Die Zeichen der Zeit lesen ... 36
4. Tausend Jahre wie ein Tag ... 53
5. Religiöses oder religionsloses Christentum? ... 65
6. Finsternis am Mittag ... 89
7. Kommt Gott zurück? ... 115
8. Die Erben der modernen Religion ... 133
9. Vom globalen Dorf zur *civitas oecumenica* ... 149
10. Eine dritte Aufklärung? ... 163
11. Die Identität des Christentums ... 173
12. Gott aus der Nähe und Gott aus der Ferne ... 188
13. Spiritualität als Leidenschaft des Glaubens ... 210
14. Der Glaube der Nichtgläubigen und das Fenster der Hoffnung ... 224
15. Weggemeinschaft ... 251
16. Eine Gemeinschaft des Zuhörens und des Verstehens ... 268

Danksagung 291

Empfohlene Literatur 293
Päpstliche Dokumente 293
Ausgewählte Literatur 293

Anmerkungen 301

Namensregister 315

Einleitende Worte

»Wir leben nicht in einer Ära des Wandels, sondern erleben den Wandel einer Ära«, sagt Papst Franziskus.

Dabei ändern sich auch die Gestalten der Religion und ihre Rolle in den einzelnen Gesellschaften und Kulturen. Die Säkularisierung hat nicht das Ende, sondern eine Verwandlung der Religion bewirkt. Während manche Formen von Religion starke Erschütterungen durchlaufen, sind andere so vital, dass sie sich über ihre früheren Grenzen hinaus ausgedehnt haben. Die traditionellen religiösen Institutionen haben das Monopol auf die Religion verloren.

Der seinem Höhepunkt zustrebende Prozess der Globalisierung stößt auf Widerstand: Die Stimmen des Populismus, des Nationalismus und des Fundamentalismus werden stärker. Unsere Welt wird immer mehr vernetzt und gleichzeitig auf neue Weise geteilt. Die weltweite Gemeinschaft der Christen ist nicht einheitlich – und dennoch gibt es heute die größten Unterschiede nicht zwischen den Kirchen, sondern innerhalb der Kirchen. Die Unterschiede in der Lehre, in den religiösen und politischen Haltungen haben häufig ihre verborgenen Wurzeln in den tieferen Schichten des seelischen und geistig-geistlichen[1] Lebens der Menschen. Manchmal haben Menschen, die in derselben Kirchenbank dasselbe Glaubensbekenntnis rezitieren, sehr unterschiedliche Vorstellungen von Gott. Zu den Verwandlungen der geistigen Szene von heute gehört auch der Mauerfall zwischen den »Gläubigen« und den »Ungläubigen«; laute Minderheiten von dogmatischen Gläubigen und militanten Atheisten geraten an den Rand, während die Anzahl derer wächst, in deren Gedanken und Herzen sich der Glaube (im Sinne eines »Urvertrauens«) und der Unglaube (im Sinne einer zweifelnden Skepsis) gegenseitig durchdringen.

Ich schließe die Niederschrift dieses Buches mitten in der Coronapandemie ab; um mich herum sterben Tag für Tag viele Menschen in überfüllten Krankenhäusern, und viele Lebende und Gesunde geraten in existenzielle Not. Auch diese Erfahrung erschüttert unsere Welt – zu der lang anhaltenden Krise der traditionellen religiösen Sicherheiten ist die Krise der traditionellen säkularen Sicherheiten hinzugekommen, insbesondere die des Glaubens an die souveräne Herrschaft des Menschen über die Natur und das eigene Schicksal.

Der Zustand der katholischen Kirche erinnert heute in vielem an die Situation kurz vor der Reformation. Als die unvorstellbar große Zahl an Fällen sexuellen und seelischen Missbrauchs aufgedeckt wurde, hat dies die Glaubwürdigkeit der Kirche erschüttert, und es stellten sich viele Fragen, die sich auf das gesamte System der Kirche bezogen. Die geschlossenen und leeren Kirchen während der Zeit des Coronavirus habe ich als prophetisches Warnzeichen wahrgenommen: So kann der Zustand der Kirche bald aussehen, wenn sie nicht eine Verwandlung durchmacht.

Eine gewisse Inspiration dafür kann die »Katholische Reform« darstellen, die von mutigen Mystikern wie Johannes vom Kreuz, Teresa von Ávila, Ignatius von Loyola und vielen anderen getragen wurde, Menschen, die mit ihrer ursprünglichen spirituellen Erfahrung sowohl die theologische Reflexion des Glaubens als auch die sichtbare Gestalt und Praxis der Kirche bereichert haben.

Die heutigen Reformbemühungen dürfen nicht dabei stehen bleiben, dass sie manche institutionellen Strukturen und einige Absätze im Katechismus, im Codex des Kirchenrechts und in den Lehrbüchern der Moral verändern. Die Fruchtbarkeit der Reform und die künftige Vitalität der Kirche hängen davon ab, ob es gelingt, eine neue Beziehung zur spirituellen und existenziellen Tiefendimension des Glaubens zu gewinnen.

Die jetzige Krise halte ich für einen Scheideweg, an dem sich die Möglichkeit eröffnet, in eine neue, »nachmittägliche« Epoche der Geschichte des Christentums überzugehen. Das erschütterte Christentum kann – auch dank seiner schmerzhaften Erfahrungen – wie ein verwundeter Arzt das therapeutische Potenzial des Glaubens entfalten.

Wenn die Kirchen der Versuchung der Egozentrik und des kollektiven Narzissmus, des Klerikalismus, Isolationismus und Provinzialismus widerstehen werden, können sie auf eine bedeutsame Weise zu einer neuen, breiteren und tieferen Ökumene beitragen. Bei diesem neuen Ökumenismus geht es um mehr als um die Einheit der Christen; die Erneuerung des Glaubens kann vielmehr ein Schritt zu jener »universalen Brüderlichkeit« sein, die ein großes Thema des Pontifikats von Papst Franziskus ist. Sie kann der Menschheitsfamilie helfen, nicht auf einen Kampf der Kulturen zuzulaufen, sondern auf den Aufbau einer civitas oecumenica zuzugehen – einer Kultur der Kommunikation, des Teilens und des Respekts vor der Andersheit.

Gott zeigt sich in der Geschichte im Glauben, in der Liebe und in der Hoffnung der Menschen, und zwar auch der Menschen am Rande der Kirchen und jenseits ihrer sichtbaren Grenzen. Die Suche nach Gott »in allen Dingen« und in allen geschichtlichen Situationen befreit unser Leben von einer monologischen Selbstbefangenheit und führt es in eine dialogische Offenheit hinein. Hierin sehe ich ein Zeichen der Zeit, ein Licht der Hoffnung auch in schweren Zeiten. Dieser Hoffnung möchte dieses Buch dienen.

1. Glaube in Bewegung

»Die ganze Nacht haben wir uns abgemüht und nichts gefangen«, sagen ermüdete und frustrierte Fischer aus Galiläa zu dem wandernden Prediger, der am Ufer eines neuen Tages steht.

Ähnliche Gefühle haben in dieser Zeit viele Christen in weiten Teilen unserer westlichen Welt. Kirchen, Klöster und Priesterseminare leeren sich, Zehntausende von Menschen treten aus der Kirche aus. Die dunklen Schatten der jüngsten Vergangenheit berauben die Kirche ihrer Glaubwürdigkeit. Die Christen sind voneinander getrennt – heute sind es nicht vor allem die Unterschiede zwischen den Kirchen, sondern die innerhalb der Kirchen. Der christliche Glaube stößt hierzulande nicht mehr auf einen kämpferischen Atheismus und auch nicht auf eine harte Verfolgung, die Gläubige erwecken und mobilisieren würde, sondern eher auf eine viel größere Gefahr – auf die Gleichgültigkeit.

Der Prophet aus Nazaret hat einen solchen Moment der Ermüdung und Frustration für die erste Anrede an seine künftigen Jünger gewählt. Die enttäuschten Fischer waren nach der schlaflosen Nacht nicht gerade die disponiertesten Zuhörer für seine Predigt vom nahenden Reich Gottes. Trotzdem zeigten sie das, was den Vorraum und das Eingangsportal des Glaubens darstellt: den Mut zum Vertrauen. »Versucht es noch einmal«, lautet seine erste Predigt. »Fahrt hinaus ins tiefe Wasser und werft euere Netze zum Fang aus.«[2]

Auch in dieser Zeit der Ermüdung und Frustration ist es nötig, es noch einmal mit dem Christentum zu probieren. Es noch einmal probieren – das bedeutet nicht: dasselbe wieder zu tun, einschließlich der Wiederholung der alten Fehler. Es bedeutet, in die Tiefe zu gehen, aufmerksam zu warten, bereit sein zu handeln.

***

Dieses Buch ist ein Buch über die Wandlungen des Glaubens im Leben der Menschen und in der Geschichte. Ich frage mich, zu welchen Wandlungen es heute kommt und welche möglichen künftigen Formen des Christentums sich in den vielen Krisen von heute bereits ankündigen. Auch heute wandelt sich, wie in jeder Zeit von prägnanten geschichtlichen Veränderungen, die Stellung und die Rolle des Glaubens in der Gesellschaft und die Form seines Selbstausdrucks in der Kultur. Angesichts vieler Veränderungen ist es nötig, immer wieder nach der Identität unseres Glaubens zu fragen. Worin besteht und woran zeigt sich sein *christlicher* Charakter?

Dies ist ein Buch über den Glauben als einen *Weg der Suche nach Gott* inmitten der sich wandelnden Welt, über den gelebten Glauben, über den Glaubensakt, also viel mehr darüber, wie wir glauben (*fides qua*), als darüber, woran wir glauben, was der »Gegenstand« des Glaubens ist (*fides quae*). Unter dem Glauben verstehe ich eine bestimmte Lebenshaltung, eine Orientierung, eine Art und Weise, wie wir auf der Welt sind und wie wir sie verstehen – viel mehr als bloße »religiöse Überzeugungen« und Ansichten; es interessiert mich eher *faith* als die *beliefs*.

Dem Begriff Glaube (mit dem hebräischen Wort *heemin*) begegnen wir bei den jüdischen Propheten in der Achsenzeit (um das 5. Jahrhundert v. Chr.);[3] das *Phänomen* des Glaubens selbst ist jedoch älter. Ich lasse die Debatten darüber beiseite, ob der Glaube im Sinne eines Aktes des Vertrauens, einer persönlichen Beziehung zum Transzendenten ein ganz origineller Beitrag der Bibel zur geistigen Geschichte der Menschheit ist – oder ob und inwieweit ein so verstandener Glaube (oder etwas Analoges) bereits ein Bestandteil auch vorbiblischer Religionen und Spiritualitäten ist, ob es eventuell möglich ist, ihn für eine anthropologische Konstante zu halten, für einen wesentlichen Bestandteil des Menschlichen überhaupt. Ich konzentriere mich auf diejenige Linie der Glaubensgeschichte, die ihre Wurzeln im Judentum hat und die sich im Christentum fortsetzt, gleichzeitig jedoch über das Christentum in seiner traditionellen kirchlichen Form hinausgeht.[4]

Die hebräische Bibel prägte dem Glauben auf seinem Weg durch die Geschichte vor allem zwei wesentliche Züge ein: die Erfahrung des Exodus, einer Reise aus der Sklaverei in die Freiheit (der Glaube hat den Charakter der *Pilgerschaft*), und die Fleischwerdung des Glaubens in der Praxis der Gerechtigkeit und Solidarität: Der Ausdruck eines wahren Glaubens ist es nach den Worten der Propheten, »den Waisen Recht zu schaffen, ein Anwalt der Witwen zu sein«.[5] Der Archtetypus eines Gläubigen ist Abraham, »der Vater der Glaubenden«, von dem geschrieben steht, dass er wegzog, ohne zu wissen, wohin es ging.[6] Der Glaube, vor allem der Glaube der Propheten, steht in einer Spannung nicht nur zur Magie, sondern auch zu dem Tempelglauben der Priester und der Opferrituale. An diese prophetische Linie knüpft Jesus an – im Zentrum seines Predigens steht die Aufforderung zu einer Verwandlung, zu einer Umkehr (*metanoia*).

***

Martin Buber hat zwei Typen des Glaubens unterschieden: den Glauben, der mit dem hebräischen Wort *emuna* bezeichnet wird (den Glauben als Vertrauen), und den Glauben, der in dem griechischen Wort *pistis* (»Glauben an etwas«, »Glauben mit einem Gegenstand«) seinen Ausdruck findet. Den ersten Typus verband er mit dem Judentum und den zweiten mit dem Christentum, vor allem mit dem Glauben an Christus beim Apostel Paulus.[7] Diese Abgrenzung zweier Typen des Glaubens voneinander steht in einer gewissen Analogie zu der erwähnten lateinischen Unterscheidung zwischen *fides qua* und *fides quae*.

Im Unterschied zu Buber bin ich allerdings davon überzeugt, dass im Christentum der Glaube den Charakter der *emuna* nicht verliert, dass der Glaube an Christus nicht seine Vergegenständlichung bedeuten muss. Der christliche Glaube besteht nicht primär in der kultischen Verehrung der Person Jesu, sondern er ist ein *Weg der Nachfolge Christi.* Und Nachfolge Christi bedeutet nicht eine *Nachahmung* Jesu von Nazaret als einer historischen Person aus längst vergangenen Zeiten (wie vielleicht der ursprüngliche lateinische Titel des bekannten asketischen Handbuchs von Thomas von Kempen – *Imitatio Christi* – verstanden werden könnte). Es geht eher um einen Weg zu Jesus und mit Jesus, mit demjenigen, der über sich sagte »Ich bin der Weg« und den Jüngern versprach, dass sie noch größere Werke vollbringen würden als er. Der Glaube an Christus ist ein Weg des Vertrauens und des Mutes, der Liebe und der Treue; er ist eine Bewegung in die Richtung jener Zukunft, die Christus eröffnet hat und in die er einlädt.

Dieses dynamische Verständnis des Christentums setzt einen bestimmten Typ der Christologie voraus, nämlich die Auffassung Christi als das Alpha und das Omega der Entwicklung der ganzen Schöpfung.[8]

Es war Paulus, der die erste radikale Reform des frühen Christentums durchgeführt hat: Er führte es aus der Gestalt einer der jüdischen Sekten in das Milieu der damaligen antiken *oikoumene.* Darin sehe ich einen radikalen Beitrag des Christentums zur Glaubensgeschichte, nämlich in der Betonung seiner universalen Berufung. Das Christentum in der Auffassung des Paulus überwindet die vorher unüberwindbare Grenze zwischen den Religionen und Kulturen (es ist gleichgültig, ob ein Mensch Jude oder Grieche, also Heide war), die Grenze zwischen den sozialen Schichten (es ist nicht wichtig, ob ein Mensch frei ist oder Sklave – in der römischen Welt eine rechtlose »sprechende Sache«) und die Grenze der klar definierten Genderrollen (ob jemand ein Mann oder eine Frau ist).[9]

Ich verstehe diesen paulinischen Universalismus als eine dauerhafte Aufgabe für die Kirche in der Geschichte. Das Christentum muss diese radikale Offenheit stets pflegen und verbreiten. Die heutige Form dieses Universalismus ist der Ökumenismus, das Gegenteil des arroganten ideologischen Imperialismus. Wenn das Christentum die Krise vieler seiner bisherigen Formen überwinden und zu einer inspirierenden Antwort auf die Herausforderungen dieser Zeit großer kultureller Veränderungen werden soll, muss es die bisherigen mentalen und institutionellen Grenzen mutig überschreiten. Die Zeit der *Selbstüberschreitung des Christentums* ist angebrochen. Auf diesen Gedanken werden wir in diesem Buch wiederholt zurückkommen.

***

Wenn wir etwas Wesentliches über den Glauben eines anderen Menschen erfahren wollen, dann sollten wir die Frage meiden, ob er an Gott glaubt oder nicht, was für Ansichten er über die Existenz Gottes hat und wie seine kirchliche oder religiöse Zugehörigkeit ist. Interessieren wir uns vielmehr dafür, welche Rolle Gott in seinem Leben spielt, *wie er glaubt*, wie sein Glaube lebt (in seiner inneren Welt und in seinen Beziehungen), wie er sich während seines Lebens verwandelt und wie er sein Leben verwandelt – und ob, wie und in welchem Maße sein Glaube auch die Welt verwandelt, in der er lebt.

Erst die Glaubenspraxis – die sowohl das innere geistliche Leben eines Gläubigen als auch sein Leben in der Gesellschaft einschließt – erlaubt eine Aussage darüber, an welchen Gott er glaubt und an welchen er nicht glaubt. Der Glaube als *emuna*, als ein »ontologisches Ur-Vertrauen«, ist nicht ein bloßer emotionaler Fideismus, ein unbestimmtes, frommes Gefühl.

Sicher wäre es nicht richtig, den Inhalt des Glaubens (*fides quae*) zu unterschätzen und ihn vom Akt des Glaubens abzutrennen. Das *existenzielle Element des Glaubens*, der Akt des Glaubens, der sich in der Lebenspraxis verkörpert, hat jedoch in mancherlei Hinsicht den Vorrang vor seiner »inhaltlichen« und kognitiven Seite.

Der »Gegenstand des Glaubens« ist in gewissem Sinne im Akt des Glaubens, im Leben eines Gläubigen implizit enthalten. Deshalb kann erst die Lebenspraxis eines Menschen der hermeneutische Schlüssel sein, der es ermöglicht, zu erkennen, woran ein Mensch tatsächlich glaubt, worauf er sein Leben baut, und nicht nur, wozu er sich mit seinen Worten bekennt.

Dieses Glaubensverständnis ermöglicht es, von einem »Glauben der Ungläubigen« zu sprechen (derer, die behaupten, dass sie nicht glauben) und von einem »Unglauben der Gläubigen« (derer, die behaupten, dass sie glauben). Bereits im Neuen Testament (im Matthäusevangelium und im Jakobusbrief) finden wir die Auffassung eines impliziten Glaubens – das heißt eines Glaubens, der auch »anonym« in der Lebenspraxis enthalten ist. Ein Mensch kann seinen Glauben aufgrund seiner Werke zeigen, lesen wir im Brief des Apostels Jakobus.[10] Manchmal kann ein Mensch selbst von dem Glauben überrascht sein, der in seinem Handeln verborgen ist: Nach dem Matthäusevangelium sind diejenigen, die sich der Geringsten angenommen haben, Christus begegnet, ohne es zu wissen.[11] Und der antike Autor Theophilus von Antiochien schreibt: »Wenn du sagst: ›Zeig mir deinen Gott‹, antworte ich dir: ›Zeig mir deinen Menschen, und ich zeige dir meinen Gott‹.«[12]

Die Weise, wie ein Mensch Mensch ist, ist der authentischste Ausdruck seines Glaubens oder Unglaubens. Über den Glauben eines Menschen gibt sein Leben eher Auskunft als das, was er über Gott denkt und sagt. Wenn wir davon sprechen, wie ein Mensch lebt, sollten wir uns jedoch davor hüten, die Ganzheit des Lebens nur auf das Gebiet der Moral, auf Tugenden und Sünden zu reduzieren; dazu, wie ein Mensch lebt, wie er ist, gehört auch sein emotionaler Reichtum, seine Fantasie und Kreativität, sein Sinn für die Schönheit und für Humor, seine Fähigkeit zur Empathie und eine ganze Reihe anderer Qualitäten. Darüber, wie ein Mensch ist und welche Art des Glaubens sein Leben inspiriert und trägt, gibt die Weise Auskunft, wie er die Aufgabe erfüllt, »Mensch zu sein«.

2. Der Glaube als Erfahrung des Geheimnisses

Der Glaube und der Nichtglaube leben in einer weit tieferen Dimension des Menschen als lediglich in dem bewussten und der Vernunft zugänglichen Gebiet; sie leben auch in den unterbewussten und unbewussten Strukturen seines seelischen Lebens, auf die sich die Tiefenpsychologie konzentriert. Die Vorstellung, dass der Glaube etwas ist, das wir leicht verstehen und womit wir bald fertig werden können, das wir schnell in vorgegebene Kategorien einordnen und einfach empirisch messen können, hat schon viele Missverständnisse und Irrtümer verursacht.

Die Antworten auf Umfragen in Zeitschriften, demoskopische Forschungsergebnisse oder die Angaben bei Volkszählungen sagen nicht viel über den Glauben aus. Viele Menschen haben heute das Bedürfnis, der Antwort auf die Frage, ob sie an Gott glauben oder nicht glauben, ein »aber« hinzuzufügen. Auch ich beantworte diese Frage: Ich glaube, aber vielleicht nicht an den Gott, den Sie meinen.

Den Glauben, wie ich ihn in diesem Buch verstehe, finden wir nicht nur im Leben der Menschen, die sich selbst als im religiösen Sinne gläubig bezeichnen, sondern auch in einer impliziten, anonymen Form in der geistigen Suche von Männern und Frauen jenseits der sichtbaren Grenzen der religiösen Doktrinen und Institutionen. Auch die säkulare Spiritualität gehört zur Glaubensgeschichte.[13] Mit diesem weiten Verständnis des Glaubens beabsichtige ich jedoch nicht, den Begriff des Glaubens zu einer vagen Gestalt verschwimmen zu lassen durch die banale Aussage, dass »jeder an etwas glaubt« und dass auch ein Nichtgläubiger in gewissem Sinne ein Gläubiger ist. Ich spreche vom »Unglauben der Gläubigen« und vom »Glauben der Ungläubigen«; mit der Rede vom Glauben der Ungläubigen beabsichtige ich jedoch nicht, die Welt der Nichtgläubigen arrogant zu kolonisieren, ihrem eigenen Selbstverständnis den Respekt zu verweigern, ihnen etwas unterzujubeln, was ihnen fremd ist. Ich möchte nur einen weiteren Kontext des Phänomens des Glaubens zeigen; das, was der Glaube ist und was er nicht ist, muss notwendigerweise immer wieder durch ein aufmerksames Studium verschiedener Formen des Glaubens und des Nichtglaubens gesucht werden.

Der Glaube und der Nichtglaube sind keine vom Beobachter unabhängig existierenden »objektiven Realitäten«. Es sind verschiedene Deutungen der Welt, und auch diese werden unterschiedlich gedeutet. Diese Deutungen sind vor allem vom Beobachter abhängig, von seinen »Vorverständnissen«, die von seiner Kultur, seiner Sprache, von seinen Erfahrungen, von seinem Blickwinkel und seinen (meistens nicht reflektierten) Absichten geprägt sind. Die gegenwärtige geistig-geistliche Situation kann man als einen Niedergang der Religion, als eine Krise des Glaubens oder der Kirche oder als eine religiöse und spirituelle Renaissance, als eine »Rückkehr der Religion« charakterisieren, als eine Verwandlung der Religion in Spiritualität oder in politische identitäre Ideologien, als Pluralisierung der Religion oder als Individualisierung des Glaubens, eventuell als Chance zu einer neuen Evangelisierung. Für all diese Deutungen können wir zahlreiche Argumente finden, und empirische Forschungen können diese stützen. Gewicht gewinnen diese Deutungen in dem Augenblick, wenn sie die Haltungen und das praktische Handeln derjenigen motivieren, die sie annehmen. Auf der theoretischen Ebene existiert natürlich eine Pluralität, ja sogar ein legitimer Konflikt der Deutungen; das bedeutet jedoch nicht, dass alle gleichwertig sind. Ihr Wert zeigt sich jedoch vollständig erst im Augenblick ihrer Konkretisierung im menschlichen Handeln. Hier gilt der biblische Grundsatz: Man erkennt sie an ihren Früchten.

Den Glauben und den Nichtglauben kann man – besonders heute, angesichts der Kultur einer globalisierten Welt, in der sich verschiedene spirituelle Strömungen und Haltungen stets gegenseitig beeinflussen – nicht ganz eindeutig voneinander unterscheiden und trennen; in den Gedanken vieler heutiger Menschen durchdringen sie sich nämlich gegenseitig. Der Dialog zwischen dem Glauben und dem Nichtglauben ist heute nicht mehr die Angelegenheit zweier strikt voneinander getrennten Gruppen; er geschieht *im* Geist und *im* Herzen der einzelnen Menschen.

Die heutigen Verwandlungen des Glaubens erfordern es offenbar, dass viele Kategorien der traditionellen Religionssoziologie und -psychologie modifiziert werden. Die Kategorien »Glaube und Unglaube«, »gläubig und ungläubig«, wie sie frühere Generationen verstanden haben, sind nicht mehr in der Lage, die Buntheit und die Dynamik des geistig-geistlichen Lebens unserer Zeit zu erfassen und zum Ausdruck zu bringen; undurchdringliche Mauern zwischen den Gläubigen und den Nichtgläubigen, zwischen dem Glauben und der Skepsis sind gefallen, ähnlich wie manche scheinbar unerschütterlichen Mauern auf der politischen und kulturellen Bühne. Wenn wir unsere vielfältige und sich schnell ändernde Welt verstehen wollen, müssen wir viele allzu statische Kategorien ablegen. Das geistig-geistliche Leben des Einzelnen und der Gesellschaft ist ein dynamisches energetisches Feld, das sich ständig verwandelt.

***

Theologisch gesehen ist die erste Quelle (»das Subjekt«) des Glaubens Gott selbst: Er hat den Menschen als sein Abbild geschaffen und in die Struktur unseres Menschseins die Sehnsucht nach sich hineingelegt, das Streben des Abbildes nach seinem Urbild. Manche theologischen Schulen unterscheiden verhältnismäßig strikt zwischen der »natürlichen« menschlichen Sehnsucht nach dem Absoluten und der »übernatürlichen« Antwort Gottes, dem Geschenk der Gnade. Andere behaupten, dass im Menschen schon diese Sehnsucht selbst als »Gnade« wirkt, als die Energie Gottes, die den Menschen für das größte Geschenk öffnet und disponiert, für die Selbstmitteilung Gottes.

Dieser Durst nach dem Absoluten erwacht in den einzelnen Menschen mit verschiedener Intensität, in unterschiedlichem Alter, unter jeweils anderen Umständen; er kommt zu ihnen auf verschiedenen Wegen und in unterschiedlichen Gestalten. Er kann sich als ein innerer Impuls zu einer geistig-geistlichen Suche äußern, als Frage nach dem Sinn, und er kann durch die Erziehung oder die Kultur angeregt werden. Die geistig-geistliche Suche erscheint manchmal auch in scheinbar völlig nichtreligiösen Formen als Sehnsucht nach dem Guten, nach der Wahrheit und der Schönheit (die jedoch traditionelle Attribute Gottes sind) oder nach der Liebe und nach dem Sinn. Manchmal arbeitet sie lange still in den Tiefen des Unbewussten und quillt dann auf in den Augenblicken, die als eine Erleuchtung, ein Erwachen oder eine Umkehr beschrieben werden. In der Sehnsucht nach der Tiefe, nach einem tieferen Sinn des Lebens spricht eine rufende und berufende Stimme zum Menschen – und der Mensch hört ihr zu oder nicht, er versteht und deutet sie auf eine je verschiedene Art und Weise und antwortet auf eine je verschiedene Art und Weise auf sie. Dieses Rufen kann jedoch vom Menschen überhört und dieses Fragen von ihm selbst oder von seiner gesellschaftlichen Umgebung ins Unbewusste verdrängt werden. Ich bin überzeugt, dass Gott zu jedem spricht; zu jedem jedoch auf eine andere Art, die dem Maß seiner Fähigkeit, zuzuhören und zu verstehen, entspricht. Diese Fähigkeit ist uns jedoch nur ansatzweise gegeben, es ist notwendig, dass der Mensch sie pflegt und entwickelt. Dabei kann die Kultur helfen, in der er lebt, sie muss es aber nicht. Manche Kulturen hielten *die Sorge um die Seele* für ihre Hauptaufgabe und ihren eigentlichen Sinn, andere scheinen gegenüber dieser Dimension des Menschseins gleichgültig zu sein.

Nach der traditionellen christlichen Lehre kommt Gott durch das Wort, durch das Wort der biblischen Verkündigung und durch das Wort, das in der Geschichte Fleisch annimmt – durch Christus und durch die Kirche, die auf vielerlei Arten dem Menschen dieses Wort vermittelt. Jedoch kann die Antwort Gottes auch still und von innen kommen, sogar anonym. Im Glaubensakt – vor allem im Ereignis des Glaubens im Leben eines konkreten Menschen – lässt sich nur theoretisch zwischen der Transzendenz und der Immanenz unterscheiden, zwischen Gott als demjenigen, der »ganz anders« ist und alles übersteigt, und Gott, der tiefer in uns ist als unser eigenes Ich, der das »Ich unseres Ichs« ist.

Durch die freie Antwort des Menschen auf den Ruf Gottes wird der dialogische Charakter des Glaubens vollendet. Unsere Antwort ist unser persönlicher Glaube – und zwar sowohl seine existenzielle Seite, der *Akt* des Glaubens (*fides qua, faith*), als auch der *Inhalt* unseres persönlichen Glaubens, seine Artikulation in der Gestalt unserer Glaubensüberzeugungen (*fides quae, belief*).

Fides qua und *fides quae*, der Akt des Glaubens und der Inhalt des Glaubens, gehören zusammen. Während jedoch »der Gegenstand des Glaubens« im Akt des Glaubens als eines »ontologischen Ur-Vertrauens« verborgen und implizit im Akt des Glaubens anwesend sein kann, gilt das Umgekehrte nicht. Die bloße »religiöse Überzeugung« ohne den Glauben als eine existenzielle Orientierung, eine Lebenshaltung, kann man nicht als einen Glauben im biblischen und im christlichen Sinne dieses Wortes ansehen.

Die *fides quae*, die »Überzeugung«, verleiht dem Glauben im Sinne der *fides qua* Worte und damit die Möglichkeit, sich verbal und intellektuell auszudrücken und mit anderen zu kommunizieren. Die *fides qua (faith)* ohne die *fides quae (belief)* ist vielleicht »stumm«, jedoch muss diese »Stummheit« keine Inhaltslosigkeit sein; sie kann ein staunendes und demütiges Verstummen vor dem Geheimnis sein. Die Mystiker wussten immer, dass die pure Leere nur ein anderes Gesicht der Fülle ist – vielleicht sogar ihr authentischstes Gesicht.

Wie Søren Kierkegaard schreibt, kann der Akt des Glaubens auch die Form eines Sprungs in das Paradoxon haben.[14] Er kann die Form eines mystischen Eingehens in die *Wolke des Nichtwissens*[15] haben oder die des Wegzugs Abrahams in das Unbekannte.[16] Ein solcher Glaube ist nicht vergegenständlicht (reifiziert), deswegen aber nicht inhaltslos. In der Bibel und in den Traditionen, die aus der Bibel hervorgehen, finden wir sowohl den Satz »Ich weiß, wem ich Glauben geschenkt habe«[17] und sehr klar artikulierte Glaubensbekenntnisse als auch ein strenges Verbot, den Namen Gottes auszusprechen, und das mystische Schweigen über Gott. Vor allem die mystischen Traditionen wissen, dass Gott »nichts« ist (er ist nichts aus der Welt des Seienden, der Sachen, der Gegenstände) und dass das Wort *nichts* vielleicht der angemessenste Ausdruck für die Weise seiner Existenz ist. Die Einmaligkeit Gottes darf nicht in der Welt verschiedener »Etwasse« verloren gehen, denn der Gott des biblischen Glaubens wohnt nicht zwischen den Götzen, er darf nicht zum Bestandteil der Welt der religiösen Vorstellungen, Wünsche und Fantasien des Menschen werden. Paulus ging auf dem Aeropag in Athen an allen Altären der bekannten Götter vorbei, und einzig und allein im Altar des *unbekannten Gottes* erkannte er die Anwesenheit des Gottes seines und unseres Glaubens.[18]

***

Der Glaubensakt hat in der Regel die Gestalt einer intentionalen Beziehung zu einem bestimmten Gegenüber; der Mensch glaubt an etwas, er glaubt jemandem oder etwas – das ist dann die *fides quae*. Der Glaubensakt hat einen Inhalt, der dieses oder jenes Maß an Konkretheit aufweist, er ist auf etwas ausgerichtet, er hat seinen Gegenstand. Die ursprüngliche Quelle, das Subjekt des Glaubens, wird zum Objekt, zum Gegenstand des Glaubens. Wenn jedoch der Gegenstand des Glaubens das alles übergreifende Geheimnis ist, dann kann es von seiner Natur her nicht zum Gegenstand im Sinne »einer Sache unter anderen Sachen« werden; das Geheimnis kann nicht »vergegenständlicht« werden. Das absolute Geheimnis bleibt auch in seiner Selbstoffenbarung ein Geheimnis: Das, was in ihm offenbar und zu begreifen ist, verweist auf das, was nicht offenbar und nicht zu begreifen ist.

Das absolute Geheimnis können wir nicht in die Welt unserer Vorstellungen und Worte einzwängen, in die Welt, die durch unsere Subjektivität und durch die Beschränktheit der Zeit und der Kultur, in der wir leben und denken, limitiert ist. Deshalb gilt: Während die *fides qua*, die existenzielle Hingabe an Gott, sich auf Gott als solchen bezieht, stößt unsere *fides quae*, also das Bemühen, dieses Geheimnis zu artikulieren und somit in gewissem Maße dieses Geheimnis zu vergegenständlichen, an die Grenzen der menschlichen rationalen Erkenntnis und gibt uns nur eine durch unsere Sprache und Kultur begrenzte Vorstellung von Gott, ein *Abbild* Gottes. Dieses kann als ein Symbol der Weg zu Gott sein, aber man darf es nicht mit dem Geheimnis des Absoluten selbst verwechseln.[19] Dieses Geheimnis gibt sich uns auf eine Art, die für unsere

Erlösung völlig ausreicht (wenn wir uns ihm gegenüber mit unserem Leben öffnen), aber es bleibt ein Geheimnis, es lässt also Raum für unsere weitere Suche, für unser weiteres Reifen im Glauben.

Gott als Person zu begreifen bedeutet nicht, primitive anthropomorphe Vorstellungen über Gott anzunehmen und sich zu Gott in einer billigen Weise familiär zu verhalten, also aufzuhören, ihn als Geheimnis wahrzunehmen. Wenn das Christentum dem absoluten Geheimnis einen »persönlichen« Charakter zuschreibt, betont es dadurch, dass unsere Beziehung zu ihm einen dialogischen Charakter hat: Sie ist nicht nur ein Akt des Erkennens und Verstehens von unserer Seite, sondern auch eine Begegnung, bei der Gott uns annimmt. Diese gegenseitige Annahme Gottes und des Menschen ist kein einmaliger Akt, es ist eine Geschichte, ein Handeln, das sich entwickelt.

Der Geist Gottes führt die Kirche immer tiefer in die Fülle der Wahrheit ein, es ist notwendig, sich von ihm leiten zu lassen. Diese Bewegung darf man jedoch nicht mit dem Fortschritt verwechseln, wie ihn die säkulare Eschatologie und Ideologie versteht; dieser Weg ist nicht einbahnig und er endet nicht mit einem idealen Zustand mitten in der Geschichte, sondern erst in der Fülle der Zeit im Schoß Gottes. Der hl. Augustinus begriff beim Anblick eines Jungen, der am Meeresstrand mit einer Muschel spielte, dass unsere ganze Theologie, die Katechismen und die Lehrbücher der Dogmatik im Vergleich zu der Fülle des göttlichen Geheimnisses nur jene kleine Muschel sind. Nutzen wir dankbar alle Instrumente der Erkenntnis, die uns gegeben wurden; hören wir jedoch gleichzeitig nicht auf, über die Größe und Tiefe dessen zu staunen, was sie unendlich übersteigt.

***

Dem existenziellen Verständnis des Glaubens, das ich in diesem Buch vertrete, kommt in einem religionswissenschaftlichen oder theologischen Wörterbuch wahrscheinlich der Begriff *Spiritualität* am nächsten, sofern wir ihn nicht zu eng nur im Sinne des inneren Lebens oder der subjektiven Seite des Glaubens auffassen. Spiritualität ist der »Stil des Glaubenslebens«; er füllt praktisch den ganzen Raum der *fides qua* aus. Sie ist die Lebenskraft des Glaubens, sie nährt und belebt seine beiden Dimensionen: sowohl das geistliche Leben, die innere religiöse Erfahrung, den Stil des Erlebens und des Durchdenkens des Glaubens als auch die äußere Glaubenspraxis, die sich durch das Handeln der Gläubigen in der Gesellschaft, durch das gemeinsame Feiern, durch die Verkörperung des Glaubens in der Kultur kundtut. Diese Dimension des Glaubens halte ich vor allem im Hinblick auf die Zukunft für entscheidend, deshalb werde ich ihr ein eigenes Kapitel widmen.

Ein weiterer Begriff, der von diesem Glaubensverständnis untrennbar ist, ist die *Tradition* – ein lebendiger Strom der schöpferischen Weitergabe und Bezeugung. Die Tradition ist die Bewegung einer ständigen Rekontextualisierung und Reinterpretation; die Tradition zu studieren bedeutet, die Kontinuität in der Diskontinuität, die Identität in der Pluralität immer neuer Phänomene zu suchen, die im Entwicklungsprozess auftauchen. Der Glaube zeigt sich in diesem Prozess der Weitergabe als ein dynamisches, wandelbares Phänomen, das man nicht in enge Grenzen einzwängen kann.

Wenn wir die Formen des Glaubens in der Geschichte und in der Gegenwart studieren, begegnen wir vielen überraschenden Phänomenen, die bisherige Definitionen infrage stellen und unsere allzu engen Vorstellungen und theoretischen Konzepte überschreiten. Ähnlich wie die Evolutionsbiologie die Unhaltbarkeit eines statischen Begreifens der Natur zeigte, stellt das Studium der Kulturanthropologie die naiven ahistorischen Konzeptionen einer unwandelbaren Natürlichkeit infrage – die menschliche Existenz ist ein dynamischer Bestandteil eines fortschreitenden geschichtlichen Prozesses. Die Fragen nach Gott und dem »Wesen des Menschen« verlangen immer wieder glaubwürdige, sinnvolle und verständliche Antworten im Kontext einer bestimmten Kultur und einer bestimmten geschichtlichen Situation. Hier werden uns mehr als die klassische Metaphysik die Hermeneutik und die Phänomenologie des Glaubens helfen.

Der Glaube in dem Sinne, wie ich über ihn in diesem Buch spreche, ist etwas Wesentlicheres als nur »die Zustimmung der Vernunft zu den Glaubensartikeln, die von der kirchlichen Autorität vorgelegt werden«. Die vom Evangelium geforderte *metanoia* – die Konversion, die Annahme des Glaubens – ist nicht nur eine Änderung der Weltanschauung, sondern eine existenzielle Umkehr und die sich aus ihr ergebende *Änderung der Perspektive* des Sehens und des Wahrnehmens; das bedeutet eher, aufzuwachen und sich auf den Weg eines neuen Lebens zu begeben. Ein solches Erwachen kann ganz am Anfang eines Glaubensweges stehen oder eine sich wiederholende Erfahrung darstellen, die eine neue Etappe auf diesem Weg eröffnet.

***

Eine ähnliche Erfahrung machten offenbar die Apostel auf dem Berg Tabor.[20] Die Jünger Jesu waren ihrem Meister bereits nachgefolgt: Sie hatten schon begonnen, an ihn zu glauben, als er ihnen riet, wohin sie die Netze werfen sollten, als sie seine Predigten hörten, als sie seine Zeichen sahen, als sie ihr Zuhause verließen und sich auf die Wanderschaft mit ihm begaben. Bei jener Vision auf dem Berg machten sie jedoch einen weiteren Schritt auf dem Weg des Glaubens. Dort erlebten sie etwas, was die spätere Theologie in die dogmatischen Artikel über das Wesen Jesu und seinen Platz in der Heilsgeschichte (neben Mose und Elija) verkörperte. Dort erkannten sie etwas, das sie noch nicht mit Worten fassen konnten; im Übrigen war ihr Erkennen von einer Wolke verhüllt. Sie wurden nicht zu Weisen und Wissenden, zu einer aufgeklärten Elite (den Gnostikern). Sie mussten die Sehnsucht danach ablegen, in diesem Erlebnis der Nähe und Klarheit weit und hoch über dem Tal der Alltäglichkeit heimisch zu werden (»drei Hütten auf dem Berg zu bauen«); nach dieser *peak experience*[21] erwartete sie der Weg nach unten und nach einiger Zeit die Finsternis in Getsemani. »Das Licht vom Berg Tabor« stört nicht den Charakter des Geheimnisses, es macht aus ihm nicht ein gelöstes Problem, es befreit den Gläubigen nicht von der Aufgabe, weiter auf dem Weg der Suche nach Gott, »der Suche in allen Dingen«, voranzuschreiten.

Der Glaube, wie ich ihn verstehe, hat den Charakter der Pilgerschaft und ein eschatologisches Ziel. Auch wenn wir das Recht der kirchlichen Autorität anerkennen, bestimmte Glaubensaussagen für authentisch und verbindlich zu erklären, bedeutet es nicht, dass wir den Mund Gottes schließen könnten und das fortwährende Wehen des Geistes nicht mehr wahrnehmen müssten; keine einzelne religiöse Erfahrung, kein einzelnes Begreifen, keine einzelne Äußerung des Glaubens inmitten der Geschichte kann die Fülle des göttlichen Geheimnisses erschöpfen. Das Wort Geheimnis ist kein warnendes Stop-Zeichen für unsere Suche nach Gott auf dem Weg des Denkens, des Gebetes und der Meditation, sondern eher eine Ermutigung zum Vertrauen auf diesen Wegen in die unerschöpfliche Tiefe.

***

Gott an sich bleibt ein unergründliches Geheimnis, und verborgen ist auch sein Wirken in den Tiefen des menschlichen

Herzens (im Unbewussten). Das innere Leben Gottes ist ein Geheimnis, das unbegreiflich ist, das nicht durch unsere Sinne, unsere Vernunft und unsere Fantasie zu begreifen, durch unsere Begriffe nicht zu erfassen ist. Vielleicht ist das nicht deshalb so, weil Gott fremd und fern wäre, sondern gerade deshalb, weil er uns so unglaublich nah ist: Gott ist uns näher als unser eigenes Herz, sagt der hl. Augustinus. Gerade wegen dieser seiner Nähe, deshalb, weil wir von ihm keinen Abstand haben, können wir aus ihm keinen *Gegen-stand* machen (kein Objekt, das uns gegenübersteht). Jeder Versuch, ihn zu vergegenständlichen, macht aus Gott einen Götzen. Gott sehen wir genauso wenig, wie wir unser eigenes Gesicht sehen; wir sehen nur unser spiegelverkehrtes Bild. Ähnlich sehen wir auch Gott – wie der Apostel Paulus lehrt – nur wie im Spiegel, in Andeutungen, in Rätseln.[22] Gott ist *non-aliud* (»nicht-anders«), wie Nikolaus von Kues sagt.[23]

Die Frage »Wo ist Gott an sich?« ist ebenso wenig zu beantworten wie die Frage, wo unser Ich wohnt; weder Gott noch das menschliche Ich kann man fixieren oder lokalisieren, vergegenständlichen. Die Mystiker sagen, dass das göttliche Ich und unser menschliches Ich in ihrem Wesen miteinander verbunden sind. Deshalb sind auch die Begegnung mit Gott und die existenzielle Verwandlung unseres Ichs – die Entdeckung Gottes als des Ichs unseres Ichs – zwei wesenhaft miteinander verbundene Wirklichkeiten. Im Glauben, in dieser existenziellen Begegnung mit dem alles übersteigenden Geheimnis, zeigt sich der wahre Charakter der menschlichen Existenz: ihre *Offenheit*. Die theologische Anthropologie, die sich auf die mystische Erfahrung stützt, sieht in dieser Offenheit das Wesen der menschlichen Existenz selbst: *Homo est capax Dei* (Der Mensch ist fähig, Gott anzunehmen).

Die christliche Theologie sieht in der Person Jesu Christi den Punkt, in dem die Begegnung zwischen der Offenheit des

Menschen zu Gott hin und der Offenheit Gottes zum Menschen hin ihren Gipfel erreicht. Jesus hat jedoch – wie wir in den ältesten Texten des Neuen Testaments lesen – diese göttliche Würde nicht für sich behalten,[24] sondern durch ihn und mit ihm und in ihm ist die ganze Menschheit – jeder Mensch – in das Weihnachtsmysterium der Inkarnation, der Verbindung des Menschlichen und des Göttlichen, eingeladen und einbezogen. Diese Erfüllung des Sinnes unseres Menschseins geschieht nicht nur dort, wo die Menschen zu Jesus sagen: »Herr, Herr«, sondern überall dort, wo sie so leben, dass sie dadurch den Willen Gottes erfüllen.[25]

Ich wiederhole: Wenn wir einen Maßstab für die Authentizität des Glaubens suchen wollen, dann sollen wir ihn nicht in dem suchen, was der Mensch mit seinen Worten bekennt, sondern in dem Ausmaß, mit welchem der Glaube in seine Existenz, in sein Herz vorgedrungen ist und es verwandelt hat. Wir sollen ihn in der Weise suchen, wie er sich selbst versteht, in seiner gelebten Beziehung zur Welt, zur Natur und zu den Menschen, zum Leben und zum Tod. Den Glauben an den Schöpfer bekennt der Mensch nicht durch das, was er über die Entstehung der Welt *denkt*, sondern dadurch, wie er sich zur Natur *verhält*; den Glauben an den gemeinsamen Vater bekennt er dadurch, dass er andere Menschen als seine Schwestern und Brüder annimmt; und den Glauben an das ewige Leben bekennt er durch die Weise, wie er seine eigene Endlichkeit annimmt.

Wenn amtliche Repräsentanten der Kirche über den Glauben anderer geurteilt haben (indem sie sie verbrannten und sie noch bis vor Kurzem auf verschiedene Art und Weise verfolgten und zurechtwiesen), und zwar auf der Grundlage dessen, was die Menschen *mit Worten* über ihr Verständnis des Glaubens sagten oder schrieben, ließen sie dabei tragischerweise außer Acht, dass Gott über den Glauben der Menschen urteilen wird (und auch über den Glauben dieser Inquisitoren!), und zwar gemäß dem, wie er sich in ihrem Verhalten und in ihren Beziehungen äußerte, was ihre Lebenspraxis über ihren Glauben, seine Authentizität oder Verkehrtheit aussagte – über ihren *wirklichen* Glauben oder Unglauben. Wir können und sollen in einem brüderlichen Dialog unsere unterschiedlichen Glaubenserfahrungen teilen, wir können uns gegenseitig helfen, inspirieren, ergänzen und korrigieren und dabei unsere Aussagen über den Glauben vertiefen, aber über der Tür des Saales, wo solche Begegnungen stattfinden, sollte deutlich das Wort Jesu eingemeißelt sein: Richtet nicht! (Bei einem freundschaftlichen Besuch bei einem meiner Kollegen, der im vatikanischen Palast der Kongregation für die Glaubenslehre arbeitet, habe ich über keiner einzigen Tür dieses ehemaligen Sitzes der Heiligen Inquisition diese Inschrift gefunden.)

Der Glaube und der Unglaube betreffen den ganzen Menschen, und deshalb kann deren Authentizität im Leben konkreter Menschen nur Gott selbst beurteilen. Eins können wir jedoch mit Sicherheit feststellen: Ein militanter Fanatismus ist häufig die Lieblingsmaske des existenziellen Nichtglaubens.

***

Ich teile nicht die deistische Vorstellung von einem Gott, der irgendwo außerhalb der Realität der Welt, der Natur und der Geschichte wohnt, von ihr streng abgetrennt ist und in sie höchstens von außen als *deus ex machina* eingreift. Ich glaube an einen Gott, der die Tiefe der gesamten Wirklichkeit, der ganzen Schöpfung ist, der sie umfasst und sie gleichzeitig unendlich übersteigt; ich glaube an den Gott, von dem der Apostel Paulus sagt: »In ihm leben wir, bewegen wir uns und sind wir.«[26]

Der Gott, an den ich glaube, ist in unserer Welt vor allem durch das Gebet und die Arbeit der Menschen anwesend (denken wir an das benediktinische *ora et labora*), durch die menschlichen Antworten auf die Impulse Gottes (traditionell gesagt: auf das Wirken der Gnade) – in einem Leben des Glaubens, der Hoffnung und der Liebe. Theologisch gesehen sind der Glaube, die Hoffnung und die Liebe nicht nur menschliche Lebenshaltungen, sondern der Ort der Begegnung und der wesenhaften Verbindung (*perichoresis*) des Göttlichen und des Menschlichen, der Gnade und der Freiheit, des Himmels und der Erde. In ihnen ist Gott und sein Leben unserer Erforschung zugänglich. Die Theologie, zu der ich mich bekenne, ist eine Phänomenologie der Selbstoffenbarung Gottes in den Glaubensakten, die von der Liebe und von der Hoffnung begleitet werden.

3. Die Zeichen der Zeit lesen

Dieses Kapitel widme ich vorwiegend den methodologischen Fragen, unter anderem auch dem Verhältnis des Glaubens zur Geschichte und zur Kultur. Den theologischen Zugang, der in diesem Buch angewendet wird, nenne ich *Kairologie.* Ich bezeichne mit diesem Wort *die theologische Hermeneutik der Glaubenserfahrung in der Geschichte*, insbesondere in den krisenhaften Augenblicken von Umbrüchen in den gesellschaftlichen und kulturellen Paradigmen.[27]

Ich halte Krisen für eine Zeit der Gelegenheit, für eine reif gewordene Zeit (*kairos*). Es gibt zwei griechische Wörter, die sich auf zwei verschiedene Auffassungen von Zeit beziehen: *Chronos* bezeichnet die Zeit als Quantum, die Aufeinanderfolge der Stunden, der Tage und der Jahre, den Fluss der Zeit, der mithilfe unserer Uhren und Kalender messbar ist. Das Wort *kairos* weist dagegen auf die Qualität der Zeit hin: Der *kairos* ist die Zeit der Gelegenheit, die Zeit für etwas, eine reif gewordene Zeit, die Zeit der Heimsuchung; es ist die Ankunft (der Advent) einmaliger und unwiederholbarer Augenblicke, deren Sinn man verstehen und deren Forderungen man ergreifen und erfüllen soll; es ist die Zeit des Entscheidens, ein entscheidender Moment, den man nicht versäumen und vergeuden darf. Es gibt »eine Zeit zum Gebären und eine Zeit zum Sterben, eine Zeit zum Pflanzen und eine Zeit, die Pflanzen abzuernten, eine Zeit zum Töten und eine Zeit zum Heilen, eine Zeit zum Einreißen und eine Zeit zum Bauen, eine Zeit zum Weinen und eine Zeit zum Lachen«, sagt das biblische Buch Kohelet.[28] Jesus beginnt sein öffentliches Wirken mit dem Satz: Die Zeit ist erfüllt! Seinen Zeitgenossen wirft er vor, dass sie zwar in der Lage sind, das Wetter des folgenden Tages vorauszusagen, aber die Zeichen dieser Zeit nicht verstehen und nicht verstehen wollen.[29]

Die Zeichen der Zeit (*ta semeia ton kairon*) wahrzunehmen und zu deuten war in der Bibel und in der christlichen Tradition die Aufgabe der Propheten. Die biblischen Propheten waren keine Wahrsager, keine Futurologen, welche die Zukunft prophezeiten; sie waren vor allem Interpreten der gegenwärtigen Ereignisse als einer göttlichen Pädagogik. Die Kairologie bekennt sich zu dieser prophetischen Aufgabe, die Jesus der Kirche vermacht hat. Sie nimmt sich ihrer mithilfe von Methoden an, die der Theologie von der gegenwärtigen Philosophie, vor allem von der Phänomenologie und der Hermeneutik, zur Verfügung gestellt werden.

Ich bin davon überzeugt, dass eine Theologie, die sich im Rahmen der traditionellen Metaphysik bewegt, nicht in der Lage ist, diese Aufgabe zu erfüllen. Die Kairologie unterscheidet sich grundsätzlich von der Ontotheologie, von der metaphysichen »Wissenschaft über Gott«, die den biblischen Gott der Geschichte mit dem griechischen unbewegten ersten Beweger verwechselt. Ich lasse die Spekulationen über das Sein, das Wesen und die Eigenschaften Gottes oder die Beweise über seine Existenz völlig beiseite (»klammere sie ein«). Theologische Traktate mit dem Titel »Gott und sein Leben« habe ich, falls sie nicht vom Leben Gottes in uns und in unserer Geschichte gehandelt haben, immer für unglaubwürdig gehalten.

Der Gottesdienst lässt sich im Christentum nicht vom Dienst am Menschen trennen und die Gotteserkenntnis nicht von der Erkenntnis der Welt und des Menschen. Wenn die Theologie ernst genommen werden soll als ein notwendiger Bestandteil des Dienstes am Menschen, muss sie eine kontextuelle Theologie sein, sie muss die Erfahrung des Glaubens, seine Präsenz im menschlichen Leben und in der Gesellschaft reflektieren. Sie muss über den Glauben im Kontext der Kultur und der geschichtlichen Umbrüche nachdenken, also auch im Dialog mit den Wissenschaften, die sich mit dem Menschen, mit der Kultur, mit der Gesellschaft und mit der Geschichte auseinandersetzen.

Die Kairologie ließe sich eher als eine Sozio-Theologie bezeichnen (eine gegenseitige Durchdringung der Soziologie und der Theologie) denn als eine »reine« Theologie. Meine Erfahrungen in der interdisziplinären akademischen Zusammenarbeit zwischen Theologen, Philosophen und Religionssoziologen bei internationalen Forschungsprojekten zur Religion haben mich davon überzeugt, dass die intellektuelle Arbeit der heutigen Theologie ihrer Verantwortung nur dann gerecht wird, wenn sie sowohl von einem kontemplativen Zugang zur Wirklichkeit als auch von einem ehrlichen Dialog mit der gegenwärtigen Philosophie und den Gesellschaftswissenschaften begleitet wird. Das komplizierte und sich wandelnde Phänomen der Religion kann man nicht verstehen, wenn die Perspektiven der Theologie und der Soziologie voneinander getrennt und damit einseitig bleiben. Es ist notwendig, gegenseitige Vorurteile zwischen den Theologen und den Soziologen zu überwinden, die Sprache der anderen verstehen zu lernen und somit die eigene Perspektive und die eigene Erfahrung um den komplementären Blick vom anderen Ufer zu erweitern. Blinde Flecken im Blick der beiden Disziplinen auf die Religion haben in der Vergangenheit viele oberflächliche, ideologisch verzerrte Religionstheorien hervorgebracht.[30]

Das Bemühen darum, die Perspektiven der Theologie und Sozialwissenschaften miteinander zu verbinden, sollte unbedingt fortgesetzt werden; die Kairologie ist darauf angewiesen, stets neue Anregungen und Inspirationen aus verwandten Disziplinen wie der politischen Theologie, der Befreiungstheologie, der katholischen Soziallehre oder der protestantischen Sozialtheologie zu schöpfen. Die Theologie ist der Dienst am Glauben; der christliche Glaube hat jedoch in der Kultur und Gesellschaft Gestalt angenommen, und wenn wir ihn verstehen und ihm dienen wollen, müssen wir ihn in seinem Kontext wahrnehmen und auch diesen Kontext studieren.

***

Ich bekenne mich zur theologischen Konzeption von Michel de Certeau, der der Auffassung war, dass die menschliche Erfahrung – und damit auch die geschichtliche Erfahrung – der Ort der Offenbarung Gottes sei.[31] Zu den Analysen der Soziologen, Historiker, Politologen, Kulturanthropologen oder Sozialpsychologen fügt die Kairologie die geistliche Diagnostik der Zeit hinzu. Sie fragt danach, auf welche Weise im kulturell-moralischen Klima der Zeit der Glaube, die Hoffnung und die Liebe anwesend sind – und sei es auch in sehr unkonventionellen Formen.

Man sollte sich bewusst werden, dass auf diese »göttlichen Tugenden« das traditionelle kirchliche Christentum kein Monopol mehr hat. Die Kirche lehrte und lehrt übrigens, dass Gott seine Gaben ganz frei und uneingeschränkt verteilt. Der Glaube, die Hoffnung und die Liebe leben ihr eigenes Leben auch jenseits der institutionellen Grenzen der Kirchen, im nichtkirchlichen Kontext verändern sie sich jedoch sehr und bekommen auch neue Namen. Soll die Kirche diese weitere Verbreitung und Emanzipation ihres innersten Schatzes als etwas Positives verstehen – oder soll sie diesen Verlust an Kontrolle mit Sorge und Angst wahrnehmen? Vielleicht kann die Tatsache, dass man in der säkularen Kultur auf transformierte »christlichen Werte« trifft, die Theologie zu einer neuen Ekklesiologie, zu einem erweiterten und vertieften Selbstverständnis der Kirche inspirieren.

Die theologische Auffassung von der Kirche muss weiter reichen als die soziologische Beschreibung ihrer Gestalt, die in der Geschichte bereits realisiert wurde. Aus theologischer Sicht ist die Kirche mehr als nur eine unter den gesellschaftlichen Institutionen oder den Interessengruppen: Sie ist ein Sakrament, also ein Symbol und ein wirkmächtiges Zeichen (*signum efficiens*) der Einheit der ganzen Menschheit in Christus. Sie soll *wirkmächtig* auf etwas hinweisen, was es hier noch nicht gibt und was man in seiner Fülle auch nicht inmitten der Geschichte erwarten kann. Die Kirche versteht diesen verheißenen Gipfel der Geschichte – und damit gleichzeitig die Erfüllung des Sinnes ihrer Existenz – als ein eschatologisches (also den Horizont der Geschichte übersteigendes) Ziel. Die Vision »einer Kirche ohne Grenzen« (der wahrhaft katholischen und universalen Kirche) ist also auf der Ebene der Geschichte in dem Sinne *u-topisch*, dass sie keinen Platz (*topos*) innerhalb der Geschichte hat. Jedoch kann diese »Utopie« wichtig und wirksam sein, falls sie zur Inspiration und Motivation für ein Handeln seitens der Christen wird, das bereits innerhalb des geschichtlichen Prozesses auf diesen Punkt Omega *ausgerichtet* ist.

Diese Vision muss jedoch mit einer Warnung verbunden sein: Sie darf nicht zu einer Ideologie werden, die eine bestimmte Form der Kirche und ihrer Erkenntnis (einen bestimmten Stand und eine bestimmte Form der Theologie) für vollkommen erklären und dadurch Entwicklung und Reformen verhindern würde. In der Geschichte haben sich viele unglückliche Versuche abgewechselt, »eine Utopie zu ideologisieren«, und verschiedene chiliastische Bemühungen, den Himmel auf Erden zu errichten – sei es bereits in häretischen Formen des Christentums oder in der säkularen Ideologie des Kommunismus, der in diesem Sinne auch eine der christlichen Häresien war. Ähnlich unglücklich waren die erwähnten Versuche des christlichen Triumphalismus, einen bestimmten Zustand der Kirche und der Theologie für definitiv zu erklären. In meinen vorhergehenden Büchern habe ich darauf hingewiesen, wie die mangelnde Beachtung der eschatologischen Differenz zwischen der irdischen kämpfenden Kirche (*ecclesia militans*) und der himmlischen siegreichen Kirche (*ecclesia triumphans*) zum Triumphalismus und zu einer militanten Religion führt.[32] In diesem Buch werde ich später versuchen, einen anderen Weg der allmählichen Realisierung der »Katholizität des Christentums« anzubieten – nämlich den Weg einer Erweiterung und Vertiefung seiner ökumenischen Offenheit.

***

Die Kairologie sehe ich als ein Element der *public theology* (der »öffentlichen Theologie«) an.[33] Das verpflichtet sie dazu, sich in einer verständlichen Sprache auszudrücken, auch jenseits der Grenzen der theologischen akademischen Kommunität und des kirchlichen Milieus. Für die öffentliche Theologie ist der öffentliche Raum sowohl der Gegenstand ihrer Forschung als auch der Adressat ihrer Aussagen; öffentliche Theologen engagieren sich in vielen Fällen direkt bei gesellschaftlichen Aktivitäten, in Bürgerinitiativen und Widerstandsbewegungen.[34] Ihre gesellschaftliche Praxis ist vom Glauben motiviert, und sie wird von ihnen theologisch reflektiert. Öffentliche Theologen bemühen sich, sich kompetent, verständlich und glaubwürdig zu Ereignissen des öffentlichen Lebens im Bereich der Gesellschaft und der Kultur zu äußern. Durch die biblischen Propheten inspiriert sehen sie in den Verwandlungen der Welt die Selbstoffenbarung Gottes in der Geschichte.

Die Betonung der Geschichte und der Geschichtlichkeit ist für die zeitgenössische Theologie ganz grundlegend. Die alte Theologie verweist auf zwei Bücher der Offenbarung Gottes, auf die Bibel und auf die Natur (auf die Schöpfung): Wenn du Gott finden willst, lies über ihn in der Bibel und im Buch der Natur. Während für die vorbiblischen Mythologien und die heidnischen Religionen die Theophanie, der Ort der

Offenbarung des Heiligen, vor allem die Natur und ihr zyklischer Charakter, die ewige Wiederkehr des Gleichen, ist, ist für die Bibel die Theophanie vor allem die *Geschichte*. Aber ist die Geschichte »das dritte Buch« neben der Bibel und der Natur (der Schöpfung)?

Der biblische Gott ist der Schöpfer der Welt und der Herr der Geschichte. Die Natur (die Schöpfung) und die Geschichte lassen sich nicht voneinander trennen; die Natur ist ein Prozess in ständiger Entwicklung, und die menschliche Geschichte ist ein spezifischer Bestandteil dieses Prozesses. Die Schöpfung, diese beständig fortdauernde »Predigt« Gottes, ist die Welt, im biblischen Verständnis dann die geschichtliche Welt, die sich entwickelnde und sich wandelnde Welt. Die Schöpfung ist ein fortdauernder Prozess, *creatio continua*, und die menschliche Gesellschaft und Kultur ist dessen integrales Element. Schon die biblische Dichtung über die Schöpfung zu Beginn des Buches Genesis schildert die Schöpfung als eine Geschichte, als eine Handlung in der Zeit, auch wenn die mythologisch-poetische Sprache des biblischen Textes dieser Handlung einen spezifischen Zeitbegriff zuschreibt, der die Festlegung des heiligen Ruhetages begründet. Darwin verdanken wir die schöpferische Idee – wahrscheinlich durch Hegel inspiriert –, aus Biologie Geschichte zu machen, die Geschichte in die Biologie zu projizieren. Dank der Evolutionstheorien begreifen wir die Natur als eine dramatische Entwicklung, die in die Menschheitsgeschichte mündet. Teilhard de Chardin und die Prozesstheologie haben eine theologische Deutung der Entwicklungstheorie geboten und haben ihr inspiratives Potenzial für die christliche Theologie und Spiritualität aufgezeigt.

Ähnlich wie sich Natur und Geschichte nicht voneinander trennen lassen, kann man auch die Bibel nicht von der Geschichte trennen; die Geschichte ist nicht etwas, was parallel *neben* der Bibel existiert. Die Bibel ist sowohl eine Erzählung über die Geschichte als auch eine Frucht der Geschichte. Sie ist sowohl ein Zeuge der Geschichte als auch ihr Mitschöpfer. Die biblischen Geschichten leben durch das kulturelle Gedächtnis in der Geschichte, sie bieten den Schlüssel zum Verständnis der Geschichte und gestalten dadurch die Geschichte mit. Und sie formen auch die Lebensgeschichten der Einzelnen, »die persönliche Geschichte« des Gläubigen, mit. Der Glaube ist die Offenheit, durch welche die biblischen Geschichten in das Leben eines Menschen eintreten und es umformen.

Das Konzil von Trient hat die Schrift und die Tradition als die beiden Quellen der Offenbarung Gottes bezeichnet. Die Bibel ist jedoch ein Element der Tradition, und es gehört zu ihr nicht nur die Geschichte ihrer Entstehung, sondern in gewissem Sinne auch die beständig fortlaufende Geschichte ihrer Auslegung, ihres Lebens in der Kirche und in der Kultur. Nur in diesem Kontext ist die Bibel für uns das lebendige Wort Gottes.

Der biblische Gott offenbart sich vor allem in einmaligen geschichtlichen Ereignissen – *und in den Geschichten, die von diesen Ereignissen erzählen, die sie deuten.* JHWH, der Gott Israels, *geschieht in der Geschichte und gibt sich in den Ereignissen zu hören, die sein Wort an sein Volk sind – und auch in den Narrativen, in den Geschichten, die dieses Wort artikulieren und weitergeben.* Die Geschichte wird zur *menschlichen* Geschichte erst in den Geschichten, die sie auslegen, die aus den Ereignissen Erfahrungen machen und aus der Weitergabe der Erfahrungen, aus der Tradition, die Kultur; *ohne die Geschichten, die sie auslegen, ist die Geschichte stumm.*

Der Gott der Bibel steht nicht »jenseits der Geschichte«, auf einer Hinterbühne, von wo aus er die Menschen wie Marionetten bewegen würde. Der Schöpfer ist im Werk der

Schöpfung anwesend, in der Natur und in der Geschichte, er fügt sich in den Leib der Geschichte hinein und verkörpert sich dort in verschiedenen Weisen – er ist auch in der menschlichen Geschichte und in der menschlichen Kultur anwesend. Das Christentum bezeichnet als die höchste Form der Anwesenheit Gottes in der Geschichte – nicht nur in der menschlichen Geschichte, sondern im gesamten Prozess der Schöpfung – *die Menschwerdung*, also die Person und die Geschichte Jesu von Nazaret, »denn in ihm wohnt leibhaftig die ganze Fülle Gottes«[35]; er ist das Ja und das Amen Gottes zum Menschen und zur Welt, und er hat das Werk der Erlösung, der Befreiung und der Heilung der Menschheit und der menschlichen Geschichte vollendet. Die Schrift bezeichnet Jesus Christus als den »Urheber und Vollender unseres Glaubens«.[36]

Der Glaube als ein freies »Ja« des Menschen gegenüber dem Schöpfer und seinem Wirken ist der Ausdruck der *Partnerschaft* zwischen Gott und Mensch, ein Vertragsverhältnis; deshalb können wir in ihm den Höhepunkt der Verwirklichung der Freiheit und der Würde des Menschen sehen. Er ermöglicht nämlich eine bewusste und reflektierte dialogische Beziehung zu Gott, der die Ganzheit und die Tiefe der gesamten Wirklichkeit darstellt. Gott als eine Ganzheit, als eine alles umfassende und alles übersteigende Ganzheit ist der *Kontext*, welcher der Natur und der Geschichte einen Sinn verleiht: Durch den Glauben entdeckt der Mensch diesen Kontext und begreift in ihm neu den Sinn seiner Existenz.

***

Die Theologie hat in den letzten Jahrhunderten vor allem aus den definierten Glaubensartikeln geschöpft; heute bieten sich der Theologie weitere reiche Quellen: die lebendige Glaubenserfahrung, die Spiritualität, die Mystik, und es entwickelt sich eine theologische Deutung der Kunst, die ein wichtiger Ausdruck des geistigen Lebens ist. Wir haben gesagt, dass ein wesentliches Element der menschlichen Geschichte die Kultur ist, d. h. die Suche des Menschen nach Sinn und das Bemühen, sich und die Geschichte zu verstehen.[37] Erst die Kultur macht die Geschichte zur menschlichen Geschichte und die Gesellschaft zu einer wahrhaft menschlichen Gesellschaft. Deshalb ist der Ort, wo man die Zeichen der Zeit vor allem suchen muss, eben die Kultur. Wenn die Kultur das Medium der Suche nach Sinn ist, einschließlich dessen, was uns unbedingt angeht (*ultimate concern*)[38], dann können wir sie als einen *locus theologicus*, einen legitimen Gegenstand der theologischen Forschung, ansehen.

Die Menschen sind Mitgestalter der Geschichte und der Lebensumwelt nicht nur dann, wenn sie das Gebot Gottes, die Erde umzugestalten, erfüllen, sondern auch durch die ganze spezifische Art ihres Seins inmitten der Natur und der Geschichte; zu ihm gehört wesentlich auch ihr geistig-geistliches Leben. Durch ihr Fragen nach dem Sinn und ihr Verstehen ihres Seins (also durch ihre Kultur) übersteigen sie sich selbst, sie entdecken und erfüllen Möglichkeiten, die sich ihnen allmählich öffnen. Durch seine Kreativität erfüllt der Mensch die Berufung, die ihm vom Schöpfer auferlegt wurde, und gibt seiner Ähnlichkeit mit Gott einen konkreten Ausdruck.

Die Kunst und die Deutung von Kunstwerken können für die Tiefentheologie[39] gleichermaßen grundlegend und inspirativ sein wie die Interpretation der Träume für die Tiefenpsychologie. Denn besonders in der Kunst begegnen wir großen Träumen – und in ihnen und durch sie belangvollen (manchmal unbewussten und außerhalb des Bekannten liegenden) Sehnsüchten und Aspirationen nicht nur der Einzelnen, sondern auch ganzer Generationen. Diese großen Träume – denken wir an die Erzählung Nietzsches über den tollen Menschen, der die Tötung Gottes verkündet, oder an die Freud'sche Nacherzählung des Ödipus-Mythos – haben als latentes Movens der Kultur gewirkt, es waren mächtige Bilder, die Kräfte zum Ausdruck brachten, die das Denken und Handeln der Menschen bewegten. Können wir sie außer Acht lassen, wenn wir beispielsweise die Wurzeln des modernen Atheismus verstehen wollen? Können wir das Zeugnis der Bibel (aber auch anderer Religionen) außer Acht lassen, dass durch Träume Gott selbst zu den Menschen spricht?

Zwischen dem Glauben, der Liebe und der künstlerischen Produktion gibt es eine innere Verwandtschaft: Wir können in ihnen der *passio*, der Leidenschaft, der Energie, begegnen, welche die Welt belebt. Die Romantik hat richtig herausgespürt, dass der *eros*, der in der religiösen Leidenschaft, der Liebesleidenschaft, der Leidenschaft für die Kunst gegenwärtig ist, den Charakter von etwas Heiligem hat, dass er ein *mysterium tremendum et fascinans* ist. In der künstlerischen Produktion, ähnlich wie in der Liebe und im Glauben, gibt sich der Mensch hin, bekommt und empfängt jedoch gleichzeitig. Sowohl das Geben als auch die verstehende Annahme der Gabe, also von etwas *Neuem*, ist eine Art von Transzendenz, von Selbsteröffnung.

In dem Maße, wie die Kultur und vor allem die Kunst – im Unterschied zum oberflächlichen Konsumkitsch, auch im religiösen Bereich – ein Ausdruck der menschlichen Suche nach Sinn ist, in dem Maße ist in dieser Sehnsucht, in der Offenheit und in der Unruhe des Herzens (*inquietas cordis*) Gott anwesend, und zwar schon hier auf Erden, noch bevor diese durch Gott erweckte Unruhe (nach den Worten Augustins) ihr endgültiges eschatologisches Ziel erreicht. Ich glaube, dass Gott, der sich in der *kenosis* (Selbstentäußerung) Jesus vollständig offenbart hat, so demütig ist, dass er in den Äußerungen der menschlichen Offenheit, Sehnsucht und Hoffnung auch anonym gegenwärtig ist, auch dort, wo er nicht erkannt und genannt wird – also in der säkularen Kultur, wenn sie menschlich authentisch ist.

Auch in Bezug auf das Verhältnis Gottes zur menschlichen Kultur kann man Meister Eckhart paraphrasieren: Das Auge, mit dem wir Gott anschauen, und das Auge, mit dem Gott uns anschaut, ist dasselbe Auge. Einem ähnlichen Gedanken begegnen wir in der orthodoxen Theologie der Ikone und in der Praxis der Meditation mithilfe von Ikonen. Wenn wir »Ikonen schreiben« oder wenn wir vor Ikonen meditieren, schauen wir durch unseren Schaffensprozess und durch seine Frucht, das Bild, Gott an, und wir können gleichzeitig spüren, dass Gott uns anschaut. Auf dieses Erlebnis – wenn wir vor dem Bild stehen und den Eindruck haben, dass es uns anschaut – gründete Nikolaus von Kues seine Theologie des Gebets: Im Gebet und im Denken erleben wir den liebevollen Blick Gottes, der auf allen Geschöpfen ruht, jedoch vor allem auf dem fragenden und nachdenkenden Menschen. Im Licht des göttlichen Blickes gibt sich der Mensch Gott hin und wird mehr und mehr er selbst; Gott sagt zu ihm: »*Sei* du dein, und ich werde dein *sein*.«[40] Es erfüllt sich so das Geheimnis der Annahme der menschlichen Existenz durch Gott und der Annahme der göttlichen Existenz durch den Menschen, »unvermischt und ungesondert«.

Die Menschen sind Mitschöpfer der Geschichte und ihrer Lebensumwelt, der Natur, und das nicht nur durch ihre Aktivität, ihre Macht, die durch die faszinierenden Möglichkeiten der Wissenschaftstechnik[41] vervielfacht worden sind, sondern auch durch ihren kontemplativen Zugang zum Leben, durch ihre Offenheit gegenüber dem Geheimnis des Absoluten. In einer ähnlichen Weise ist der Leser, der Betrachter und der Zuhörer ein Mitschöpfer eines Kunstwerks aus der Literatur, der bildenden Kunst oder der Musik. Ein Kunstwerk ist nicht nur das Produkt seines Schöpfers, es ist *das Ereignis einer Be-*

gegnung, zu der neben dem Autor diese weiteren Teilnehmer unabdingbar gehören – die Leser, die Betrachter, die Zuhörer. Das Kunstwerk lebt und bekommt seine endgültige Form in der Wahrnehmung derjenigen, die von ihm ergriffen werden, und dadurch werden sie zu Mitschöpfern und Vollendern. Ähnlich wie der Schöpfungsprozess in der menschlichen Geschichte, in der Freiheit des Lebens der Menschen fortgesetzt und vollendet wird, lebt und ereignet sich das Kunstwerk und bekommt sein endgültiges Gepräge in denjenigen, die es erleben. Die Kunst erfordert die Kunst der Kommunikation, sie ist selbst eine Deutung, die zu einer Deutung auffordert.

Wie bereits gesagt wurde, verwandelt der kontemplative Zugang zum Leben das menschliche Leben aus einem Monolog in einen Dialog – in ihm geht es um etwas anderes als um das Sich-Durchsetzen des Menschen, um die technische Umgestaltung der Natur oder um die Manipulation der Gesellschaft durch Macht, also um etwas anderes als einen ingenieursmäßigen Zugang zur Welt und zur Geschichte. Es geht um ein Stillwerden, um ein Zuhören, um das Bemühen zu verstehen, um Ausdauer bei der Suche nach einer authentischen Antwort. Wenn der technisch-manipulative Zugang zur Welt nicht durch einen kontemplativen Zugang korrigiert wird, gerät die menschliche Welt in Gefahr.

Der Glaube, die Hoffnung und die Liebe werden in der menschlichen Welt durch die Kultur verkörpert; sie sind der Ort, an dem sich die *perichoresis* ereignet, die gegenseitige Durchdringung des Göttlichen und des Menschlichen. Durch sie ist Gott in der menschlichen Kultur anwesend. Die theologische Deutung der Kultur, vor allem der gegenwärtigen Kunst, sollte jedoch nicht vergessen, dass Gott in unserer Welt auch – wenn ich einen Terminus aus der Kreuzestheologie Luthers ausleihen darf – *sub contrario*, in seinem Gegensatz, sein kann. Eine aufmerksame theologische Deutung verdienen sowohl das absurde Drama als auch manche scheinbar blasphemischen Werke der zeitgenössischen Kunst, die vor allem christliche Fundamentalisten und Puritaner provozieren und bei ihnen Anstoß erregen. In bestimmten Momenten ist es gerade das Erleben der Abwesenheit Gottes, der Unbegreiflichkeit der Welt und der Tragik des menschlichen Schicksals, das zum Motiv des Wartens auf Gott und der dürstenden Sehnsucht nach Gott wird.

Gott selbst erweckt diese Sehnsucht und ist bereits in ihr auf eine bestimmte Weise anwesend; er kommt nicht nur als eine Antwort zu uns, sondern auch schon als Frage. Er kommt in einer Sehnsucht zu verstehen, die jede partielle Antwort überschreitet und immer wieder neue Fragen eröffnet, er regt eine neue Suche an – er prägt unserer Existenz den Charakter der Pilgerschaft ein. Derjenige, der als Einziger sagen durfte: Ich bin die Wahrheit, hat gleichzeitig gesagt, dass er der Weg und das Leben sei. Eine Wahrheit, die aufhört, ein Weg zu sein, ist tot. Durch den Glauben pilgert der Mensch ewig zu Gott, in dem der Weg und das Ziel nicht voneinander getrennt sind.

***

Wenn wir den Sinn der geschichtlichen Ereignisse (die Zeichen der Zeit) suchen, können wir ihn in der Tiefendimension der Kultur suchen, vor allem in den prophetischen Träumen der Kunst, durch die diese Ereignisse angekündigt werden oder in denen sie abklingen. Träume haben ihre eigene Sprache und ihre eigene Logik und rufen nach einem adäquaten hermeneutischen Zugang; in die Welt dieser göttlichen Sprache können wir mit den Methoden der klassischen metaphysischen Theologie nicht eintreten. Das, was wir bei einem kontemplativen Zugang zu Bildern und Koanen in der Welt der Kunst lernen, können wir zur Geltung bringen, wenn wir über alltägliche

Paradoxe und Rätsel nachdenken, und es kann uns bei der geistig-geistlichen Diagnostik der Zeit helfen. Die theologische Ästhetik und die Theologie der Kultur, und besonders die Theologie der Kunst (einschließlich des meditativen Zugangs zur zeitgenössischen Belletristik und zum zeitgenössischen Film), sind ein wichtiger Bestandteil der heutigen abendländischen Theologie.

Als ich immer wieder über das bereits erwähnte Kapitel über den tollen Menschen in Nietzsches *Fröhlicher Wissenschaft* meditierte (über die Szene, in deren Rahmen die berühmte Aussage über den Tod Gottes ausgesprochen wird)[42], habe ich mich an die Bemerkung Jungs erinnert, dass archaische Stämme unterscheiden zwischen den kleinen, privaten Träumen und den großen Träumen, die eine Bedeutung für den ganzen Stamm haben. Die Erzählung Nietzsches über die kollektive Tötung Gottes, der ins Vergessen verdrängt wurde, war zweifellos eine große Traumbotschaft für unseren ganzen Stamm! Nietzsche wusste sehr wohl, dass für ihn in seiner Zeit noch »keine Ohren gewachsen« waren; die Ereignisse des 20. und 21. Jahrhunderts ermöglichen es uns jedoch, ihn zu verstehen und immer wieder zu deuten.

Die Kunst ist ein unerschöpflicher Schatz an prophetischen Träumen mit einem manchmal manifesten und manchmal latenten religiösen Inhalt, der zu einer theologischen Deutung einlädt. So nehme ich zum Beispiel die Legende vom Großinquisitor aus den *Brüdern Karamasow* von Dostojewskij, Kafkas *Prozess* oder die Vision eines totalitären Staates in Orwells Roman *1984* wahr – und viele weitere Werke der Literatur, des Films und der bildenden Kunst, die zum Gegenstand einer theologischen Analyse werden können.

Northrop Frye, einer der führenden Literaturwissenschaftler des 20. Jahrhunderts (der eine gewisse Zeit als Geistlicher wirkte), schreibt, dass es zu einer bedeutenden Verschiebung im menschlichen Bewusstsein in dem Moment gekommen sei, als in Griechenland aus den dionysischen Ritualen das Drama geboren wurde und ein »allmählicher Übergang von der Mythologie zur Literatur« stattfand.[43] Vielleicht können ein kontemplativer Zugang zu den Symbolen in der Literatur und in der Kunst überhaupt und die theologische Hermeneutik künstlerischer Werke eine bedeutsame Verschiebung in unserer Beziehung zur Religion bewirken: nämlich den Kindern einer säkularisierten Welt einen neuen (postsäkularen) Zugang zum Verständnis der religiösen Erfahrung eröffnen.

***

Wie kann man die therapeutische Kraft des Glaubens neu wecken und aus einer gelähmten und innerlich gespaltenen Kirche jenes Feldlazarett und das Licht der Völker machen? Wie kann man der Versuchung widerstehen, aus der Kirche und aus der Religion ein Ghetto zu machen, einen abgeschlossenen und befestigten Bunker, ein Mausoleum der gestrigen Sicherheiten oder einen privaten Garten für die Konsumenten beruhigender und einschläfernder Drogen? Kann aus dem Christentum, das durch die Fundamentalisten diskreditiert wurde und das von der liberalen Linken pauschal abgelehnt und abgeschrieben wird, eine Inspiration für die Gestaltung der politischen Kultur erwachsen, die in der Lage wäre, die chaotische Vielstimmigkeit in ein moralisches Klima der gegenseitigen Achtung, der Kommunikation und gemeinsamer Werte zu ändern?

Ich würde mir wünschen, dass die Kairologie nicht nur auf der Ebene einer wertungsfreien Analyse und Diagnostik bleibt. Als ein Mensch, der die meiste Zeit mit der pädagogischen und pastoralen Arbeit mit Universitätsstudenten verbringt, würde ich gern zu einer Antwort auf die bereits formulierte Frage beitragen, *welcher Typ des Glaubens* (nicht: welche

Religion) der kommenden Generation am besten helfen kann, angesichts der Herausforderungen zu bestehen, welche die im Entstehen begriffene neue Zeit mit sich bringt, und welche Art von Transformation die Kirche, die Theologie und die Spiritualität durchlaufen sollen, damit sie die gegenwärtige Krise als eine Chance begreifen und für die Menschen eine Stütze sein können in einer Zeit, die ich in diesem Buch als den Nachmittag des Christentums bezeichne.

4. Tausend Jahre wie ein Tag

Dieses Buch habe ich *Der Nachmittag des Christentums* genannt. Dazu, das Wort Nachmittag zu verwenden, hat mich eine Metapher inspiriert, die der Begründer der analytischen Psychologie C. G. Jung für die Beschreibung der Dynamik des individuellen menschlichen Lebens gewählt hat. Diese Metapher versuche ich auf die Geschichte des Christentums anzuwenden.

Jung vergleicht den Ablauf des menschlichen Lebens mit dem Ablauf eines Tages. Der *Vormittag des Lebens* ist nach Jung die Jugend und das frühe Erwachsenenalter: die Zeit, in welcher der Mensch die Grundzüge seiner Persönlichkeit entwickelt, die äußeren Mauern und Stützpfeiler seines Lebenshauses baut, seinen Haushalt einrichtet, seinen Platz in der Gesellschaft einnimmt, seine berufliche Orientierung wählt, seine berufliche Karriere beginnt, eine Ehe schließt und eine Familie gründet. Er baut sich ein »Image« auf – eine Vorstellung, von der er will, dass sie andere von ihm haben, eine Maske (*Persona* in der Terminologie Jungs[44]), die sein »äußeres Gesicht« ist, das dem Menschen eine Identität verleiht und ihn gleichzeitig nach außen vor verletzenden Übergriffen anderer in den intimen Bereich seines Ichs schützt. Wer sich auf den Weg der geistigen Reifung begeben möchte, zur Tiefe hin, ohne dass er zuerst in dieser Welt Wurzeln geschlagen hat, der geht auf unverantwortliche Weise das Risiko des Scheiterns ein, behauptet Jung.

Dann kommt die *Mittagskrise*. Es ist die Mittagszeit der Ermüdung und Schläfrigkeit. Den Menschen freut all das, was ihn bis dahin erfüllt hat, nicht mehr. Schon die Einsiedler der Antike wussten von den Listen des »Mittagsdämons«, von dem »am Tag fliegenden Pfeil«.[45] Sie warnten vor dem Laster der *acedia*. Dieses Wort bedeutet mehr als »Trägheit«, auch wenn es gewöhnlich so übersetzt wird. Es geht eher um einen Verlust der Energie und der Lust am Leben, um eine geistige Schlaffheit und Gleichgültigkeit – heute würden wir vielleicht auch zu Begriffen wie »Depression« oder »Burnout-Syndrom« greifen. Die Krise kann unsere Gesundheit, unsere berufliche Karriere, unsere Beziehungen in Ehe und Familie, unseren Glauben und unser geistliches Leben betreffen.

Diese Krise ist jedoch – wie nach Jung jede Krise – gleichzeitig eine Chance. Es meldet sich in ihr derjenige Teil unseres Wesens zu Wort, den wir nicht ausreichend entwickelt, vernachlässigt oder sogar unterbewusst oder bewusst unterdrückt und in das Unbewusste verdrängt haben. Es meldet sich der uneingestandene oder nicht erkannte Teil unseres Ichs, unser Schatten, unsere Schulden. Übrigens werden in der christlichen Tradition zu den Sünden (Schulden) nicht nur böse Taten, schlechte Worte und ein verkehrtes Denken gezählt, sondern auch die Unterlassung des Guten, das Vergraben der anvertrauten Talente.

Erst wenn der Mensch in den Prüfungen der Mittagskrise besteht – zum Beispiel wenn er in der Lage ist, das anzunehmen und zu integrieren, was er über sich nicht wissen und sich nicht eingestehen wollte –, ist er darauf vorbereitet, sich auf den Weg des Nachmittags des Lebens zu begeben. Der Mensch kann jedoch diese neue Etappe seines Lebens dadurch vergeuden, dass er sie mit einer bloßen Fortsetzung der Aktivitäten des Vormittags erfüllt, indem er vor allem an seiner Karriere und seiner materiellen Absicherung baut, sein Bild in den Augen der anderen abstaubt und verschönert, Ehrungen und Applaus nachjagt, sich immer neue glänzende Orden an die Brust steckt. Seine Persona kann sich dermaßen vergrößern, dass sie schließlich sein inneres Leben erstickt. Auch Erfolge haben ihre Gefahren, und die Karriere und das Eigentum können zur Falle werden.

Der *Nachmittag des Lebens* – die reife Zeit und das Alter – hat jedoch eine andere und wichtigere Aufgabe als der *Vormittag des Lebens*: den Weg des Geistes, das Hinabsteigen in die Tiefe. Der *Nachmittag des Lebens* ist ein *kairos*, eine Zeit, die für die Entfaltung des geistig-geistlichen Lebens günstig ist, die Gelegenheit, den Reifungsprozess seines ganzen Lebens zu vollenden. Diese Lebensetappe kann kostbare Früchte bringen: den Blick von oben, Weisheit, Ruhe, Toleranz, die Fähigkeit, seine Emotionen zu beherrschen und seine Egozentrik zu überwinden. Diese ist das wichtigste Hindernis auf dem Weg vom Ego, vom Zentrum unseres bewussten Lebens, zu einem tieferen Zentrum, zum inneren Ich (zum *Selbst*). Durch diese Wendung vom »kleinen Ich« zu diesem Eigentlichsten und Wesentlichsten (wir können es Gott oder »Christus in uns« nennen) erfüllt der Mensch den Sinn seines Lebens, er erreicht die Reife und Fülle. Fülle bedeutet für Jung nicht die Freiheit von Fehlern, sondern *Ganzheit*. (In vielen Sprachen sind die Wörter für »ganz« und für »heilig« – *whole* und *holy* – bzw. für »gesund« und für »heilig« – *heil* und *heilig* – miteinander verwandt.)

Eine Nichterfüllung der Aufgabe dieser Lebensetappe, »das falsche Altern«, erzeugt im Gegensatz dazu Rigidität, emotionale Verstimmungen, Ängste, Argwohn, Engherzigkeit, Selbstmitleid, Hypochondrie und eine Terrorisierung der Umgebung. Wahrscheinlich alle psychischen Probleme der Menschen in der zweiten Hälfte ihres Lebens, denen er in seiner reichen klinischen Praxis begegnet sei, sagt Jung, hätten mit der mangelnden Präsenz der spirituellen und religiösen Dimension in ihrem Lebens zusammengehangen – im weitesten Sinne des Wortes.

Ich vermute, dass man diese inspirative Metapher Jungs in einem Punkt revidieren muss. Jung hat die *Mittagskrise* und die Wende zum Nachmittag des Lebens in der Zeit um das

Alter von 35 Jahren situiert. Das menschliche Leben hat sich jedoch in den letzten Jahrzehnten verlängert und verlängert sich immer weiter. Der Jugendkult, den die kulturelle Revolution am Ende der 60er-Jahre des 20. Jahrhunderts mit sich gebracht hat, hat auch das mittlere Alter beeinflusst und verschluckt, praktisch das ganze produktive Leben, und er verlangsamt und verschleiert den Alterungsprozess, der nach Jung die Nachmittagszeit der Reife sein sollte. Demgegenüber wird die Zeit des Alters immer mehr verlängert, was viele Probleme und Fragen mit sich bringt. Soll das Alter eine Nachahmung der Jugend sein, oder wird den Menschen von heute und morgen das kostbare Geschenk der Gelegenheit gegeben, die Kultur des geistig-geistlichen Lebens und des geistig-geistlichen Reifens weiter und tiefer zu entfalten?

***

In der Schrift heißt es: »Ein Tag ist bei dem Herrn wie tausend Jahre und tausend Jahre sind wie ein Tag.«[46] Seit vielen Jahren beschäftigt mich die Frage (und sie taucht demgemäß bereits in meinen Vorlesungen, Artikeln und Büchern aus der letzten Zeit immer wieder auf), ob und wie weit die Metapher des Tages, die Jung bei der Auslegung der Dynamik des individuellen Lebens benutzt, sich schöpferisch auf die Geschichte des Christentums übertragen lässt. Für ein Verstehen des Paradigmenwechsels in der Geschichte des Christentums – und vor allem auch für ein Verstehen des Sinnes und der Herausforderungen unserer Zeit – schlage ich die folgende Metapher vor.

Die Geschichte des Christentums von den Anfängen bis zur Schwelle der Moderne nehme ich als einen Vormittag wahr, eine lange Zeit, in der die Kirche vor allem ihre institutionellen und doktrinalen Strukturen aufgebaut hat. Dann kam die Mittagskrise – mit dem Epizentrum in Mittel- und Westeuropa –, die eben diese Strukturen erschütterte. Sie erstreckt sich mit unterschiedlicher Intensität in vielen Ländern vom späten Mittelalter über die ganze Neuzeit: von der Renaissance und Reformation, von der Spaltung innerhalb der westlichen Christenheit und den darauf folgenden Kriegen, welche die Glaubwürdigkeit der einzelnen Konfessionen infrage stellten, über die Aufklärung, über die Zeit der Religionskritik und des Aufstiegs des Atheismus bis zur Zeit eines langsamen Hinüberwachsens des Atheismus in die folgende Phase, in den »Apatheismus«, in die religiöse Gleichgültigkeit.

Ich bin davon überzeugt, dass wir heute an der Schwelle zum Nachmittag des Christentums stehen. Am Ende einer langen Krisenzeit schimmern schon einige Züge einer neuen, hoffentlich tieferen und reiferen geschichtlichen Gestalt des Christentums durch. Die Nachmittagsgestalt des Christentums wird jedoch – wie alle seine früheren Gestalten – nicht von irgendeiner unpersönlichen und unwiderleglichen Logik der geschichtlichen Entwicklung erzeugt. Sie kommt als eine Möglichkeit, als *kairos* – als eine Gelegenheit, die sich in einem bestimmten Augenblick eröffnen und bieten wird. Sie wird jedoch erst dann erfüllt, wenn sie von den Menschen verstanden und auch frei angenommen wird. Es hängt viel davon ab, ob sich in einem bestimmten geschichtlichen Augenblick eine ausreichende Zahl von Menschen findet, die als »kluge Jungfrauen« aus dem Gleichnis Jesu wachsam bleiben und auf den *kairos* vorbereitet sind – auf die Zeit, in der es zu handeln gilt.

Auch in der Geschichte des Christentums droht die Möglichkeit eines »falschen Alterns«. Wenn man die Zeit für eine Reform versäumt oder sogar versucht, in die Zeit vor der Mittagskrise zurückzukehren, kann das eine sterile und abstoßende Gestalt des Christentums hervorbringen. Ähnlich gefährlich sind jedoch Bemühungen, die aktuellen Krisen auf eine unüberlegte Weise zu lösen, nämlich nur durch eine äußerliche Reform der kirchlichen Institutionen und ohne tiefere Veränderungen in Theologie und Spiritualität. Das würde wohl nichts anderes als Chaos und oberflächliche Ergebnisse hervorbringen.

In diesem Buch lege ich eine bestimmte Vision des Nachmittags des Christentums vor, betone aber gleichzeitig auch: Ob und in welchem Maße diese Vision erfüllt werden wird, weiß nur der Herr der Geschichte, der die Geschichte fortwährend im Dialog mit unseren Taten und mit unserem Verständnis entstehen lässt. Durch die Optik der Geschichtstheologie gesehen ist die Geschichte nicht nur ein bloßes Erzeugnis der bewussten und gezielten menschlichen Tätigkeit, ökonomischer Verhältnisse oder sozialer Konflikte, sie wird nicht durch ein blindes Schicksal oder die Gesetze der Dialektik gesteuert, aber auch nicht von irgendeinem göttlichen Marionettenführer aus dem Jenseits. Sie ist ein Drama der Erlösung, eines geheimnisvollen Zusammenspiels der göttlichen und der menschlichen Freiheit. In dem Maße, wie die freien geschichtsbildenden Taten der Menschen ein Ausdruck der menschlichen Selbsttranszendenz sind (einer Selbstüberschreitung in der Liebe und im schöpferischen Tun), in dem Maße eröffnen sie einen Raum für das, was der Mensch mit Recht als eine Gabe erfährt, die seinem freien Wirken vorausgeht, es begleitet und vollendet. Traditionell theologisch gesagt geht es um das Verhältnis von Freiheit und Gnade in der Geschichte.

***

Mit der Metapher der Mittagskrise bezeichne ich eine lange und in sich gegliederte Zeit eines allmählichen Niedergangs der *christianitas* – eines bestimmten Typus der Gestaltwerdung des christlichen Glaubens in der abendländischen Kultur und Zivilisation. Über diese Zeit sind Tausende historische und soziologische Studien geschrieben worden, und zahlreiche verschiedene Theorien versuchen sie zu erklären. Wir können diese Etappe unterschiedlich datieren, unterschiedlich begründen, unterschiedlich bewerten und unterschiedlich nennen: als die Zeit der Säkularisierung, der »Entzauberung der Welt«, der Desakralisierung, als die Zeit der »Entkirchlichung« oder der Entchristlichung, als die Zeit der »Demythologisierung des Christentums«, als die Zeit des »Niedergangs der konstantinischen Ära« oder als die Zeit des »Todes Gottes«.

Die Klassiker der Säkularisierungstheorie haben die Säkularisierung für das letzte Stadium der Geschichte des Christentums oder der Religion überhaupt gehalten. Manche Erben der Aufklärung haben sie als den Sieg des Fortschritts und des Lichtes der Vernunft über die Dunkelheit und den Nebel des religiösen Aberglaubens gefeiert. Manche nostalgisch in der Vergangenheit schwelgende Christen wiederum haben über sie lamentiert und sie dämonisiert. Die Einsicht, dass die Säkularisierung auch einen *kairos* für das Christentum bedeuten kann, eine neue Herausforderung und neue positive Möglichkeiten, den Glauben zu erneuern und zu vertiefen, lag für lange Zeit völlig fern.

In den letzten Jahrzehnten wurde jedoch auch die Säkularisierungstheorie selbst infrage gestellt. Manche Soziologen, Philosophen und Kulturhistoriker bezeichnen sie als einen Irrtum der Wissenschaft, als einen ideologischen Mythos, als ein Produkt des »wishful thinking« gewisser Denker und gesellschaftlich-politischer Kreise.[47] Es zeigt sich, dass die Klassiker der Säkularisierungstheorie, auch wenn sie selbst (wie zum Beispiel Émile Durkheim) meistens zu antiklerikalen Kreisen gehörten, in vielem im Bann der engen klerikalen Auffassung des Glaubens und der Religion geblieben sind: Auch wenn sie verschiedene Arten von Religion behandelten, projizierten sie in sie vor allem die Gestalt der Religion hinein, die sie vor Augen hatten und die im Begriff war, ihre Vitalität und ihre

Anziehungskraft zu verlieren, besonders die Gestalt der katholischen Kirche an der Wende vom 19. zum 20. Jahrhundert. Die Krise einer bestimmten Gestalt des Glaubens und der Religion generalisierten sie und erklärten sie zur Krise der Religion als solcher. Ihrer Aufmerksamkeit entging dabei lange die Tatsache, dass die Säkularisierung keinen Niedergang brachte, sondern eine *Transformation* der Religion.

***

Als ich vor langer Zeit – ja, es war noch im letzten Jahrhundert – meinen 40. Geburtstag feierte, habe ich auf den Trinkspruch und die Gratulationen mit großer Verlegenheit geantwortet: »Gibt es da wirklich etwas zu feiern? Die Jugend ist vorbei!« Einer meiner Freunde – es war der Philosoph Zdeněk Neubauer – widersprach sofort leidenschaftlich: »Die Jugend ist nicht nur eine vorübergehende Phase des Lebens, die Jugend ist eine Dimension unserer Persönlichkeit!«

Es kommt darauf an, wie wir mit der Jugend umgehen. Den jungen Menschen, der wir einmal waren, können wir verraten und ablehnen, ihn in uns unterdrücken; wir können auch auf eine läppische Weise versuchen, unsere Jugend festzuhalten, krampfhaft so tun, als wäre sie noch gegenwärtig, uns gegen das Erwachsensein und das Alter wehren. Wir können sie jedoch auch in die fortschreitende Geschichte unseres Lebens integrieren, sie organisch eingliedern oder auch zu ihr zurückkehren, wie wenn ein Komponist immer wieder zu einem bestimmten Motiv zurückkehrt und es in neuen, schöpferischen Variationen erklingen lässt. Das, was wir durchgemacht haben, begleitet uns auf eine gewisse Art und Weise weiter und bleibt immer in uns – es kann jedoch unterschiedlich wirken. Es hängt davon ab, wie wir die Aufgabe erfüllt haben, die in einer bestimmten Etappe liegt – sowohl im Leben des Einzelnen als auch in dem der Nationen und Kulturen. Die Zeit, in der sich unsere Lebensgeschichte und die Ereignisse unserer Geschichte entwickeln, ist keine Einbahnstraße, und der Raum unseres Lebens ist mehrdimensional; auch die abgeschlossene, vergessene und verdrängte Vergangenheit kann sich als nur scheinbar tot und als nur vorübergehend beendet erweisen. Die Psychoanalyse hat uns gelehrt, dass das mit Gewalt Verdrängte gerne in einer veränderten Gestalt zurückkommt.

Ähnlich verhält es sich mit der Postmoderne und mit der Postsäkularisierung. Auch kulturelle Epochen sind eher Dimensionen des Lebens einer Gesellschaft als einfach aufeinander folgende und in einem bestimmten Moment eindeutig endende Zeitabschnitte. Das Verhältnis zwischen Moderne und Postmoderne, zwischen der säkularen und der postsäkularen Zeit ist komplizierter als der Wechsel der Tages- und Jahreszeiten. Auch mit der Metapher des Tages (Vormittag, Mittag und Nachmittag der Geschichte) sollte man sehr vorsichtig umgehen: Wenn bei uns Mittag und Frühling ist, ist irgendwo anders auf unserem Planeten Morgen oder Abend und rauer Herbst. In unserer global vernetzten Gesellschaft ist es so, dass prämoderne, moderne, hypermoderne und postmoderne Lebensweisen koexistieren und sich manchmal auf überraschende Weise begegnen.

Das Präfix »post« bedeutet in diesen Fällen nicht nur eine einfache zeitliche Folge oder einen qualitativen Sprung. Wenn wir eine Evolutionsauffassung vertreten würden, nach der die Postmoderne und die Postsäkularisierung automatisch höhere Entwicklungsstadien wären, würde das verraten, dass wir immer noch der Kultur der Moderne verhaftet wären, weil ja der Mythos der Evolution als eines ständigen Fortschritts, der nur eine Richtung kennt, zu den charakteristischen Zügen des neuzeitlichen Denkens gehört. Die Anerkennung der Tatsache, dass Entwicklung ein Prinzip alles Lebenden ist, bedeutet nicht die unkritische Annahme der Fortschrittsideologie. Wenn wir aus dem Gefangensein in der Moderne herauskommen wollen, müssen wir uns von einer naiven Sicht der Geschichte befreien, nach der diese eine unaufhaltsame und von gewissen historischen Gesetzmäßigkeiten beherrschte Bewegung auf einer Einbahnstraße hin zu einem immer besseren Morgen wäre. Hinter der Idee eines – durch bestimmte äußere Gesetzmäßigkeiten gesteuerten – Fortschritts verbarg sich in den säkularen Ideologien ein uneingestandenes theologisches Modell, und zwar das deistische Modell. Der Fortschritt war vor allem für kommunistische Ideologen ein verborgener Gott, der von außen die Geschichte manipulierte – und sie selbst waren seine Propheten und Instrumente. Eine der vielen Sachen, die Nietzsche hellsichtig erkannt hat, war sein Gedanke, dass viele moderne Ideale nur der Schatten des toten Gottes sind.[48]

***

Eine Zeit der vielen »Post-s« wirft eine Reihe von Fragen auf. Welches Verhältnis besteht zwischen Postmoderne und Moderne? Wird die postmoderne Zeit tatsächlich transmodern sein, die Moderne übersteigend und überwindend, oder ist sie eher supermodern, also nur eine intensive Fortsetzung gewisser Tendenzen der modernen Zeit unter neuen Bedingungen? Zeigen sich nicht analog in der Zeit des Postkommunismus viele nicht überwundene Folgen der kommunistischen Zeit, viele Züge im Verhalten der Menschen, die aus der totalitären Zeit stammen und nur in neue Kleider gesteckt worden sind?

Ebenso wie im Fall der Postmoderne und des Postkommunismus bedeutet auch im Fall des *Postsäkularen* das Präfix »Post-« nicht die völlige Loslösung von der vorherigen Zeit. Eher umgekehrt: Schon die Tatsache selbst, dass sich für das neue geschichtliche Kapitel bisher kein neuer, eigener Name eingebürgert hat, deutet darauf hin, dass wir noch in gewissem Sinne im Bannkreis unserer Vergangenheit leben. Die Aufklärer haben für ihre Kultur bald einen stolzen Namen gefunden und der Vergangenheit daraufhin verächtliche Etiketten gegeben: Die Gotik wurde nach den barbarischen Goten benannt, und das Mittelalter wurde schon durch seinen Namen als eine unbedeutende, düstere Zwischenzeit zwischen der hochstehenden Antike und ihrer eigenen aufklärerischen Zeit gekennzeichnet. Bei der Interpretation der Jahrhunderte der mittelalterlichen Philosophie sollen wir nach Hegel Siebenmeilenstiefel anziehen, um diese langweilige Landschaft so schnell wie möglich durchlaufen zu können. Vielleicht verrät auch die Tatsache, dass wir nicht in der Lage sind, für unsere Zeit eine neue, eigene Bezeichnung zu finden, dass sie nur eine Zeit des Übergangs ist, eine Zwischenzeit. Und lediglich in diesem Sinne ist unsere Zeit »ein neues Mittel-Alter«.

Wann wird die postsäkulare Zeit in der Lage sein, sich von der säkularen Zeit hinreichend loszulösen? Wann findet und benennt sie ihre eigenen Themen? Vielleicht hat uns die vergangene Zeit eine Aufgabe gestellt, mit der wir noch nicht ganz fertig geworden sind. Haben wir die Fragen, welche die Erfahrung der Säkularisierung mit sich gebracht hat, schon erschöpfend beantwortet? Haben wir schon gründlich genug über dieses Phänomen unserer kulturellen Geschichte nachgedacht? Keine Religion ist durch ein solches reinigendes Feuer der Kritik gegangen wie das Christentum. Haben wir aus diesem Schatz alles herausgeholt, was zu einer größeren Reife und Mündigkeit des christlichen Glaubens beitragen kann? Haben wir uns von den Texten der Hebräischen Bibel – etwa von der Erzählung vom nächtlichen Kampf Jakobs oder dem gesamten Buch Hiob –, inspirieren lassen, die uns sagen, dass Gott diejenigen lieb hat, die mit ihm ringen?

Die Welt der Religion ist eine Welt der Paradoxien. Wenn wir diese Welt verstehen wollen, müssen wir das dogmatische

Festhalten an dem Grundsatz, dass »a« nicht gleichzeitig »non-a« sein kann, ablegen. Eher führt uns der Grundsatz weiter, von dem mein Lehrer Josef Zvěřina sagte, dass er das Grundprinzip des Katholizismus sei: *et – et* (sowohl – als auch) …

Ist unsere Zeit säkular oder postsäkular, modern oder postmodern? Ist sie die Zeit einer Krise der Religion oder die einer Revitalisierung der Religion? Beides ist wahr. Über dem einen Aspekt dürfen wir nicht den zweiten übersehen, über der gerechten Würdigung des einen dürfen wir nicht die Bedeutung des zweiten unterschätzen. Die Säkularisierung und die Moderne haben die Glaubensgeschichte nachhaltig geprägt und ihr bestimmte Züge eingeschrieben, sie waren jedoch nicht das, wofür sie ihre radikalen Vertreter hielten, nämlich der Höhepunkt und die Endphase der geschichtlichen Entwicklung. Die Säkularisierung war nicht das Ende der Geschichte der Religion, sie war nicht – wie es sich die Ideologen des Säkularismus vorstellten – der Sieg des Lichtes der Vernunft über die Finsternis der Religion. Sie war vielmehr eine Transformation der Religion, und sie ist ein Schritt auf dem Weg zu einer größeren Reife des Glaubens. Eine der Aufgaben dieses Buches ist: Es will dazu ermuntern, diese Gelegenheit in vollem Umfang zu nutzen.

5. Religiöses oder religionsloses Christentum?

Dieses Buch handelt von den Wandlungen des christlichen Glaubens, aber auch von den Wandlungen der Religion und des Verhältnisses zwischen dem Glauben und der Religion. Ich unterscheide drei Etappen in der Geschichte des Christentums: erstens den Vormittag, die prämoderne Zeit; zweitens die Mittagskrise, die Zeit der Säkularisierung; und drittens den kommenden Nachmittag des Christentums – eine neue Gestalt, die sich in unserer Zeit der postmodernen Auflösung der modernen Welt bereits ankündigt.

Im Verlauf der Geschichte verändert sich jedoch auch die Religion – und zwar sowohl die Bedeutung und die Verwendung dieses Wortes als auch die gesellschaftlich-kulturellen Erscheinungen und Rollen, die sich mit diesem Wort bezeichnen lassen. Ich unterscheide vor allem zwei unterschiedliche Auffassungen von Religion. Erstens ist es die Religion als *religio* – als eine integrierende Kraft in der Gesellschaft und im Staat, die gemeinsame »Sprache«. Der Ausdruck *religio*, von dem die Bezeichnung der Religion in der Mehrheit der westlichen Sprachen abgeleitet wird, wurde zum ersten Mal im antiken Rom in der Zeit des Zweiten Punischen Krieges benutzt. Die Religion als *religio* hatte im antiken Römischen Reich vorwiegend eine *politische* Bedeutung, sie bedeutete ein bestimmtes System an Ritualen und Symbolen, welche die Identität der Gesellschaft zum Ausdruck brachten; sie war nahe an dem, was die heutige Soziologie »bürgerliche Religion« (*civil religion*) nennt. *Religio* war nach Cicero »die richtige Verehrung der richtigen (d. h. der vom Staat anerkannten) Götter«; der Gegensatz war *superstitio* (Aberglaube) – die Religion der anderen.[49] Wie wir zeigen werden, begann sich das Christentum erst im 4. Jahrhundert n. Chr. in die Rolle einer *religio* hineinzufinden.

Zweitens sprechen wir von der Religion, wie sie nach der Aufklärung entstand und wie sie sich seitdem üblicherweise versteht: die Religion als ein Sektor der Gesellschaft und Kultur unter anderen, als »eine Weltanschauung«, die in erster Linie »das Jenseits« betrifft und in der irdischen Sphäre von spezialisierten religiösen Institutionen (Kirchen) repräsentiert wird.

Man darf jedoch auch nicht die archaische Form der Religion vergessen: eine Beziehung zum Heiligen, das besonders in der Natur erfahrbar wird. Der biblisch verstandene Glaube an einen Gott, der die Welt transzendiert, bemühte sich zunächst, diese »heidnische« Form der Religiosität zu unterdrücken. Später hat er das Volkschristentum in einem erheblichen Ausmaß integriert und »getauft«, vor allem im Mittelalter. Dann wurde im Zuge der Modernisierung und der Säkularisierung der westlichen Gesellschaft versucht, sie (gleichzeitig mit der volkstümlichen christlichen Religiosität) auszumerzen; die Romantik belebte sie jedoch wieder. Heute kehrt das Motiv der Heiligkeit der Natur in transformierten Gestalten zurück – von der Auffassung des Heiligen bei Heidegger bis zu verschiedenen ökologisch orientierten Spiritualitäten vom Typus New Age.[50] Das Bemühen, diese zeitgenössische Sensibilität gegenüber der Natur zu »taufen«, können wir in der Enzyklika *Laudato si'* von Papst Franziskus sehen, die sich – schon mit ihrem Titel – mit Recht auf die Tradition der franziskanischen Spiritualität der Schöpfung beruft.

***

Ich lege hier die Hypothese vor, dass der christliche Glaube den bisherigen Formen von Religion entwachsen ist und dass die Versuche, ihn in eine der früheren Formen einzuzwängen, kontraproduktiv sind. Auch für den lebendigen Fluss der Geschichte und den Strom der Tradition (der schöpferischen Überlieferung) gilt der Satz, dass »niemand zweimal in denselben Fluss steigen kann«.

Das Christentum als *religio*, das die kulturell-politische Gestalt der *christianitas* (der »christlichen Zivilisation«) angenommen hatte, gehört definitiv der Vergangenheit an, und seine nostalgischen Nachahmungen führen nur zu traditionalistischen Karikaturen. Die Säkularisierung schuf dann den zweiten, neuzeitlichen Typ der Religion: *das Christentum als Weltanschauung*, als *Konfession* – und in dieser Form der Religion wurde es allmählich heimisch. Die Neuzeit (die Modernität) kam jedoch an ihr Ende, und mit ihr verschwindet auch jener Typus des Christentums in der Vergangenheit, der sich mit der Religion im neuzeitlichen Sinne des Wortes identifiziert hat.

Die atheistischen Kritiker der Religion – wie Nietzsche, Freud oder Marx – zielen mit ihrer Kritik vor allem auf jenen Typ der Religion, von dem sich der Glaube befreien muss; deshalb kann der kritische (und nicht der dogmatische) Atheismus eher ein Helfer des Glaubens als sein Feind sein. Die Vorgänger der Verwandlung, vor der das Christentum in unserer Zeit steht, waren prophetische Persönlichkeiten aus den Reihen der Christen – zum Beispiel Pascal mit seiner Kritik der »Religion der Philosophen«, Kierkegaard mit seiner Kritik des spießbürgerlichen Christentums und Teilhard de Chardin und Jung mit ihrer Kritik eines Christentums, »das seine fruchtbringende Kraft verloren hat«. Weder die mittelalterliche noch die moderne (neuzeitliche) Form der Religion kann eine dauerhafte sozial-kulturelle Behausung des christlichen Glaubens darstellen.

Das Christentum der Spätmoderne ist in eine gewisse kulturelle Obdachlosigkeit geraten, was eine der Ursachen der jetzigen Krise ist. Der christliche Glaube sucht sich in dieser Zeit des Wandels kultureller Paradigmen erst noch eine neue Form, ein neues Zuhause, neue Ausdrucksmöglichkeiten, neue gesellschaftliche und kulturelle Aufgaben und neue Verbündete. Wird er in einer der bestehenden oder der neu entstehenden Formen der Religion seine Gestalt finden, oder wird er, wie es manche Theologen angekündigt haben, zu einem religionslosen Glauben? Vielleicht ist gerade die Dynamik und die Buntheit der Postmoderne, über die viele Christen erschrecken, die Inkubationsphase des Christentums der Zukunft.

***

Während wir gegen Ende dieses Buches über mögliche Zukunftsszenarien nachdenken wollen, versuchen wir jetzt kurz und bündig wichtige Etappen der geschichtlichen Entwicklung des Christentums im Hinblick auf Veränderungen im Verhältnis zwischen dem Glauben und der Religion in Erinnerung zu rufen.

Am Anfang seiner Geschichte ist das Christentum keine Religion im Sinne der antiken *religio*. Es ist »der Weg der Nachfolge Christi«, eine der jüdischen Sekten messianischen Typs. Es knüpft jedoch an die »universalistischen« Gedanken an, die vor allem die Propheten in das Judentum hineintragen haben. Für sie war der Herr nicht nur ein »lokaler Gott« eines Volkes, einer auserwählten Nation, sondern der Schöpfer, der Herr des Himmels und der Erde und der Herrscher aller Völker. In der Predigt Jesu lässt sich eine Entwicklung verfolgen: Zunächst hält er sich für jemanden, der in erster Linie oder ausschließlich »zu den verlorenen Schafen des Hauses Israel« gesandt ist, dann sendet er jedoch seine Apostel aus, damit sie in die ganze Welt gehen und alle Völker lehren. Und er erklärt: »Mir ist alle Gewalt gegeben im Himmel und auf der Erde.«[51]

Der Apostel Paulus repräsentiert die »erste Reformation«: Er führt das junge Christentum aus den Grenzen des damaligen Judentums hinaus. Er radikalisiert den Konflikt Jesu mit den rigiden Auslegern des mosaischen Gesetzes. Die Konvertiten aus dem Heidentum befreit er von den Pflicht, zunächst Juden zu werden (also die Beschneidung und viele andere rituelle Vorschriften des Gesetzes des Mose anzunehmen) und stellt ins Zentrum den Glauben, der sich durch die Praxis der Liebe zum Nächsten äußert.[52] Dadurch eröffnet er den »frommen Heiden« (den hellenistischen Sympathisanten mit dem Judentum und unter ihnen auch den Bekennern des philosophischen Monotheismus) den Weg in die christlichen Gemeinschaften und ermöglicht es gleichzeitig diesen Gemeinschaften, die nun von den vielen aufwendigen jüdischen Vorschriften befreit sind, leichter in die weiträumige Welt der antiken Kultur einzutreten. Der Glaube im Sinne des Paulus überwindet alle Grenzen: Alle sind jetzt in Christus gleich, sie sind Teil der »neuen Schöpfung«.[53]

Durch seine Emanzipation von der Mission des Petrus, des Jakobus und weiterer erster Jünger Jesu, durch seine Betonung der Freiheit eines Christen und des *Glaubens* als einer »neuen Existenz« schützte Paulus das junge Christentum davor, dass es die Gestalt eines Rechtssystems annahm. Eine Gestalt der Religion, in der sie zuvörderst ein Rechtssystem ist, spielt eine große Rolle im Judentum und später im Islam. Die Versuchung des Legalismus durchzieht jedoch auch die gesamte Kirchengeschichte; große Gestalten der Reform – von Luther bis Bonhoeffer – berufen sich immer wieder auf die paulinische Freiheit vom Gesetz.

Die Säulen der apostolischen Gemeinde in Jerusalem, Jakobus, Petrus und Johannes, fanden die Kraft, gegenüber dem radikalen Reformator Paulus nachzugeben, und so verhinderten sie durch eine Verteilung der Kompetenzen und eine gegenseitige Anerkennung ein Schisma: Die Jerusalemer werden die apostolischen Arbeit unten den Juden und den

Judenchristen fortsetzen, dem Paulus gewähren sie jedoch ihr Vertrauen und die Freiheit für eine Mission in der weiten Welt der Heiden.[54] Denken wir daran, dass das, was wir heute das Christentum nennen, vor allem aus der mutigen Reformmission des Paulus erwachsen ist, während die verschiedenen Strömungen des Judenchristentums allmählich untergegangen sind. Wir können nur mutmaßen, ob das auf die äußeren geschichtlichen Ereignisse zurückzuführen ist oder vielmehr auf die Kluft zwischen dem »Konservatismus« der Gemeinde in Jerusalem und der geistigen Dynamik der missionarischen Vision des Paulus.

Paulus trägt seine Version des Christentums und des christlichen Universalismus in eine Welt, die von der hellenistischen Philosophie und von der römischen Politik geformt ist, und das in einer Zeit, in der die Glaubwürdigkeit der griechischen Mythologie und der römischen politischen Religion in eine Krise geraten ist. Die Idee eines »neuen Israel« ohne Grenzen stößt jedoch mit der Zeit auf die Begrenztheiten dieser antiken Kultur; statt eines Israels ohne Grenzen wird die Kirche »ein zweites Israel« und eine dritte »Religion« neben dem Judentum und dem hellenistischen Heidentum. Sie muss sich gleichzeitig auch gegen die gnostischen Strömungen, die damaligen Schulen der Weisheit und der Frömmigkeit (*pietas*), und gegen viele religiöse Kulte abgrenzen. Die Repräsentanten der römischen Staatsreligion begreifen das sich in erstaunlichem Maße verbreitende Christentum als eine politisch gefährliche Erscheinung. Sie verfolgen es, wodurch sie gleichzeitig seine Gestalt als Gegenkultur, als religiös-politische Opposition festigen. Gleichzeitig machen sie es zu einem neuen Angebot, zu einer Alternative gegenüber der es umgebenden religiösen Welt.

Christen, welche die Teilnahme an den römischen heidnischen Ritualen aus religiösen Gründen ablehnen (weil sie sie für einen Götzendienst halten), werden als illoyal und somit als politisch gefährliche Bürger verfolgt, als »Atheisten«, die das Reich des Schutzes der Götter (*pax deorum*) berauben.

Mehrere Jahrhunderte dauert der Konflikt zwischen der römischen *religio* und dem jungen christlichen Glauben, der Wechsel zwischen Zeiten blutiger Verfolgungen und solchen eines relativen Friedens. Nichtsdestoweniger werden schließlich das Zeugnis der heldenhaften Opferbereitschaft der christlichen Märtyrer und der gegenseitigen Solidarität in den christlichen Gemeinden sowie die späteren Bemühungen der frühen Theologen, den Glauben in die gedanklichen Konzepte der hellenistischen Philosophie zu integrieren, und schließlich auch das politische Kalkül der Kaiser zu einem Wandel in der Stellung des Christentums im Reich führen, zur »konstantinischen Wende«. Das zunächst tolerierte und dann privilegierte Christentum übernimmt die politisch-kulturelle Rolle der *religio*. Jedoch formt es diese um; und zwar formt es nicht nur ihren »Gegenstand« und ideellen Inhalt um, sondern bereichert auch ihre Form wesentlich. *Religio* verbindet in ihrer christlichen Gestalt eine Reihe von früher getrennten Gebieten, nämlich Ritus, Philosophie, Spiritualität und Politik.

Der heidnische Rom kannte durchaus auch das, was viele Menschen in unserer Zeit mit dem Begriff der Religion verbinden, nämlich Frömmigkeit und eine bestimmte Lebensphilosophie, eine Weltanschauung, jedoch verband es das nicht mit der *religio*. Die Frömmigkeit, die Spiritualität, die *pietas* war vielmehr eine Angelegenheit der Mysterien. Die »Suche nach dem Sinn des Lebens« und die Fragen nach der Herkunft und nach dem Wesen der Welt fielen in die Kompetenz der Philosophie, vor allem der philosophischen Interpretation der Mythen. Diese Phänomene lebten nebeneinander und getrennt voneinander; zu einer Integration der religiösen Überzeugung, der moralischen Praxis, der Spiritualität und der philosophischen Reflexion sowie der privaten und öffentlichen Rituale in ein Ganzes, das durch eine Institution repräsentiert und verwaltet wird, kommt es erst im Christentum.

Der heidnische Philosoph Marcus Terentius Varro unterschied im 2. Jahrhundert v. Chr. drei Arten von Theologie, nämlich die *theologia naturalis* (die philosophische Theologie), die *theologia civilis* (den rechtlich-politischen Aspekt der Gottesehrehrung) und die *theologia mythica* (die tradierten religiösen Symbole und Narrative). Der christliche Theologe und einflussreiche Erfinder der lateinischen theologischen Terminologie Tertullian integriert an der Wende vom 2. zum 3. Jahrhundert n. Chr. all diese Aspekte in den Begriff *religio.*[55] Zur Unterscheidung von der heidnischen *religio* (und auch vom Judentum, das lange vor dem Christentum im Römischen Reich den Rechtsstatus einer *religio* gewann) bezeichnen nun die christlichen Apologeten ihren Glauben als *religio vera* – die *wahre* Religion.

Durch die Legalisierung des Christentums unter Konstantin und die Proklamation dieses Glaubens als Staatsreligion durch Theodosius wird der Weg der Nachfolge Christi zur *Religion* im Sinne der römischen politischen *religio*, der »Sprache der Gesellschaft« und der wichtigsten kulturellen Säule einer mächtigen Zivilisation. Der Glaube bekommt so die Religion als einen (allerdings auch limitierenden) Schutzpanzer, der an die Rolle der *Persona* in Jungs Konzept der menschlichen Persönlichkeit erinnert: an die Maske, die eine Kommunikation nach außen erlaubt und gleichzeitig die Intimität und die Integrität des Inneren schützt. Wenn diese Maske jedoch hypertroph und hart wird, erstickt sie das Leben – das gilt nicht nur für die Einzelnen, sondern auch für die geistigen und gesellschaftlichen Systeme.

Dadurch, dass der christliche Glaube immer mehr die Form einer Philosophie annimmt (oder, wenn man so will, sich von der Philosophie befruchten lässt und den hebräischen Geist mit dem Geist des hellenistischen Denkens verbindet), bekommt er die Gestalt einer metaphysischen christlichen Theologie mit verschiedenen Akzenten in seiner römischen und seiner griechischen Version. Der Glaube wird immer mehr als eine Lehre, als eine Doktrin begriffen. Die Zuhörer Jesu hatten auf seine Predigt mit Staunen reagiert: »Was ist das? Eine neue Lehre voll Macht! ...«[56] Es stellt sich die Frage, ob die Verbindung des Glaubens mit der politischen Macht und die Tatsache, dass der Glaube die Gestalt einer »Doktrin« bekommt, nicht eine allmähliche Schwächung der göttlichen Macht mit sich bringt, die die ersten Jünger Jesu so sehr begeisterte.

Das Christentum übernimmt schon im Altertum auch die Rolle der Spiritualität, einer systematischen Kultivierung der Tiefendimension des Glaubens. Das geschieht vor allem dank der Wüstenväter, jener radikalen alternativen Version des Christentums, die anfangs eine oppositionelle Position gegen das majoritäre »Reichschristentum« war, das sich rasch in der Macht und in den Privilegien heimisch gefühlt hatte. Diese Bewegung von Männern und Frauen, die sich in die Wüsten Palästinas, Syriens und Ägyptens zurückzogen und dort Kommunitäten eines »alternativen Christentums« bildeten, wurde später von der »Großkirche« integriert und in der Gestalt des Ordenslebens und der klösterlichen Kommunitäten institutionalisiert. Sie findet ihre rechtliche Form neben den anderen kirchlichen Strukturen, jedoch gehen gerade aus dem monastischen Milieu während der Jahrhunderte Anregungen zur Kirchenreform hervor.

Das Christentum als eine Verbindung der politischen *religio*, der philosophisch durchdachten *fides* und der Schulen der Frömmigkeit (*pietas*) ist kulturell ungemein fruchtbar und politisch erfolgreich, es gestaltet eines der mächtigsten Reiche der Welt und stützt es jahrhundertelang. Es ist in der Lage, zahlreiche neue Anregungen aus verschiedenen Kulturen und Philosophien zu integrieren und den Fall Roms sowie später das große Schisma zwischen Rom und Byzanz zu überleben, es verteidigt sich auch gegen Bedrohungen von außen und expandiert in die allmählich neu entdeckten Teile der Welt. Der christliche Glaube wurde so (besonders in der Gestalt der Lehre und der Liturgie) zu einer gemeinsamen Sprache eines großen Teiles der Welt.[57]

Nichtsdestoweniger muss man das romantische Verständnis des Mittelalters als eines gewissermaßen goldenen Zeitalters des Glaubens mit Vorbehalt zur Kenntnis nehmen. Eingehendere historische Untersuchungen zeigen nämlich, dass die Christianisierung und Evangelisierung vor allem bestimmte Schichten der damaligen Gesellschaft erreichte. Sie beeinflusste vor allem diejenigen, die (hauptsächlich in den Klöstern und später an den Universitäten) jene Kultur aktiv gestalteten, auf deren Grundlage wir uns oft eine Vorstellung von der damaligen Zeit machen. In die breiten Volksschichten drangen jedoch die Spiritualität und das Ethos des Christentums nur langsam und allmählich vor; lange wurden sie stark von der archaischen vorchristlichen Religiosität durchdrungen. Diese Schichten beeinflusste der christliche Glaube paradoxerweise am meisten zu Beginn der Moderne, als die Kirche ihre bisherige politische Macht verlor. Von da an begann man die Bischöfe – die früher vor allem Feudalherren gewesen waren, die sich auf die Verwaltung ausgedehnter Besitztümer verstanden – eher aus den gebildeten bürgerlichen Schichten auszuwählen, und sie sorgten dann mehr für die Bildung der Priester und des Volkes.[58]

Innerhalb der *christianitas* kommt es jedoch nach dem finsteren 10. Jahrhundert (vor allem nach der großen Krise des Papsttums) zu einer bedeutenden Differenzierung: Eine Reformbewegung, die insbesondere aus dem Kloster Cluny hervorgeht, zieht einen Konflikt zwischen den Mönchen und dem Weltklerus nach sich; sie versucht den Klerus mittels einer Angleichung an die Mönche durch die Akzentuierung der Disziplin, durch den Gehorsam, durch eine Gebetsordnung, durch den Zölibat und durch Bildung zu reformieren, auf ein höheres Niveau zu heben und zu disziplinieren. Die Protagonisten der Cluniazensischen Reform gelangen an höchste Stellen in der kirchlichen Hierarchie und entfachen im Streit um die Investitur (also das Recht, Bischöfe zu ernennen) die »päpstliche Revolution«. Diese bricht das Machtmonopol des Kaisers und bringt eine Dualität von weltlicher und kirchlicher, von kaiserlicher und päpstlicher Macht hervor, welche die politische Kultur des Westens wesentlich beeinflusst. Ein Nebenprodukt dieses Konflikts ist die Entstehung einer säkularen Kultur, einer Sphäre der »Weltlichkeit«, die sich langsam von der Sphäre der kirchlichen Macht und Kontrolle emanzipiert.

In der Renaissance bekommt diese neue Kultur (unter anderem unter dem Einfluss von Emigranten aus Byzanz, die nach dem Fall von Konstantinopel an den Hof der Medici in Florenz geflohen waren) einen mächtigen Impuls in Form des Interesses der Gebildeten am Studium des Griechischen. Dieses Interesse regt zum einen das Studium des Neuen Testamentes im Original an und motiviert Übersetzungen der Heiligen Schrift aus den Originalsprachen in die Nationalsprachen, durch die das Selbstbewusstsein der Nationen gestärkt und unter anderem der Boden für die Reform der Kirche bereitet wird. Zum anderen belebt es das Studium und die Popularisierung der antiken Kultur und trägt dadurch zur Entstehung des Humanismus der Renaissance bei. Die Wendung vom Lateinischen zum Griechischen und besonders zu den Nationalsprachen untergräbt das mittelalterliche Kulturimperium (das heißt, es bereitet den Boden für die Entstehung der Nationalstaaten) und die Hegemonie der scholastischen Theologie im intellektuellen Bereich.

Die mittelalterliche *christianitas* erleidet dann einen Schlag des Schicksals in der Gestalt der großen Spaltung der abendländischen Christenheit, vor allem in dem Moment, in dem die theologischen Konflikte aus der intellektuellen in die politische Sphäre übergreifen und in die verheerenden Kriege des 17. Jahrhunderts münden. Nicht weniger schicksalhaft ist jedoch ein weiteres Schisma: die Trennung der traditionellen Theologie von der sich emanzipierenden Welt der Naturwissenschaften. Die Macht und die Prestige der christlichen Religion werden durch das genannte Doppelschisma geschwächt, dessen Ursache das Festhalten an einem verknöcherten theologischen System ist, das unfähig ist, schöpferisch und dabei kritisch sowohl reformorientierte theologische Impulse als auch neue wissenschaftliche Erkenntnisse zu interpretieren und integrieren.

Kritische christliche Intellektuelle – deren Prototyp Erasmus von Rotterdam war – bemühen sich, der beiden sich bekriegenden kirchlichen Lager überdrüssig, um die Bildung eines »drittens Weges des Christentums«. Und da sie von den beiden Lagern abgelehnt werden, entfremden sie sich immer mehr vom traditionellen kirchlichen Christentum. Schließlich mündet dieser Strom in die Aufklärung, die viele verschiedene Formen hat. Manche Aufklärer bemühen sich um eine Humanisierung der Religion, andere vertauschen den Gott der Bibel gegen den »Gott der Philosophen« und das Christentum gegen den Deismus, andere ersetzen den religiösen Glauben durch den Kult der menschlichen Vernunft.

Die Mündung des *dritten Zweiges des Christentums* in die Aufklärung und in die moderne säkulare Kultur erfüllt offenbar ein Szenario, das seine Wurzeln im Charakter des Christentums selbst hat: Nach Marcel Gauchet ist das Christentum

»eine Religion, die aus der Religion auszieht«, sie wandert aus der politischen Infrastruktur der Gesellschaft in die Superstruktur (»in den Überbau«) aus – in die Kultur.[59] Nach der Aufklärung kulminiert dieser Prozess: Die Kultur ist nicht mehr ein Bestandteil der Religion, sondern die Religion ist ein Bestandteil der Kultur.

Die kirchlichen Institutionen verlieren Schritt für Schritt ihre politische Macht, die Kraft und die Vitalität des Christentums beruhen jetzt vor allem auf dem moralischen und intellektuellen Einfluss des Glaubens auf die kulturelle Mentalität der Gesellschaft.

Aber die kulturelle Mentalität der neuzeitlichen Gesellschaft wandelt sich, und das Christentum, wie es vor allem im 18. und im 19. Jahrhundert von den Kirchen dargeboten wird, verliert allmählich seinen intellektuellen Einfluss.

***

Der Prozess der Modernisierung ist ein Prozess der Fragmentierung, der Emanzipation einzelner Elemente, die früher zu einem Ganzen verbunden waren. Es kommt zum Zerfall der *christianitas*, der »christlichen Zivilisation«, es wachsen Nationalstaaten und Nationalkulturen heran. Die privilegierte Position des Lateinischen geht verloren; Bibelübersetzungen, die vor allem durch die Reformatoren unterstützt werden, helfen bei der Entwicklung der Nationalsprachen. Die selbstbewussten jungen Naturwissenschaften lehnen die Dominanz der Theologie ab. Die systematische rationale Erkenntnis, zu der die mittelalterliche Scholastik wesentlich beigetragen hat, wird nun durch experimentelle Methoden ergänzt und wendet sich gegen die scholastische Theologie.

Es kommt die *Zeit der Säkularisierung*: Die christliche Religion hört in der Neuzeit auf, die Rolle der Religion in der Form der *religio* zu spielen.[60]

Die Säkularisierung bedeutet weder das Ende der Religion noch das Ende des christlichen Glaubens. Sie bedeutet eine *Verwandlung des reziproken Verhältnisses von Glaube und Religion*: Sie stellt das Ende der langen »Ehe« zwischen dem christlichen Glauben und der Religion im Sinne der *religio* dar.

Die Religion im Sinne der *religio*, der integrierenden Kraft der Gesellschaft, verschwindet nicht, jedoch wird diese Rolle nicht mehr vom christlichen Glauben übernommen. Zur »gemeinsamen Sprache« der modernen Gesellschaften werden andere Phänomene. Der christliche Glaube wird jedoch nach der Trennung von der Religion im Sinne der *religio* nicht religionslos, sondern er nimmt allmählich eine andere Gestalt der Religion an, nämlich diejenige, welche von der neuzeitlichen säkularen Kultur geschaffen wurde.

***

Die Rolle der *religio*, der Religion als einer »gemeinsamen Sprache« und der von allen geteilten kulturellen Grundlage der europäischen Zivilisation, zu spielen haben die Naturwissenschaften begonnen, die weltliche Kultur, vor allem die Kunst (erinnern wir uns an den religiösen Kult der Künstler, der Genies, von der Renaissance über die Romantik bis zum postmodernen Kult von Stars der Popkultur), sowie der Nationalismus und später »politische Religionen« wie der Kommunismus, der Faschismus oder der Nationalsozialismus.

Als die *religio* von heute könnten wir die kapitalistische Ökonomie bezeichnen, den alles verbindenden globalen Markt. Viele Kulturphilosophen und Kultursoziologen beschäftigen sich mit der pseudoreligiösen Rolle des Kapitalismus,[61] mit der Ersetzung des Monotheismus durch den »Money-theismus«, den kapitalistischen Kult des Geldes.

Manche »säkularen Religionen« haben ihre eigene Mystik und bieten eine bestimmte »ekstatische« Beziehung zur jeweils anders verstandenen Transzendenz an. Wenn wir den blühenden Markt der chemischen, psychologischen und geistigen Drogen, der Beruhigungs- und Aufputschmittel beobachten, sind wir in Versuchung, die bekannte Aussage von Karl Marx umzukehren: Das Opium ist heute die Religion des Volkes.

Jedoch verstehen und bezeichnen sich diese Erscheinungen, auch wenn sie in vielem bestimmte psychologische und gesellschaftliche Aspekte der *religio* übernommen haben, trotzdem selbst nicht als Religionen. Der Begriff Religion, wie er vor allem während des Säkularisierungsprozesses entstanden ist und fixiert wurde, hat jetzt eine ganz andere Bedeutung und einen ganz anderen Inhalt.

***

Das Wort Religion bezeichnet seit der Aufklärung einen Sektor des gesellschaftlichen Lebens neben anderen. Die Religion, wie sie der neuzeitliche Mensch versteht, ist kein alles umfassendes Ganzes mehr, eine Sprache, die alle verstehen, die fast alle verbindet; es ist nicht mehr die *religio*. Die Religion im neuzeitlichen Verständnis wird zu lediglich einem der Sprachspiele, wenn ich mir diesen Begriff von Ludwig Wittgenstein ausleihen darf. Die Gemeinschaft, die durch dieses Spiel verbunden wird und die seine Regeln akzeptiert, wird allmählich kleiner.

Die Religion wird nun als eine »Weltanschauung« begriffen, und zwar als nur eine neben anderen. Neben der Religion existieren jetzt viele andere Lebensbereiche der Gesellschaft, die sich an ihre eigenen Regeln halten wollen. Die Religion hat aufgehört, allgegenwärtig zu sein, und dadurch ist sie nicht mehr »unsichtbar« wie eine Luft, die alle atmen; sie hat aufgehört, »selbstverständlich« zu sein, man kann von ihr einen kritischen Abstand nehmen – seit der Aufklärung wird die Religion zum Gegenstand des Studiums und der Kritik.

Die mittelalterliche Theologie verstand sich als eine »Wissenschaft von Gott«; seit der Aufklärung (denken wir an Schleiermacher) wird die Theologie zur Hermeneutik des Glaubens, sie verschiebt sich eher hin zu einer »Wissenschaft von der Religion«.

***

Das Christentum wurde an der Schwelle zur Neuzeit unter anderem dadurch geschwächt, dass es in »Konfessionen«, »Denominationen« zerfiel, die durch verschiedene Kirchen vertreten wurden. Danach wurde es durch zerstörerische Kriege zwischen diesen Konfessionen diskreditiert. Nach der Reformation existiert das Christentum auch im Abendland »im Plural«: Es gibt hier einige »christliche Religionen«. Reformströmungen des Christentums hören allmählich auf, sich als Innovationen im Rahmen einer Kirche zu verstehen, und beginnen sich deutlich von der »alten« Kirche abzuspalten, mental, theologisch und organisatorisch. Neben dem Katholizismus steht der Protestantismus, und das evangelische Lager beginnt sich zu differenzieren. Im Unterschied zu der *religio*, dem Bindeglied des Ganzen, ist die *confessio* die Angelegenheit eines *Teils*, sie ist – auch wenn sie in der Regel nicht bereit ist, es einzugestehen – nur eins der Sprachspiele unter anderen.

Dann kommt es zu einem weiteren Schritt: Das Christentum erhält den Status einer Religion neben anderen. Die Entdecker und Kolonisatoren außereuropäischer Weltteile beginnen die dortigen Rituale, Bräuche und Erzählungen mit den Augen ihrer Erfahrung mit dem zeitgenössischen Christentum als eine Analogie zum Christentum wahrzunehmen, als eine *Religion* – es sind für sie »andere Religionen«. Auch der Islam, mit dem sich das Christentum seit Jahrhunderten hatte auseinandersetzen müssen, wurde von den Christen erst allmählich als eine »andere Religion« wahrgenommen, nachdem er lange als eine christliche Häresie (eine durch Dämonen entstellte Form des Christentums) betrachtet worden war.

***

In der Neuzeit erscheint das Christentum als das, was das moderne säkulare Zeitalter unter dem Begriff »Religion« versteht: Auch von vielen Christen wird sie als eine Weltanschauung wahrgenommen, die sich vor allem mit dem »Jenseits« beschäftigt und auf dieser Welt vor allem mit der Moral. Wie der Soziologe Ulrich Beck belegt, erkannte die wissenschaftliche Rationalität nach den anfänglichen Konflikten zwischen der naturwissenschaftlichen Rationalität und der christlichen Religion an, dass sie nicht alle Dimensionen des individuellen und gesellschaftlichen Lebens beherrschen und erfüllen kann, und erlaubte der »Religion«, zum Experten für das »Jenseits« und das »Geistliche« zu werden und ästhetisch und rhetorisch bestimmte Privat- und Familienfeiern und ausnahmsweise auch gesamtgesellschaftliche Feste zu schmücken.[62]

Diese Auffassung der Religion im allgemeinen Bewusstsein nicht nur der säkularen Öffentlichkeit, sondern auch vieler Christen besteht bis heute fort: Das Christentum begreift sich als eine Religion (als eine der Religionen), als ein »System von Überzeugungen und Praktiken [...] die in einer und derselben moralischen Gemeinschaft, die man Kirche nennt, alle vereinen, die ihr angehören«.[63]

Das neuzeitliche Christentum ist ärmer, »schlanker« als dessen mittelalterliche Gestalt. Viele kulturelle und gesellschaftliche Rollen, welche die prämoderne christliche Religion erfüllte und auf die sie das Monopol hatte, werden von weltlichen Institutionen übernommen. Das Christentum inkarnierte sich zwar in der modernen Kultur, das dominante Element dieser Kultur war jedoch eher der säkulare Humanismus, dieses »ungewollte Kind« des Christentums, das sich immer weiter vom kirchlichen Christentum entfernte. Das Christentum wurde in seiner kirchlichen (vor allem katholischen) Form zwar de facto zu einem Bestandteil der modernen Welt, konnte sich jedoch mit der Moderne (und mit der sie bestimmenden Philosophie, dem Humanismus der Aufklärung) lange nicht versöhnen und führte mit ihr sogar zahlreiche von vornherein verlorene kulturelle Kriege.

Gerade durch den Einfluss dieser kulturellen Kriege gegen die Ideologien der Spätmoderne kam es zu einer weiteren Deformation der neuzeitlichen Form des Christentums: Der Glaube selbst wurde in erheblichem Maße ideologisiert. Die katholische Kirche und Theologie in der Gestalt der pianischen Ära (vom Pontifikat Pius' IX. bis zu Pius XII., von der Mitte des 19. Jahrhunderts bis zur Mitte des 20. Jahrhunderts), diese *Gegenkultur*, die sich gegenüber dem Protestantismus, Liberalismus und Sozialismus abgrenzt, wird zum »Katholizismus«, also in beträchtlichem Maße zu einem »Ismus« unter den anderen »Ismen« – mit anderen Worten: Sie wird ideologisiert.

Das Zweite Vatikanische Konzil in der zweiten Hälfte des 20. Jahrhunderts war nicht nur der Versuch eines Gentlemen's Agreement zwischen der katholischen Kirche und der Moderne, sondern es bemühte sich auch um einen Übergang vom Katholizismus zur Katholizität, um eine christliche Ökumene, um eine Entideologisierung des Glaubens und eine Entklerikalisierung der Kirche. Das Reformkonzil wollte die Kirche vom Heimweh nach der vormodernen *christianitas* befreien, und es hat auch den Weg angedeutet, wie sie aus jener neuzeitlichen, in einem engen Sinne konfessionellen Gestalt zu einer größeren ökumenischen Offenheit befreit werden könnte.

Die Bemühen, die Kirche mit der Moderne zu versöhnen, kam jedoch spät: nämlich paradoxerweise in dem Augenblick, als die Moderne die Szene bereits wieder verließ. Das Bemühen um die Ökumenizität der Kirche im dreifachen Sinne – um die Einheit zwischen den Christen, um den Dialog mit anderen Religionen und um die Annäherung an den säkularen Humanismus, an die »Ungläubigen« – blieb allen bedeutsamen Schritten zum Trotz auf halbem Wege stehen: Diesen Weg fortzusetzen bleibt die Aufgabe für den *Nachmittag* des Christentums. Auf all diese Gedanken werden wir in diesem Buch noch zurückkommen.

***

Wir haben gezeigt, dass die neuzeitliche Gestalt der Religion nicht die erste und offensichtlich auch nicht die letzte gesellschaftlich-kulturelle Inkarnation des christlichen Glaubens in der Geschichte bleiben wird. Die säkulare Zeit hatte in ihren Anfängen diese Form der Religion geschaffen, aber am Ende der modernen säkularen Zeit (das an der Wende von den 60-er Jahren zu den 70-er Jahren des 20. Jahrhunderts beginnt) wurde die Plausibilität dieses Typus von Religion erschüttert, und er brach zusammen.

Es scheint mir, dass dieser Prozess gerade in unserer Zeit kulminiert, und zwar durch zwei Erscheinungen, die jedoch eher sein Symptom als seine Ursache und sein Wesen sind. Die erste ist die Enthüllung der Pandemie des sexuellen, psychologischen und spirituellen Missbrauchs in der Kirche und die zweite die Erfahrung der Kirchenschließung und der Unterbrechung der Gottesdienste in der Zeit der Corona-Pandemie. Die erste deutet eine Krise des Priestertums als eines Standes an, sie fordert zur Überwindung des Klerikalismus und zu einem neuen Durchdenken der Rolle der Priester und des Verhältnisses zwischen Priestern und Laien in der Kirche auf. Die zweite war eine Aufforderung an die Christen, sich nicht nur auf den klerikalen Service zu verlassen, sondern neue Formen des Erlebens und Feierns des Geheimnisses des Glaubens auch außerhalb der traditionellen Liturgie und der sakralen Räumlichkeiten zu suchen.

Wir haben schon gesagt, dass sich der christliche Glaube wahrscheinlich bereits von der zweiten historischen Form der Religion trennt. Findet oder schafft er eine weitere Gestalt der Religion, oder kommt die Zeit für ein *religionsloses Christentum*? War die religiöse Gestalt des Christentums nur eine der Etappen seiner geschichtlichen Entwicklung?

***

Den Gedanken, dass der christliche Glaube *außerhalb der Religion* leben kann und soll, dass er sogar »gegenreligiös« ist, äußerte am deutlichsten die sog. dialektische Theologie in Deutschland. Sie grenzte sich sowohl gegen die liberalen Versuche ab, den Glauben mit der Kultur der bürgerlichen Gesellschaft zu versöhnen, als auch gegen die nationalsozialistischen Deutscher Christen, die mit dem Nazismus kokettierten und kollaborierten. Karl Barth versuchte den christlichen Glauben von den Sandbänken der liberalen Theologie des 19. Jahrhunderts wegzulenken mit einem Pathos und Radikalismus ähnlich demjenigen, mit welchem einst Martin Luther ihn aus den Spinnweben der mittelalterlichen Scholastik, aus dem Sich-Eindecken mit moralischen Verdiensten und dem Sich-Verlassen auf die vermittelnden Aktivitäten der hierarchischen Kirche hatte befreien wollen. Für Barth ist die Religion ein blasphemischer Versuch, aus eigener Kraft zu Gott zu gelangen und ihn mit menschlichen Mitteln zu manipulieren – durch theologische Spekulationen, durch moralische Anstrengung und durch all das, wodurch der Mensch das unverdiente Geschenk der Gnade Gottes antizipieren und de facto ersetzen möchte. Karl Barth versteht den Glauben als ein völlig freies Sich-Herabneigen Gottes zum Menschen durch das Wort, durch die Selbstschenkung Gottes im Wort der Bibel und besonders im fleischgewordenen Wort, im gekreuzigten Jesus Christus.

Für Dietrich Bonhoeffer ist die Religion vor allem mit der Vorstellung von einem starken, mächtigen Gott verbunden, mit einer Vorstellung, die seiner Ansicht nach das wirkliche Antlitz Gottes verschleiert und verfälscht, das die Bibel bezeugt. Dieses zeigt sich hingegen in der »Ohnmacht Gottes« – in der Selbstauslieferung Jesu am Kreuz. Ein erwachsener Mensch muss ohne Gott als naturwissenschaftliche Hypothese auskommen, ohne einen Gott, der vor dem Licht der rationalen Erkenntnis in den Höhlen des »Geheimnisvollen« seine Zuflucht sucht. Ein erwachsener Christ muss die Welt ohne religiöse, metaphysische und quasiwissenschaftliche Erklärungen annehmen und in ihr so leben, »als ob es Gott nicht gäbe«(*etsi Deus non daretur*); er muss »religiöse Vorverständnisse« ablegen, ähnlich wie der hl. Paulus die Beschneidung als Voraussetzung und Bedingung des Christentums ablehnte. Ohne eine patriarchale Vorstellung von Gott ist es möglich, ehrlich, verantwortlich und erwachsen vor Gott und mit Gott zu leben.

Bonhoeffer nimmt so im gewissen Sinne den Fehdehandschuh auf, den die Religionskritik von Feuerbach, Marx, Nietzsche und Freud dem traditionellen Christentum hingeworfen hatte. Bonhoeffers Theologie des religionslosen Christentums wurde nicht in einem universitären Arbeitszimmer geboren; ihre Dringlichkeit wird dadurch potenziert, dass sie im nationalsozialistischen Gefängnis in den Briefen vor der Hinrichtung durchdacht und aufgeschrieben wurde.[64]

Bonhoeffers Kritik an der spießbürgerlichen Religion, welche die Radikalität des Evangeliums verraten und sich dem Establishment angeglichen habe, erinnert an Kierkegaard. In seiner Ablehnung religiöser Bilder Gottes steht Bonhoeffer dem nahe, was der mittelalterliche Mystiker Meister Eckhart in seinem Gebet zum Ausdruck brachte: »Ich bitte Gott, dass er mich von Gott befreit.«[65]

Das »religionslose Christentum« Bonhoeffers hatte jedoch auch deutliche soziale und politische Züge. Bonhoeffer erkannte als die einzige authentische christliche Transzendenz die menschliche Selbstüberschreitung in der aufopfernden Liebe an. Sein Glaubensverständnis besiegelte er durch sein politisches Engagement und sein Lebensopfer. Als Erben dieses politischen Aspektes von Bonhoeffers Auffassung des Christentums können wir die lateinamerikanischen Befreiungstheologen bezeichnen.

***

Das Bemühen um die Befreiung des christlichen Glaubens von der »Religion« in der Form der metaphysischen »Ontotheologie« und von der Mentalität einer in der bürgerlichen Gesellschaft der Spätmoderne heimisch gewordenen Kirche war sicherlich ein legitimer Versuch, die unter den verschiedensten ideologischen und soziologischen Ablagerungen und Übermalungen begrabene Radikalität der Botschaft des Evangeliums zu beleben.

Man sollte jedoch bedenken, dass die Bemühungen der Reformatoren, das »ursprüngliche Christentum« wiederherzustellen, oft Rückprojektionen ihrer eigenen Ideale in die Geschichte sind. Man muss eingestehen, dass es sich dabei noch einmal um weitere geschichtlich bedingte Deutungen des Evangeliums handelt, die sehr wertvoll sein können, jedoch nicht als Rekonstruktionen irgendeines reinen, »nackten« Christentums begriffen werden sollten.

Deshalb vermute ich auch, dass ein völlig »religionsloses Christentum« eine bloße Abstraktion ist. In der geschichtlichen Realität begegnen wir dem Glauben immer schon im Rahmen einer bestimmten Kultur, eines bestimmten kulturellen Systems. Bereits seine ersten Schritte machte das junge Christentum im Raum einer bestimmten Religion, im Raum der Vorstellungen und Begriffe des rabbinischen Judentums. Dann durchlief es verschiedene Typen der Religion sowie den Säkularisierungsprozess der modernen Gesellschaft. Genauso wie wir im persönlichen Leben auch nicht aus einer Situation heraustreten können, ohne in eine andere einzutreten, ist auch der Glaube immer »situiert«, und früher oder später findet er irgendeine kulturelle oder gesellschaftliche Gestalt, irgendeine Form der »Religion«. Es kann jedoch Religion in einer anderen Gestalt und in einem anderen Sinne sein, als es das war, was in der Vergangenheit mit dem Wort Religion bezeichnet wurde.

Heute, im postsäkularen Zeitalter, bieten sich – wie wir noch sehen werden – vor allem zwei Gestalten der Religion dar, welche die Frucht und die Folge der Transformation der Religion im Säkularisierungsprozess sind: die Religion als Ausdruck der Verteidigung einer (beispielsweise nationalen oder ethnischen) Gruppenidentität oder die Religion als eine von der Kirche und von der Tradition abgetrennte Spiritualität. Während die erste dieser Formen vor allem die Gruppenkohäsion festigen soll und sich einer politischen Ideologie annähert, bietet die zweite Form eher eine bestimmte Integration der Persönlichkeit an und ist mit der Rolle der Psychotherapie vergleichbar. Der christliche Glaube sollte einen kritischen Abstand von beiden Formen wahren; das Christentum der Zukunft sollte sich weder in eine identitäre politische Ideologie noch in eine vage Spiritualität verwandeln, die sich in Esoterik auflöst.

Besonders diejenigen Christen, die die *kollektiven finsteren Nächte* des 20. Jahrhunderts sehr intensiv erlebt haben – Teilhard de Chardin an der Front während des Ersten Weltkriegs, Bonhoeffer im nationalsozialistischen Gefängnis und meine

Lehrer im Glauben, die tschechischen Theologen in den kommunistischen Gefängnissen[66] –, haben unserer Zeit auf der Grundlage dieser Glaubenserfahrungen Visionen und Intuitionen vermacht, die man theologisch weiter reflektieren sollte, damit sie für den *Nachmittag* der christlichen Geschichte zur Inspiration werden können.

Die bisherigen Formen der Religion – die prämoderne Religion als *religio*, die moderne Religion als Weltanschauung oder Ideologie – können kaum noch der Lebensraum für den Glauben sein; sie waren zu eng, sie würden ihn ersticken. Es ist notwendig, den Glauben in einen neuen Raum hinüberzuführen, so wie Paulus damals das Christentum aus den Grenzen des damaligen Judentums hinausgeführt hat.

Das Substantiv *religio* wird häufig von dem Verb *religare* abgeleitet, das »wieder verbinden« bedeutet. Die Religion im Sinne von *religio* integriert die Gesellschaft; das, was die Gesellschaft integriert, ist ihre Religion (*religio*). Das Substantiv *religio* können wir jedoch auch von dem Verb *relegere* ableiten, das »wieder lesen« bedeutet. Das kann dem Begriff der Religion einen neuen Sinn geben.

Ich vermute, dass das Christentum von morgen vor allem die Gemeinschaft einer neuen Hermeneutik sein wird, eines *neuen Lesens*, einer neuen und tieferen Deutung sowohl beider Quellen der göttlichen Offenbarung, der Schrift und der Tradition, als auch vor allem der Sprache Gottes in den *Zeichen der Zeit*.

6. Finsternis am Mittag

In diesem Kapitel spreche ich über die Mittagskrise in der Geschichte des Christentums. Ich habe mir den Titel von Arthur Koestlers Roman *Darkness at Noon*[67] ausgeliehen, der eines der ersten literarischen Werke war, das die Welt auf die Verbrechen des stalinistischen Regimes in Russland aufmerksam machte. Dieser Titel war eine offensichtliche Anspielung auf die Erzählung des Evangeliums darüber, dass bei der Kreuzigung Jesu in der Mittagszeit eine Finsternis über das ganze Land kam. Die Wortverbindung »Finsternis am Mittag« erinnert mich an ein paar wichtige Motive und lässt sie miteinander verschmelzen: das Kreuz Jesu, finstere Nächte auf persönlichen und geschichtlichen Glaubenswegen und die Mittagskrise aus dem Gleichnis Jungs, welches das menschliche Leben als einen Tag vorstellt.

Bevor wir versuchen, die Mittagskrise zu verstehen, sollten wir die Frage stellen, ob es angemessen ist, heute von einer Krise des Glaubens, einer Krise der Kirche und einer Krise des Christentums zu sprechen. Der Ausdruck »Krise« gehört zu den am meisten benutzten Wörtern unserer Zeit – kein Wunder, dass es schon viele Menschen ermüdet oder gereizt reagieren lässt. Gab es denn eine Zeit ohne Krisen? Ist die unsrige Zeit mit ihren Krisen wirklich in irgendeiner Hinsicht außergewöhnlich? Ist dieses Gefühl der Ausschließlichkeit nicht nur eine Illusion, die sich jeder Generation bemächtigt? Ist es nicht sogar so etwas wie ein Ausdruck narzisstischer Selbstzentriertheit, dieser typischen Krankheit unserer Zeit, dass wir, wenn wir schon nicht in Superlativen über unsere Erfolge sprechen können, es dann wenigstens beim Sprechen über unsere Krisen tun? Achten wir die Krisen der Vergangenheit nicht allein deshalb gering und unterschätzen sie, weil sie uns nicht unmittelbar betreffen?

Gestehen wir, dass wir diese Fragen nicht beantworten können. Es sind Fragen für den Herrn der Geschichte, wir sind nicht in einer *godlike position*, wir können nicht aus unserer Zeit aussteigen und sie von außen »objektiv« beurteilen. Übrigens geht es auch gar nicht darum, dass wir »objektiv« die jetzige Krise im Hinblick auf ihre Ernsthaftigkeit mit denjenigen vergleichen, die wir nicht erlebt haben. Für den eschatologischen Blick der christlichen Theologie ist jeder Augenblick auf seine eigene Art »eine Krise« (ein Augenblick der Entscheidung und des Urteils) – im Unterschied zum apokalyptischen Blick, der die gerade aktuelle Krise immer als die definitive Krise wahrnimmt.

***

Die Statistiken sagen uns, dass die Zahl der Christen stetig steigt, dass niemals zuvor auf diesem Planeten so viele Christen lebten wie heute, dass die Christen stets die größte »Weltanschauungsgruppe« in der heutigen Menschheit darstellen. Jedoch wächst die Zahl der Christen vor allem dank der hohen Geburtsrate in den nichtwestlichen Ländern. Aus denselben Gründen wächst jedoch auch die Zahl der Muslime, und das mit einem viel schnelleren Tempo.

Konzentrieren wir uns jetzt vor allem auf die größte der christlichen Kirchen, auf die katholische Kirche. Wenn wir die Geschichte des Papsttums studieren, begegnen wir dort vielen erschreckenden Skandalen. Heute ist das anders: Zumindest während des letzten halben Jahrhunderts wechseln sich auf dem Stuhl Petri ehrwürdige Persönlichkeiten ab. Auch wenn heute die Kirche mit vielen Skandalen konfrontiert ist, kann man sagen, dass die moralische Autorität des Papsttums weltweit noch nie so hoch war wie gerade in unserer Zeit. Nichtsdestoweniger gehört zu den Paradoxen unserer Zeit aber auch die Tatsache, dass Papst Franziskus – ein überzeugender Hirte, der auch weit jenseits der Grenzen der Kirche respektiert und geliebt wird und eine unbestrittene globale moralische Autorität darstellt – innerhalb der Kirche solchen Angriffen und einer so offenen Opposition ausgesetzt ist wie kein anderer Papst in der Geschichte der Neuzeit. Gerade diejenigen Katholiken, die der päpstlichen Autorität stets bedingungslose Loyalität geschworen haben, stellen sich mit einem aggressiven Hass gegen einen Papst, der ihrem Geschmack nicht entspricht und dessen Aussagen nicht ihre Meinungen wiedergeben.

Die Krise der »organisierten Religion« betrifft vor allem die Kirchen des Mainstreams. In vielen westlichen Ländern leeren sich die Kirchen, Klöster und Priesterseminare, die Gebäude werden geschlossen und verkauft, und es wächst die Anzahl der Menschen, die förmlich aus den Kirchen austreten oder nicht mehr regelmäßig an den Gottesdiensten teilnehmen. In der Zeit der leeren und geschlossenen Kirchen in der Zeit der Coronapandemie im Frühjahr 2020 habe ich mir die Frage gestellt, ob das nicht eine prophetische Warnung davor sei, wie diese Kirchen in ein paar Jahrzehnten aussehen könnten.[68]

Die Vorstellung, dass der Niedergang der großen Kirchen nur einen Teil Europas betreffe und dass er die Folge der Liberalisierung der christlichen Theologie und der Schwächung der kirchlichen Disziplin sei, während auf anderen Kontinenten die Kirche blühe, ist eine Selbsttäuschung bestimmter kirchlicher Kreise. Die Vereinigten Staaten von Amerika sind nicht mehr jene christliche »Stadt auf dem Berge«, die eine Allianz aus konservativen Katholiken und Evangelikalen in einen Gegensatz zum säkularisierten Europa setzte. Westliche konservative Kritiker der säkularen Kultur haben dem Westen zunächst die postkommunistischen Länder als Vorbild (*ex Oriente lux, ex Occidente luxus*) angeboten und nach dem Ende dieser Illusion dann den angeblichen Aufschwung des Christentums in den sogenannten Entwicklungsländern. Manche von ihnen versprechen sich von den christlichen Emigranten besonders aus Afrika die Belebung des traditionellen Christentums im Westen. Nüchterne afrikanische Theologen warnen uns jedoch vor einer Idealisierung des afrikanischen Christentums und davor, uns von der bloßen Anzahl der Getauften faszinieren zu lassen; sie weisen darauf hin, dass das Wachstum der Zahl der Katholiken in Afrika eher auf das Bevölkerungswachstum zurückzuführen ist als auf den Erfolg der Evangelisierung. Der afrikanische Theologe Alain Clément Amiézi schreibt: »Wir produzieren eher eine Menge an Getauften, als dass wir Christen erziehen würden.«[69] Er gesteht ein, dass die afrikanischen Kirchen die Menschen oft in einer infantilen Religiosität halten, anstatt eine in die Tiefe gehende Katechese zu bieten, und dass sie sich mit einem Synkretismus zufriedengeben, bei dem die Identifizierung mit der afrikanischen Kultur ein wesentlich größeres Gewicht hat als die christliche Identität.

Angesichts eines unaufhaltsamen Globalisierungsprozesses kann man erwarten, dass eine ähnliche Entwicklung, wie sie die Säkularisierung Europas begleitet hat, mit einer gewissen Verspätung auch auf anderen Kontinenten erfolgen wird, einschließlich vieler sogenannter Entwicklungsländer. Dort beginnt die Säkularisierung bei den Eliten, die im Westen ausgebildet worden sind, und mit den jungen Menschen, die das Internet benutzen. Das stark vereinfachte Bild des westlichen Lebensstandards und Lebensstils, das durch Filme und elektronische Medien verbreitet wird, verändert die Wertorientierungen in den armen Ländern und ruft in ihrem Verhältnis zum Westen eine Mischung von Sehnsucht und Neid, von gleichzeitig Nachahmung und Ablehnung, von Angst und Abscheu hervor. Ähnlich ist es auch in manchen muslimischen Ländern; auch dort bin ich dieser ambivalenten Beziehung zum Westen begegnet: einer Anziehungskraft des Verbotenen und gleichzeitig einem Bemühen, diese Versuchung durch

Dämonisierung und Aggressivität zu unterdrücken. Religiöse Fanatiker wollen das zerstören, was sie an der fremden Kultur gleichzeitig lockt und erschreckt.

Die katholische Kirche hat in den traditionell »katholischsten Ländern« Europas und Lateinamerikas zahlreiche Mitglieder verloren. Auf meinen Reisen nach Lateinamerika habe ich wiederholt die Meinung gehört: Weil sich die Kirche auf die Trägheitskräfte der Tradition verlassen und die Bildung der Gläubigen und eine solide geistliche Formung vernachlässigt habe, habe ein Massenexodus der Katholiken in die Pfingstsekten eingesetzt, eine Konversion zu ihrer einfachen, fundamentalistischen Theologie und zu einer oft sehr oberflächlichen, emotionalen Religiosität. Zur Säkularisierung Irlands hat die Aufdeckung zahlreicher Fälle sexuellen Missbrauchs durch den Klerus und in kirchlichen Institutionen beigetragen. In Polen wurde der aktuell stattfindende rasche Kollaps des dortigen starken Katholizismus durch die unglückliche Allianz der nationalistischen Politiker mit der konservativen Mehrheit der Hierarchie ausgelöst – es ist ihnen innerhalb von zwei Jahren gelungen, der Kirche viel mehr Schaden zuzufügen als seinerzeit die kommunistische Regierung, die das jahrzehntelang unter Einsatz aller Machtmittel vergeblich versucht hatte.

Wo sich die Wirkung der Kirche auf die Spendung der Sakramente beschränkt und die Religiosität sich nicht in einen persönlichen Glauben verwandelt, dort wird das Christentum zu einer bloßen »Kulturreligion«, die nach einem Wandel des gesellschaftlich-kulturellen Paradigmas schnell verwelkt und verschwindet.

***

Die katholische Kirche erlebt in der gesamten westlichen Kultur eine schwere Krise des Klerus. Breit verhandelte Skandale sexuellen Missbrauchs sind nur ein Aspekt dieser viel weiter reichenden und tieferen Krise des Klerus als eines Standes. Worin besteht die Identität des Priesters, seine Rolle in der Kirche und in der Gesellschaft? Die bisherigen Antworten auf diese Frage sind von den Veränderungen in der Gesellschaft und vor allem von der erwähnten Krise erschüttert worden.

Auf die Frage, wie der Priester der Zukunft aussehen soll, werden wir nicht nur in der öffentlichen Meinung der säkularen Gesellschaft, welche die Priester meistens für ein Relikt der Vergangenheit hält, kaum verständliche und glaubwürdige Antworten finden. Auch bei vielen Gläubigen und sogar bei vielen Priestern selbst begegnen wir einer Verlegenheit. Hinter frommen Phrasen verbirgt sich oft Unsicherheit. Die traditionelle patriarchale Rolle des Priesters – das Idealbild, auf das die Erziehung in vielen Priesterseminaren immer noch ausgerichtet ist – entspricht offensichtlich nicht der Wirklichkeit und den Bedingungen der Gegenwart.

Die Bewerber für einen geistlichen Beruf werden drastisch weniger, und das gesamte Netz der Pfarrseelsorge, wie es sich vor ein paar Jahrhunderten gebildet hat, reißt in vielen Ländern auf irreparable Weise. Die Rettungsversuche der Hierarchie – der Import von Priestern aus Polen, Afrika und Asien, die Zusammenlegung von Pfarrgemeinden usw. – sind keine reale Lösung, und sie werden die weitere Verschärfung dieser Krise weder anhalten noch abschwächen; es handelt sich dabei eher um ein »Hin- und Herschieben der Liegestühle auf der Titanic«. Die Zufriedenheit darüber, das sich in gewissen Seminaren und Klöstern begeisterte Traditionalisten bewerben, vergeht meistens bald: Der Traditionalismus ist entweder eine vorübergehende »Kinderkrankheit« von menschlich unreifen Konvertiten, oder er verbirgt eine psychische Unausgeglichenheit von Menschen, die schwere Probleme in die kirchlichen Strukturen hineinbringen werden. Wenn jahrzehntelang andauernde gesamtkirchliche Gebetsaktionen für neue Priesterberufungen unerhört bleiben, gibt uns Gott dadurch vielleicht zu verstehen, dass er von uns erwartet, dass wir statt des starrsinnigen Pochens an eine Tür, die er selbst geschlossen hat, andere Türen und andere Lösungen suchen.

Ich vermute, dass nicht einmal die Schritte, zu denen es früher oder später unbedingt kommen muss und mit denen der Vatikan weiterhin zögert, sodass sie also wahrscheinlich zu spät kommen werden, nämlich die Weihe von verheirateten Männern und zumindest die Diakonatsweihe für Frauen, diese Krise ausreichend lösen werden. Die Situation wird sich nicht ändern, falls die Kirche sich nicht ein ganz neues Modell von Seelsorge zu eigen macht, das sich vom Modell der territorialen Pfarrgemeinden unterscheidet, solange sie nicht ein neues Verständnis der Berufung des Priesters in der Kirche und in der Gesellschaft anbietet, falls sie nicht die Bedingungen für einen neuen Stil der Priesterausbildung herstellt und nicht noch mehr Raum für die Einbindung der Laien, Männer und Frauen, in das Leben und die Aktivitäten der Kirche schafft.

Auch viele Anregungen aus der Praxis – wie die Tätigkeit der Arbeiterpriester oder die Erfahrungen von uns Priestern der Untergrundkirche in der kommunistischen Tschechoslowakei mit der Verknüpfung von priesterlichem Dienst und Zivilberuf – verdienen eine neue Aufwertung. Das Modell der Synodalität, der Dezentralisierung der Kirche, das vom Papst Franziskus durchgesetzt wird, kann vermutlich diese Veränderungen unterstützen, weil die konkreten Lösungen jeweils den konkreten gesellschaftlichen und kulturellen Bedingungen der einzelnen Länder entsprechen müssen.

Denken wir jedoch immer daran, dass eine wirkliche Erneuerung der Kirche weder auf dem Schreibtisch der Bischöfe noch bei den Sitzungen oder Tagungen von Experten geboren wird, sondern dass sie kraftvolle spirituelle Impulse, gründliche theologische Reflexion und Mut zu Experimenten voraussetzt.

***

Die schmerzhafteste Krise der letzten Jahre stellen die Wunden dar, die amtliche Repräsentanten der Kirche wehrlosen Menschen, besonders Kindern und Jugendlichen, zugefügt haben; dadurch haben sie gleichzeitig langsam und schwer heilende Wunden der Glaubwürdigkeit der Kirche in der Welt verursacht. Über lange Zeit vertuschte und bagatellisierte Fälle sexuellen und psychischen Missbrauchs, des Missbrauchs ihrer Macht und ihrer Autorität durch Angehörige des Klerus waren offensichtlich für Zehntausende von Katholiken der letzte Tropfen, der zu ihrer Entscheidung führte, die Kirche zu verlassen.

Über nur wenige Themen hat die Kirche in den letzten Jahrhunderten so oft gesprochen wie über die Sexualität; auf nur wenigen anderen Gebieten hat sie so stark mit Sünde oder Höllenstrafen Schrecken eingejagt und den Menschen so schwere Bürden auferlegt – und es dabei abgelehnt, mit Verständnis und Barmherzigkeit den Problemen zuzuhören, die aus dem Bemühen resultierten, alle kirchlichen Vorschriften, die das sexuelle Leben betrafen, strikt einzuhalten. Sicher auch deshalb hat sich die Öffentlichkeit, nachdem die Heuchelei einer dermaßen großen Anzahl von Verkündern dieser Moral enthüllt worden war, mit viel größerer Verve mittels der Medien auf die Kirche gestürzt als auf andere Institutionen, in denen ebenfalls Missbrauch vorgekommen war. Die Kirche bekam jetzt die Quittung für ihre Tendenz, aus dem sechsten Gebot das erste und wichtigste zu machen. Nach peinlichen Verhören der Gläubigen in den Beichtstühlen müssen jetzt die Beichtväter und Richter vor dem Gericht der Öffentlichkeit und manchmal auch vor Zivilgerichten beichten.

Das Phänomen des Missbrauchs spielt heute eine ähnliche Rolle, wie sie im hohen Mittelalter Skandale mit dem Ablasshandel hervorriefen, welche die Reformation beschleunigten. Daran, was zunächst nur eine Randerscheinung zu sein schien, werden heute – ähnlich wie damals – noch tiefere Probleme, Krankheiten des *Systems* deutlich gezeigt: das Verhältnis der Kirche und der Macht, des Klerus und der Laien und viele andere.

Im Fall sexuellen Missbrauchs spielte und spielt auch das Verhältnis zur Sexualität in der katholischen Kirche eine Rolle, vor allem bei den Angehörigen des Klerus, die häufig nicht darauf vorbereitet sind, die psychologischen Folgen dessen zu tragen, dass sie ständige sexuelle Enthaltsamkeit und ein Leben ohne Familie versprochen haben. Ich vermute, dass die Verbindung des Priestertums mit dem Zölibat früher oder später dorthin zurückkehren wird, woher es gekommen ist: in die klösterlichen Gemeinschaften, die das Fehlen eines Familienlebens bis zu einem gewissen Grade durch eine »geistliche Familie« kompensieren können und vielleicht auch besser in der Lage sind, das Bedürfnis nach sexueller Nähe zu sublimieren, als es die gewöhnliche Seminarerziehung vermag.

Ein auffälliges Phänomen ist die Unfähigkeit vieler Träger religiöser Autorität, mit dem eigenen »Schatten« (der ins Unbewusste verdrängten Komponente der Persönlichkeit) zu arbeiten und mit dem Druck vonseiten der Vorgesetzten und der Umgebung zur Aufrechterhaltung der rigiden Persona – einer Rolle, eines Lebensstils und eines Verhaltens nach außen hin, das vorgeschrieben, erzwungen und erwartet wird – zurechtzukommen. Um das geforderte »Image« zu bewahren, haben die Träger der religiösen Autorität manchmal ihr Menschsein deformiert, ihre »Schwächen« ins Unterbewusste verdrängt. Dadurch hörten diese aber nicht auf zu existieren und zu wirken, im Gegenteil: Sie entglitten der rationalen Kontrolle.

Dies führe nicht nur zur Heuchelei, sondern manchmal auch zur Spaltung der Persönlichkeit, zu einem »Doppelleben«, zum Symptom von Dr. Jekyll und Mr. Hyde. Viele dieser Erscheinungen werden in ausführlichen psychoanalytischen Studien (erinnern wir uns an Drewermanns einst provozierendes Buch *Kleriker*) oder in journalistischen Reportagen (wie Martels Buch *Sodoma*) beschrieben.[70] Es ist gut, sich an das zu erinnern, was bereits Jesus über die Wurzeln dieses Bösen gesagt hat, nämlich in seinen Streitgesprächen mit den Pharisäern, die er als »getünchte Gräber« bezeichnet – nach außen strahlend vor Reinheit, von innen jedoch voller Fäulnis und Moder.[71] Auch Pascal weist darauf hin, dass die Sehnsucht, »ein Engel zu sein«, häufig zu dämonischen Ergebnissen führt.

Angesichts dieser Phänomene zeigten sich Unterschiede innerhalb der Kirche: Während der emeritierte Papst Benedikt die Schuld für den sexuellen Missbrauch der angeblichen Lockerung der Moral des Klerus infolge der sexuellen Revolution in den 60-er Jahren zuschrieb, diagnostizierte Papst Franziskus mutig die tieferen Ursachen dieser Erscheinungen: Klerikalismus, Triumphalismus, den Umgang mit Macht und Autorität in der Kirche. Die Fälle von Missbrauch waren nämlich in der Kirche schon lange vor den 60-er Jahren verbreitet. Es scheint, dass vor allem seit der Zeit, als die Kirche ihre weltliche Macht einbüßte, manche Angehörige des Klerus diesen Verlust durch die Durchsetzung und den Missbrauch von Macht und Autorität *innerhalb* der Kirche kompensierten, vor allem im Verhältnis zu den Wehrlosen, zu den Kindern und Frauen, die in der katholischen Kirche keine ganz gleichberechtigte Position hatten und bis heute nicht haben.

Die Kirche gerät nach der Welle dieser Skandale in eine ähnliche moralische und psychologische Situation wie das deutsche Volk nach der Enthüllung der Gräueltaten in den Konzentrationslagern. Mit dieser Aussage möchte ich nicht den Holocaust mit dem sexuellen Missbrauch vergleichen, sondern ich meine etwas anderes: Genauso wie die absolute Mehrheit der Deutschen die Verbrechen in den Konzentrationslagern nicht begangen hat und von ihnen auch nicht wusste, so hat die Mehrheit der Katholiken einschließlich der Mehrheit der Priester keine Kinder und Jugendlichen missbraucht und wusste auch nicht von diesen Dingen – oder zumindest nicht von ihrem Ausmaß. Denker wie Karl Jaspers haben sich die Frage gestellt, inwieweit das deutsche Volk als Ganzes die Verantwortung dafür trage, was manche ihre Angehörigen in ihrem Namen getan hatten. Jaspers selbst differenzierte zwischen verschiedenen Graden der Mitschuld.[72] Es ist nun an der Zeit, die Frage zu stellen nach der Verantwortung der Kirche als solcher dafür, wie einige ihrer Repräsentanten die »heilige Vollmacht« und Autorität missbraucht haben. Vielleicht hängt die Tatsache, dass gerade in Deutschland – vor allem im Rahmen des sogenannten Synodalen Weges – die dortige Kirche diese Fragen mit einer solchen Vehemenz stellt, mit der moralischen Sensibilität des deutschen historischen Gedächtnisses zusammen.

Der sexuelle und psychische Missbrauch in der Kirche ist der Missbrauch einer Macht, die sich der Kontrolle und der Kritik dadurch entzieht, dass sie auf ihren nicht zu hinterfragenden heiligen Ursprung verweist. Die romantische Pseudomystik des Priestertums mit der Akzentuierung der »heiligen Vollmacht des Priesters« hat – in radikalem Gegensatz zum Geist des Evangeliums und seinem Verständnis des Dienstes – um die Person des Priesters eine magische Aura (*Persona* im Sinne der Tiefenpsychologie Jungs) geschaffen, die oftmals psychologisch und moralisch problematische Kandidaten anzog.[73]

Jesus war kein Priester, sondern ein »Laie«. In der Spannung zwischen der rituellen Religion der Priester und ihren prophetischen Kritikern stand er auf der Seite der Propheten. Seine prophetischen Worte über den Niedergang des Tempels und der Tempelreligion der Priester kosteten ihn das Leben. Jesus machte aus dem Kreis seiner zwölf Freunde nicht Priester im Sinne der Tempelreligion Israels. Er wollte, dass sie sich nach seinem Vorbild bemühten, »die Geringsten und Diener aller« zu sein. Jesus gründete keine »Hierarchie«, keine »heilige Regierung« im Sinne einer Regierungsklasse inmitten des Gottesvolkes. Er gab seinen Jüngern die Vollmacht, ein provokativer Kontrast gegenüber der Welt der Macht und der religiösen und politischen Manipulation zu sein. Beim Brechen des Brotes am Vorabend seines Todes vertraute er ihnen die Aufgabe an, seine *kénosis* – seine Selbsthingabe, seine Selbstentäußerung, seine Selbstschenkung – nachzuahmen.

Das Neue Testament (der Hebräerbrief) bezeichnet Christus als einen Hohepriester nicht im soziologischen und historischen Sinne, sondern in einem tieferen, mystischen, symbolischen Sinne. Der Satz *sacerdos alter Christus* (Priester ist der zweite Christus) war aus dem Mund einiger Päpste zu hören, steht in vielen päpstlichen Dokumenten und wird bei vielen Primizpredigten wiederholt. Es ist aber ein gefährlicher Satz – er birgt ein hohes Risiko für ein großes Missverständnis. Es gibt keinen zweiten, keinen anderen Christus. Es gibt nur den einen und einzigen Christus, den einen Mittler zwischen Gott und den Menschen. Christus ist der einzige Mittler, der Vertreter Gottes für die Menschen und der Vertreter der Menschen vor Gott. Jesus ist kein »zweiter Gott«, und der Priester ist nicht sein Ersatz.[74] Der Priester ist kein Ersatz-Christus. Jeder Christ partizipiert durch die Taufe an der Priesterrolle Christi: die sich selbst schenkende Liebe Gottes der Welt zu offenbaren. Die katholische Kirche unterscheidet zwischen dem *allgemeinen Priestertum* aller Getauften und dem *Amtspriestertum* der ordinierten Diener der Kirche, sie gesteht aber nichtsdestoweniger zu, dass jeder Christ in dieser Welt berufen ist, Christus zu vergegenwärtigen, zu repräsentieren. Das Leben eines jedes Christen soll in einem bestimmten Sinne einen eucharistischen Charakter haben.

Die christliche Existenz hat einen *ikonischen* Charakter: Sie ist die Kunst, die durch das Zeugnis des Glaubens das Unsichtbare sichtbar macht. Man muss aber zwischen einer Ikone und einem Idol, einem Götzen, unterscheiden;[75] der Priester darf kein angebetetes Idol sein. Der Kampf mit dem Klerikalismus ist eine gesunde Weise des Ikonoklasmus. Diejenigen, die von der Kirche Priester genannt werden, sind die Träger des unauslöschlichen Siegels des Amtspriestertums (das erwähnte allgemeine Priestertum gründet sich auf das unauslöschliche Siegel der Taufe) und haben die Aufgabe, das Gebot Jesu zu erfüllen, die Geringsten und die Diener aller zu sein.[76] Das ist ihre Art der Nachfolge Christi. Und das ist ein nicht zu vernachlässigendes Merkmal der »apostolischen Sukzession«.

Die auffälligsten und medial am häufigsten thematisierten Phänomene der Krise sind jedoch nicht die wirklich ernsthaftesten, sie sind vielmehr ihre oberflächlichen Aspekte. Die Krise des zeitgenössischen Christentums betrifft nicht nur die kirchlichen Strukturen, sondern den Glauben selbst. Die Behauptung, dass »der Glaube schwächer wird«, halte ich für sehr voreilig. Was jedoch schwächer wird, ist nicht nur die bereits erwähnte Macht der Kirche, das Glaubensleben zu kontrollieren und zu disziplinieren, sondern beispielsweise auch das Band zwischen dem sprachlichen Ausdruck des Glaubens und dem Glaubenserleben. Die Krise der gegenwärtigen Form der Kirche besteht nicht nur im Rückgang der Zahl der Gottesdienstteilnehmer, sondern auch in der sich vertiefenden Distanz zwischen dem, was die Kirche verkündet, sowie der Art, wie sie es verkündet, und den Vorstellungen und den Ansichten der Gläubigen. Wie Charles Taylor deutlich macht, wiederholen die Christen in der Liturgie jahrtausendelang viele gleiche Worte (zum Beispiel wenn sie das Glaubensbekenntnis rezitieren), verstehen sie aber anders;[77]manche verstehen sie sogar überhaupt nicht.

Viele dieser Formulierungen sind entstanden als Elemente eines Weltbildes, das von dem unsrigen sehr weit entfernt ist. Die Kirche und ihre Theologie hat eine hermeneutische Berufung: Sie hat die Aufgabe, die ihr anvertraute Botschaft so zu reinterpretieren, dass ihr Sinn angesichts des sich wandelnden kulturellen und gesellschaftlichen Kontextes nicht verfälscht wird. Wenn Prediger biblische, dogmatische und liturgische Texte benutzen, ohne sich zu bemühen, eine Brücke zwischen der Welt dieser Texte und der inneren Welt ihrer Zuhörer zu bauen, wenn ihre Kenntnis jeder dieser beiden Welten nur oberflächlich ist, dann verraten sie dadurch einen Mangel an Interesse, Verantwortungsbewusstsein und Liebe zu ihrer Berufung; sie sind dann nur wie »tönendes Erz«.[78]

Als ich von Fällen las, in denen die Kongregation für die Glaubenslehre Theologen ermahnte und bestrafte, wenn sich manche subtilen Formulierungen in ihren Fachbüchern zu sehr von der traditionellen Sprache der kirchlichen Dokumente unterschieden, stellte ich mir die Frage, ob sich die zuständigen vatikanischen Ämter darüber im Klaren sind, wie dramatisch sich die Ansichten und Haltungen eines großen Teils auch der »aktiven Gläubigen« von dem unterscheiden, was sie bei den Gottesdiensten rezitieren, was sie in den Katechismusstunden gelernt haben und was sie in den Predigten hören.[79]

***

Einer meiner großen Lehrer des Glaubens (aber auch der staatsbürgerlichen Tapferkeit), der Theologe Josef Zvěřina, der für seine Treue zu Christus und zur Kirche 13 Jahre in kommunistischen Gefängnissen und Arbeitslagern verbracht hat, hat noch in der Zeit des Kommunismus sein Verhältnis zur Kirche folgenderweise zusammengefasst: »Die Kirche – meine Liebe und mein Kreuz.« Damals verstand ich als junger, begeisterter Konvertit nicht, wie die Kirche, die ich damals als eine Kämpferin für die geistige Freiheit gegen das totalitäre atheistische Regime wahrnahm, als ein Kreuz, als eine schmerzvolle Bürde empfunden werden kann. Jetzt weiß ich es schon.

Als ich neulich an Covid-19 erkrankt war und deshalb eine gewisse Zeit lang überhaupt nicht arbeiten, lesen oder schlafen konnte, bedrängten mich in den langen schlaflosen Nächten schmerzhafte Gedanken über den gegenwärtigen Zustand der Kirche. Die Geschichten der Missbrauchten kamen mir wieder in den Sinn, die ich mir in Gesprächen mit den Opfern angehört hatte, Gefühle der Enttäuschung über die Haltung meines Bischofs und Widerwille gegen die Christen, die Donald Trump und andere gefährliche Populisten und nationalistische Demagogen unterstützen und sich dabei hinter einer christlichen Rhetorik verschanzen (»Verteidigung der christlichen Werte«). Und es ergriff mich Trauer über die Hassattacken solcher Katholiken auf Papst Franziskus.

Beim Nachdenken über die Kirche fielen mir die folgenden Worte des Propheten Jesaja ein:

Das Haupt ist krank, das Herz ist siech.
Von der Fußsohle bis zum Scheitel ist kein heiler Fleck,
nur Beulen, Striemen und Male von frischem Schlag –
nicht ausgedrückt, nicht verbunden,
nicht gelindert mit Öl.[80]

Nachdem Belege dafür gefunden worden waren, dass Korruption und sexueller Missbrauch auch von manchen Mitgliedern des Kardinalskollegiums begangen worden sind und dass zu den skrupellosen sexuellen Prädatoren auch der hochverehrte Begründer eines konservativen Ordens und Freund des kanonisierten Papstes Johannes Paul II. gehörte, musste ich an das Rom der Renaissance denken, dessen Anblick einst Martin Luther erschütterte und seine Überzeugung festigte, dass es notwendig sei, sich von dieser Gestalt der Kirche radikal zu trennen. Kann man verhindern, dass die »neue Reformation«, die sich immer deutlicher als die notwendige Antwort auf den gegenwärtigen Zustand der Kirche abzuzeichnen scheint, von einem Schisma begleitet wird?

In jenen schlaflosen Nächten bemühte ich mich, meine innere Stimmung zu überwinden, die von Ignatius von Loyola als Zeit der Trostlosigkeit bezeichnet wird, indem ich die Verse aus dem Apostolischen Glaubensbekenntnis stets wiederholte: *Credo in Spiritum Sanctum, sanctam ecclesiam catholicam, sanctorum communionem* … (Ich glaube an den Heiligen Geist, die heilige katholische Kirche, die Gemeinschaft der Heiligen …).

Was bedeutet es, dass ich an die Kirche glaube? Schon allein die Sprache des Credo zeigt den Unterschied zwischen dem Glauben an Gott (*credo in Deum, in Iesum Christum, in Spiritum Sanctum*) und dem Verhältnis zur Kirche (*credo ecclesiam*): Auf die Kirche bezieht sich unser Glaube nicht auf die gleiche Art wie auf Gott. Der Glaube an die Kirche wird nicht auf dieselbe Ebene gestellt wie der Glaube an Gott, er ist aber auch nicht etwas *neben* unserem Glauben an Gott. Unser Verhältnis zur Kirche ist ein Element unseres Glaubens an den Heiligen Geist, es gründet sich auf das Vertrauen, dass Jesus seinen Jüngern den Helfer und Tröster, den Geist der Wahrheit, verheißen hat, der bei ihnen bleiben wird. Die Kirche ist in dem Maße die Kirche Christi, wie in ihr der Geist Christi wirkt: »Wenn aber jemand den Geist Christi nicht hat, so gehört er nicht zu ihm.«[81] Die im Evangelium nach Matthäus überlieferte Aussage Jesu, durch die dieser seine Kirche auf den Felsen des Bekenntnisses des Petrus gründet, nämlich auf das Bekenntnis zu Jesu als dem Messias, muss man um die Szene des Brausens des Geistes an Pfingsten ergänzen, in der die Tradition den Geburtstag des Glaubens sieht. Die Kirche wird auf den Felsen gegründet, darf aber nicht versteinern. Der Geist als ihr Lebensprinzip, als ein »Blutkreislauf«, der verschiedene Organe ihres Körpers verbindet, ist der Garant sowohl ihrer Einheit als auch ihrer ununterbrochenen Erneuerung.

***

Kaum dass ich wieder ein bisschen arbeiten konnte, schrieb ich in einer dieser schlaflosen Nächte einen scharfen Text mit dem Titel Pseudoreligion F.[82] Viele dieser Phänomene, die mich verletzt hatten – von der religiös gerechtfertigten Gehässigkeit und Gewalt bis zu einer rigiden legalistischen Religion, dem »Katholizismus ohne Christentum« – charakterisierte ich darin als eine Pseudoreligion, die bei aller Verschiedenheit durch einige gemeinsame Züge zusammengehalten wird: den Fundamentalismus (den selektiven und zweckgerichteten Gebrauch von aus dem Zusammenhang gerissenen heiligen Texten), den Fanatismus (die Unfähigkeit und den mangelnden Willen zum Dialog sowie zu einer kritischen Reflexion der eigenen Ansichten) und das Pharisäertum, das Festhalten am buchstäblichen Verständnis des Gesetzes, das an die Haltung jener Pharisäer erinnert, mit denen Jesus lebenslang einen Kampf geführt hat. Vor allem beunruhigten mich die Bemühungen populistischer Politiker in Polen, Ungarn, in der Slowakei und in Slowenien, aber auch bei uns in der Tschechischen Republik, die religiöse Rhetorik als Instrument der populistischen und oftmals xenophoben, nationalistischen Politik oder der Politik der äußersten Rechten zu verwenden – und die Kollaboration mancher Repräsentanten der Kirche mit diesen Kreisen.

Verbirgt sich hier nicht unter der Maske der Religion etwas, was mit dem Glauben, wie ich ihn verstehe, nichts gemeinsam hat? Geht es hier nicht um eine Instrumentalisierung und eine Karikatur der Religion, um einen Missbrauch der religiösen Rhetorik zum Hervorrufen starker Emotionen, zum »Herauslassen der Dschinns« aus den Abgründen des Unbewussten? Dort, wo die Menschen etwas wirklich Starkes erleben, das ein *tremendum et fascinans* ist,[83] ist die säkulare Sprache nicht in der Lage, die Kraft und die Intensität dieses Erlebnisses zum Ausdruck zu bringen, und die Menschen (auch die »Ungläubigen«) greifen spontan zu religiösen Begriffen und Attributen. Sie sprechen von einer göttlichen Schönheit, aber auch vom Dämonischen; ihre Feinde sind nicht mehr die Gegner, sondern »der Große Satan«. Säkulare Menschen, die die Kraft der Religion in der Regel unterschätzen, sind sich nicht darüber im Klaren, welche unbewussten irrationalen Kräfte sie mit diesen Ausdrücken entfesseln, sie können mit ihnen nicht umgehen, sie sind nicht in der Lage, sie zu zügeln. Wie Richard Kearney bemerkt, kann man mit dem »Großen Satan« nicht mehr verhandeln: Politische Konflikte verwandeln sich damit in eine Szene von apokalyptischen Schlachten.

Dort, wo der lebendige Glaube fehlt, eröffnet sich ein Raum sowohl für zynische säkulare Populisten, welche die »religiöse Agenda« (zum Beispiel das Versprechen der Kriminalisierung von Abtreibungen) nutzen, um christliche Wähler zu locken, als auch für Fanatiker, die aus religiösen Begriffen eine Munition für Kulturkriege machen. Ich kann mir nicht helfen: Mit denen, bei denen ich hinter der christlichen Rhetorik die »Pseudoreligion F« erkenne, kann ich nicht unter denselben Fahnen schreiten. Wenn ich jenen Teil der Christen sehe, die die frohe Botschaft Jesu wahrscheinlich nie verstanden und aus dem Christentum eine militante Religion gemacht haben, verliere ich die Hoffnung, dass es irgendwann in einer historisch absehbaren Zeit gelingen wird, alle zu vereinigen, die sich zum Namen Jesu bekennen. Auch ich halte das Leben der Ungeborenen heilig, kann aber nicht an den Märschen derer teilnehmen, die sich obsessiv nur an dieses einzige Gebiet geklammert und aus dem Christentum einen militanten Kreuzzug für die Kriminalisierung von Abtreibungen und das Verbot von Verhütungsmitteln gemacht haben. Aus dieser Agenda haben sie das wichtigste, oft sogar das einzige Kriterium für die Beurteilung der »Christlichkeit« von Politikern und für ihre Wahlentscheidung gemacht; dadurch werden sie zu einer billigen Beute von durchtriebenen Demagogen. Die Abgründe – nicht zwischen den Kirchen, aber innerhalb ihrer – sind in diesem Moment zu tief. Diese Spaltung der Christen ist einer der schmerzhaften Züge der Mittagskrise.

***

Die Mittagskrise in der Glaubensgeschichte kann man als eine Epoche des Atheismus und des »Todes Gottes« wahrnehmen. Den Ausdruck »Tod Gottes« verbinden wir am häufigsten mit Nietzsche. Jedoch bereits vor Nietzsche hat Hegel in seiner *Phänomenologie des Geistes* eine andere Version des »Todes Gottes« vorgelegt, und zwar im *»Lebenslauf Gottes«*, der von der trinitarischen Auffassung der Geschichte bei Joachim von Fiore inspiriert ist. Für Hegel ist die Verbindung »Tod Gottes« eine Chiffre für den geschichtlichen Augenblick zwischen der »Zeit des Sohnes« und der »Zeit des Geistes«. Hegel schreibt diesem Augenblick der Geschichte des Geistes eine Schlüsselrolle zu: Die Erfahrung einer radikalen Verfinsterung der Anwesenheit Gottes ist in gewisser Weise eine Aktualisierung des Opfers Christi am Kreuz (»der Karfreitag der Geschichte«). Im freiwilligen Opfer Jesu aus Liebe wird der Tod, der in seinem Wesen die Negation des Lebens und der Freiheit darstellt, durch die Freiheit und durch die Liebe negiert, und dadurch wird dieser Tod zur Negation der Negation, zum Tod des Todes. Der Atheismus, der die Erfahrung dieses Augenblicks der Geschichte des Geistes zum Ausdruck bringt, ist für Hegel also nur ein Übergangsphänomen der Geschichte.

Mit dem Atheismus beschäftige ich mich seit Jahren, und ich werde ihm noch ein eigenes Kapitel dieses Buches widmen. Den existenziellen Atheismus, den Atheismus des Schmerzes und des Protestes gegen den Schmerz, gegen das Böse und gegen das Leid in der Welt, habe ich als eine mystische Teilhabe am Kreuz bezeichnet, am Schrei Jesu angesichts des Verlassenseins durch Gott.[84] Ich bin überzeugt, dass ein reifer Glaube diese Erfahrung der Finsternis in der Mittagszeit, die sowohl zur Geschichte des Evangeliums als auch zum geistlichen Weg eines Gläubigen gehört, ernst nehmen und fähig sein muss, sie zu umarmen und zu integrieren. Der »Atheismus des Protestes« lehnt legitimerweise das naive Bild von Gott als einem Garanten des Glücks und der Harmonie in der Welt ebenso ab wie eine halsbrecherische Theodizee, die versucht, das Geheimnis des Bösen (*mysterium iniquitatis*[85]) mit scheinbar frommen religiösen Phrasen zu banalisieren.

Die Mittagskrise theologisch zu erfassen haben sich in der Glaubensgeschichte Denker des »religionslosen Christentums« (vor allem Dietrich Bonhoeffer), der »Theologie des Todes Gottes« (vor allem Thomas Altizer) und des »christlichen Atheismus« (wie Don Cupitt) oder postmoderne Philosophen (wie Gianni Vattimo) auf eine durchaus beachtenswerte Weise bemüht. Sie alle haben die Unfähigkeit der klassischen metaphysischen Theologie konstatiert, die radikalen Konsequenzen des geschichtlichen und kulturellen Wandels zu begreifen, sowie die Notwendigkeit, die Krise der bisherigen Auffassung Gottes ernst zu nehmen, diese Finsternis in der Mittagszeit und das Tal des Todesschattens des metaphysischen Gottes der Philosophen. Für die Botschaft des tollen Menschen Nietzsches, der am Mittag mit der Laterne die oberflächlichen Atheisten und die oberflächlichen Christen seiner Zeit provozierte, sind ihnen »Ohren gewachsen«.

Weder der prämoderne Theismus noch der neuzeitliche Atheismus können die geistig-geistliche Erfahrung unserer Zeit adäquat zum Ausdruck bringen und eine hinreichende Antwort auf ihre Fragen und Herausforderungen sein – eine Tatsache, welche neue Ansätze in der postmodernen Philosophie und Theologie hervorruft. Neue Horizonte und eine neue Sprache bieten insbesondere Denker aus der kontinentalen und amerikanischen phänomenologischen und hermeneutischen Religionsphilosophie und philosophischen Theologie, vor allem im Zusammenhang mit der sogenannten »theologischen Wende« (*tournant théologique*) in der französischen Phänomenologie.[86] Hier sehe ich eine Inspirationsquelle für jene Erneuerung der Theologie, die ich für ein unerlässliches Element der notwendigen Reform des Christentums halte.

Richard Kearney und seine Schule des Anatheismus, die mir sehr nahesteht, zeigt, dass das Glaubensdenken nach der Trennung vom traditionellen Theismus (der Auffassung Gottes als des höchsten Seienden unter dem anderen Seienden) alles für sich in Anspruch nehmen kann, was in der modernen Religionskritik wertvoll und gültig war, ohne dass sie den Atheismus als die einzige Alternative akzeptieren würde. Anatheismus bedeutet »wieder glauben« – neu und tiefer, nachdem der Glaube das Fegefeuer der philosophischen Kritik durchlaufen hat. Der Anatheismus ist vom traditionellen metaphysischen Theismus und vom Atheismus gleich weit entfernt. Gott kommt nach Kearney zum Menschen als eine Möglichkeit,[87] als ein Angebot; der Mensch befindet sich in der Situation einer freien Wahl zwischen Glauben und Nichtglauben. Diese Wahl ist jedoch nicht nur ein rationales Kalkül, wie bei Pascals Wette, sondern sie ist eine existenzielle Wahl. Gott kommt oft als ein Fremder und stellt den Menschen vor die Entscheidung, ob er ihm gastfreundlich oder feindlich gegenübertritt.

Es scheint mir, dass das Konzept des Anatheismus in gewisser Weise eine Antwort auf die Frage gibt, welche Art des Durchdenkens des Glaubens uns über die Schwelle zum Nachmittag des Christentums führen wird, nachdem der Glaube die Mittagskrise, die finstere Nacht, durchschritten hat und nun einen neuen Ausdruck sucht. In meiner schon einige Jahrzehnte dauernden pastoralen Praxis begegne ich einer wachsenden Anzahl von Menschen, die im reifen Alter den Glauben wiederentdecken, dem sie sich einst entfremdet hatten. Sie bekennen: »Heute glaube ich wieder an das, woran ich damals geglaubt habe, aber ich glaube anders daran.« Gerade dieses »anders« verdient unsere Aufmerksamkeit; gerade dieses »anders« hat mich zu den Überlegungen provoziert, die in diesem Buch enthalten sind.

***

Ich habe bereits gesagt, dass die Ausdrücke »Mittagskrise« und »Finsternis am Mittag« an die dunklen Nächte auf den persönlichen und geschichtlichen Glaubenswegen erinnern. Die Wortverbindung »dunkle Nacht« bringen wir meistens mit dem gleichnamigen Werk des spanischen Barockmystikers Johannes vom Kreuz in Verbindung.[88] Johannes spricht zuerst von einer »dunklen Nacht der Sinne«. Die Seele ist am Anfang des mystischen Weges von der Liebe zu Gott so ergriffen, dass in der Eile einer leidenschaftlichen Sehnsucht, die dem Lauf der Geliebten zum Geliebten in einer Sommernacht ähnelt, alles »Irdische«, das die Liebe auf diesem Weg aufhalten und ablenken könnte, in der Dunkelheit versenkt ist: Das einzige Licht ist die Sehnsucht selbst. Gott führt den Menschen jedoch aus diesen Anfängen hinaus und führt ihn weiter. Einer Seele, die sich an das Gefühl des Trostes und an die Erkenntnisse und Erlebnisse gewöhnt hätte, die sie in der Meditation gewonnen hat, würde eine »geistliche Feinschmeckerei« drohen. Deshalb führt Gott sie in den Zustand einer »kontemplativen Trockenheit« hinein: Sie ist nicht in der Lage, tiefgründig zu meditieren. Die Seele gerät in eine »Dunkelheit«, sie erfährt eine Trockenheit, aber zugleich eine bleibende Sehnsucht, in der Einsamkeit und im *Schweigen* bei Gott zu verweilen.

Dann kommt jedoch eine bittere und schmerzhafte »Nacht des Geistes«, die Nacht des Glaubens, in der sich nunmehr Gott in der Finsternis des Schweigens verliert und die Seele unter seiner Abwesenheit leidet. Der Glaube hat in dieser Phase des geistlichen Weges keine äußere Stütze, und im Inneren des Menschen herrscht statt des bewässernden Flusses des Trostes im Gebet nur Dürre und die Einsamkeit der Wüste. Die grundlegendsten Sicherheiten des geistlichen Pilgers werden erschüttert. Teresa von Ávila war überzeugt, dass ihr gesamtes geistliches Leben das Werk des Teufels gewesen sei und sei; Johannes vom Kreuz fühlte sich auf ewig von Gott verworfen; Therese von Lisieux hatte das Gefühl, dass Gott nicht existiere, und solidarisierte sich bewusst mit den Atheisten ihrer Zeit. Für Johannes vom Kreuz ist jedoch gerade dieser Abschnitt seines Weges eine wichtige Transformation seines geistlichen Lebens in die Gestalt eines »nackten Glaubens«, in dem dieser sich entblößt und seinen wahren Kern hervortreten lässt.

In einer ähnlichen Weise hat schon lange vorher der mittelalterliche Mystiker Meister Eckhart von dem Glauben des »inneren Menschen« gesprochen, der zusammen mit dem äußeren (oberflächlichen) Menschen auch den »äußeren Gott« in sich ablegt und »Gott jenseits Gottes« entdeckt, dem die Seele, die nun von den »Bildern« und »Fixierungen« auf äußere Dinge befreit ist, begegnet wie »ein Nackter einem Nackten«.

***

Wenn ich über die Gedanken dieser Klassiker der katholischen Mystik meditiere, stellt sich mir die Frage: Spielt sich nicht ein ähnliches Reifen des Glaubens auch in den »kollektiven dunklen Nächten« der Geschichte der Kirche und der Gesellschaft ab? Zu den dunklen Nächten der Geschichte gehören sicher die tragischen Ereignisse des 20. Jahrhunderts, vor allem zwei Weltkriege, der Holocaust und der Gulag, die Gräueltaten der nationalsozialistischen und kommunistischen Diktatur – und auch der Terrorismus unserer Zeit, den Papst Franziskus einen »dritten Weltkrieg in Abschnitten« nennt.

Eine sehr anregende geistig-geistliche Reflexion der Kriegserfahrung, dieses »Sich-Hinauslehnens des Lebens in die Nacht«, des Sich-Hinauslehnens aus der Welt des Tages, der Vernunft und der Kraft in die Nacht des Nichtseins, des Chaos und der Gewalt bietet Jan Patočka in dem abschließenden Essay seines letzten Buches mit dem treffenden Titel *Die Kriege des 20. Jahrhunderts und das 20. Jahrhundert als Krieg.*[89] Patočka erinnert hier auch an die Fronterfahrung Teilhards de Chardin. Diesen Essay Patočkas – einschließlich seiner Aufforderung zur »Solidarität der Erschütterten« – fasse ich als ein Vorbild für den kairologischen Zugangs zur Geschichte auf, als ein Vorbild für das geistig-geistliche Lesen des Sinnes von geschichtlichen Ereignissen. Über die »dunklen Nächte des Geistes« und die »Gottesfinsternis« handeln in der Zeit der *Spätmoderne* Werke vieler Autoren der existenziellen Literatur, der Philosophie und der Theologie, die den Verlust von religiösen Gewissheiten in der säkularen Gesellschaft reflektieren.

Beim Nachdenken über die »kollektiven dunklen Nächte« in der Geschichte dürfen wir nicht nur starr auf die eigene Geschichte, die Geschichte des Christentums, schauen. Ein nicht außer Acht zu lassendes Kapitel der modernen Geschichte ist der Holocaust – der verbrecherische Versuch eines totalen Genozids an einem Volk, dem die unwiderruflichen Verheißungen und der unwiderrufliche Segen des Gottes unseres gemeinsamen Glaubens gehören. Mit Recht haben sich manche christlichen Theologen – nennen wir stellvertretend für alle J. B. Metz – einer »Theologie nach Auschwitz« gewidmet und auch der jüdischen Reflexion dieses versuchten Genozids am auserwählten Volk aufmerksam zugehört.

Schon die Entscheidung der Kirche, die Hebräische Bibel, die Bibel Jesu, als das verbindliche Wort Gottes anzunehmen, bedeutete, dass sie das Gedächtnis des Volkes Israel als ein Element des eigenen geschichtlichen Gedächtnisses verkündete. Deshalb darf das Christentum die tragischen Ereignisse der modernen jüdischen Geschichte nicht aus seinem Gedächtnis verdrängen. Viele Möglichkeiten, wie sich der jüdische Glaube mit dem Geheimnis des radikalen Bösen auseinandergesetzt hat und auseinandersetzt, sind eine Inspiration auch für das Christentum, das an vielen Orten der heutigen Welt grausamer Gewalt ausgesetzt ist, wobei die Zahl der christlichen Opfer von heute bereits die Zahl der Märtyrer der ersten Jahrhunderte übersteigt.

Einige jüdische Denker sind – denken wir etwa an Hans Jonas – zu der Überzeugung gekommen, dass die Erfahrung des Holocaust unser Bild von Gott und unser Sprechen über Gott nicht unverändert lassen könne.[90] Ist nicht die Vorstellung eines starken Gottes nur eine Projektion unserer Machtaspirationen in den Himmel? Jonas kehrt zu der kabbalistischen Vorstellung eines Schöpfers zurück, der sich freiwillig in sich zurückgezogen hat, um einen Raum für die Schöpfung und damit folglich auch für die Freiheit und Verantwortung des Menschen zu schaffen. Andere Theologen deuten die dunkle Stunde der jüdischen Geschichte als *hester panim*, ein Sich-Verbergen des (göttlichen) Antlitzes – ein Ausdruck, dem wir in den Psalmen begegnen. Elie Wiesel sieht im Glauben nach dem Holocaust einen Ausdruck der Treue gegenüber denjenigen, die sich den Glauben auch in der Hölle von Auschwitz bewahrt haben.

Für christliche Denker ist die Krise des Bildes von Gott, das ihn als einen apathischen allmächtigen Direktor der Natur und der Geschichte vorstellt, eine Gelegenheit, die Theologie des Kreuzes wiederzuentdecken: einen Gott zu entdecken, der seine *pathische* Liebe (eine leidenschaftliche und leidende Liebe) durch die Selbsthingabe Jesu am Kreuz zeigt.

Damit nehme ich einen der Hauptgedanken dieses Buches vorweg: Die christliche Identität des Glaubens ergibt sich daraus, dass er sich immer wieder in das österliche Drama des Todes und der Auferstehung hineinbegibt. Auch die lange Mittagsfinsternis vor dem Eintreten in die neue, die nachmittägliche Phase der Geschichte des Christentums ist eine Art von *anamnesis,* welche die Erinnerung an Ostern vergegenwärtigt. Jede Osterfeier ist eine Gelegenheit, das Herz des Christentums zu berühren und es tiefer zu verstehen. Ich schreibe diesen Text kurz nach dem zweiten Ostern, das die Christen in einem großen Teil der Welt infolge der Coronapandemie nicht wie gewohnt feiern konnten. Vielleicht war auch diese neue Erfahrung die Aufforderung Gottes an uns, das Geheimnis von Ostern, an das wir jedes Jahr erinnern, auf eine neue Weise zu begreifen.

7. Kommt Gott zurück?

Kommen wir zunächst auf unsere Überlegungen zur Säkularisierung zurück. Wir unterscheiden drei Phänomene: die *Säkularisierung* als einen bestimmten gesellschaftlich-kulturellen Prozess, den *Säkularismus* als eine einseitige ideologische Deutung der Säkularisierung und das *säkulare Zeitalter* als ein bestimmtes Kapitel der Geschichte, in dem in vielen europäischen Ländern der Säkularisierungsprozess auf unterschiedliche Weise abläuft.

Als das *säkulare Zeitalter* bezeichne ich die geschichtliche Etappe, die sich zeitlich etwa mit dem Zeitalter der »Moderne«, der Neuzeit, deckt. In dieser Zeit wandelt sich vor allem in Mittel-, West- und Nordeuropa die Gestalt und die Rolle der christlichen Religion in der Gesellschaft und der Kultur. Der *Säkularisierungsprozess* reicht jedoch mit seinen Wurzeln in eine Zeit zurück, die viel älter ist als das Zeitalter der Moderne, und wirkt auch nach dessen Ende weiter. Seit dem Ende des 20. Jahrhunderts können wir von einem postsäkularen Zeitalter sprechen.

Der *Säkularisierungsprozess* hat seine Wurzeln in der biblischen »Entzauberung der Welt«: in der Entmythologisierung der Natur in der Erzählung über die Erschaffung der Welt in der Genesis und in der Entsakralisierung der politischen Macht, der wir im Buch Exodus und in der prophetischen Kritik an den Mächtigen begegnen.[91] *Das Zeitalter der Säkularisierung* umfasst die Neuzeit – diese beginnt jedoch nicht mit der Aufklärung des 17. und 18. Jahrhunderts, nicht einmal mit der Renaissance; sie wird bereits durch die Trennung der Sphären von kirchlicher und staatlicher Macht nach der »päpstlichen Revolution« im Investiturstreit des Hochmittelalters vorbereitet. Danach folgen Jahrhunderte der Koexistenz, jedoch auch gegenseitiger Spannung und offener Konflikte zwischen der kirchlichen und der »laikalen« (säkularen) politischen Macht und Einflusssphäre. Sehr dramatisch waren diese Auseinandersetzungen vor allem in Frankreich von der Französischen Revolution bis zur Dreyfus-Affäre an der Wende vom 19. zum 20. Jahrhundert.

Den Beginn des *postsäkularen Zeitalters* hat Jürgen Habermas in seinem berühmten Vortrag auf der Frankfurter Buchmesse im Herbst 2001 angekündigt, kurz nach dem terroristischen Angriff auf die Wolkenkratzer in New York am 11. September. Er proklamierte, dass die lange dominierende Ideologie des Säkularismus, welche die Religion für ein schwächer werdendes und in die Vergangenheit entschwindendes Phänomen hält, nicht länger haltbar sei: Die Religionen würden wichtige Akteure sein, mit denen man im bevorstehenden Kapitel der Geschichte rechnen müsse.

***

Die klassischen Säkularisierungstheorien, die eine Schwächung der Religion oder ihren frühen Niedergang im Verlauf des Modernisierungsprozesses vorhersagen, wurden von der Ideologie des Säkularismus beeinflusst; im letzten Viertel des 20. Jahrhunderts haben sie ihre Überzeugungskraft vollständig eingebüßt. Die Bücher über die Säkularisierung wurden in den Regalen der Buchhandlungen ersetzt durch eine reichhaltige Literatur über die neue Blütezeit der Religion, über die »Entsäkularisierung« oder die Entprivatisierung der Religion; es erschienen Bücher mit Titeln wie *Rückkehr der Religion* oder *Gott ist zurück*.[92]

Kommt die Religion wirklich zurück? Dieser Meinung widerspreche ich, und das mindestens aus zwei Gründen. Erstens kommt die Religion nicht zurück, weil sie nie verschwunden war. Sie war nicht verschwunden, nicht weggegangen, sie war ständig da, nur verwandelte und verwandelt sie sich während ihrer gesamten Geschichte ununterbrochen. Sie hatte sich nur zeitweilig aus dem Raum der Aufmerksamkeit der Akademiker, der Medien und der Öffentlichkeit in der westlichen Welt verloren, und zwar unter dem Einfluss der selbsterfüllenden Vorhersage der Säkularisierungstheorien. Die Mehrheit dieser Theorien orientierte sich jedoch, wie schon gesagt wurde, nur an bestimmten Formen der Religion und übersah andere.

Zum anderen kommt die Religion auch deshalb nicht zurück, weil das, was jetzt in einem großen Teil unserer Welt den geistigen Raum ausfüllt, der nach der traditionellen Religion oder nach dem Ende der Ära einer harten Säkularisierung in den kommunistischen Ländern frei geworden ist, bei Weitem nicht dasselbe ist, was hier in der Vergangenheit, in der vormodernen Zeit, war. Die angebliche »Rückkehr der Religion« – in Wirklichkeit ein Erscheinen von neuen, transformierten Formen der Religion – bringt nämlich sowohl für die Anhänger der Theorie einer radikalen Säkularisierung, die keine Zukunft der Religion erwartet haben, als auch für die Repräsentanten von traditionellen Institutionen, die den geschichtlichen, sich wandelnden Charakter der Religion nicht zur Kenntnis nehmen, große Überraschungen.

Der »Traditionalismus« und Fundamentalismus, der auch eine der Gestalten der gegenwärtigen religiösen Szene ist, ist keine schlichte Fortsetzung der vormodernen Religion, auf die er sich beruft, sondern eine moderne Erscheinung, und in seinem Bemühen um eine Nachahmung und Fixierung einer bestimmten Gestalt der Religion aus der Vergangenheit ist er eher eine *antitraditionelle* Erscheinung: Er leugnet das Wesen der Tradition selbst, die eine schöpferische Bewegung der Rekontextualisierung von religiösen Inhalten und ihrer Adaptation an neue Kontexte darstellt.

Die vormoderne Form der Religion hatte – ähnlich wie alle anderen Formen der Religion – ihr soziokulturelles Kima, und das verschwindet allmählich auch dort, wo es lange überlebt hat (jetzt zum Beispiel in Polen). Der Übergang von einer überwiegend agrarischen zu einer industriellen und urbanen Zivilisation, der Übergang von der Gemeinschaft zur Gesellschaft[93] und die Dominanz des naturwissenschaftlichen und technischen Denkens in der Kultur haben eine Erschütterung der traditionellen Religiosität hervorgerufen. Diese Phänomene haben eine Transformation der christlichen Religion und vor allem ihrer Stellung in der Kultur notwendig gemacht.

In der »pianischen Ära« (von Pius IX. bis Pius XII., von der Mitte des 19. Jahrhunderts bis zur Mitte des 20. Jahrhunderts) vollzog die römische Kirche während des unglücklichen *antimodernistischen Kampfes* eine intellektuelle Selbstkastration, indem sie viele schöpferische Denker aus ihren eigenen Reihen zum Schweigen brachte. Dadurch verlor die Kirche in der Zeit der ihren Höhepunkt erreichenden Moderne die Fähigkeit, mit der damaligen Philosophie und mit der sich stürmisch entwickelnden Wissenschaft einen ehrlichen Dialog zu führen.

Die Traumata aus der jakobinischen Phase der Französischen Revolution und aus späteren Revolutionen (die manchmal eine Liquidierung der Klöster und Massenmorde an Klerikern mit sich brachten) trieben die römische Kirche in unglückliche politische Allianzen; die Angst lähmte ihre Fähigkeit zur kritischen Unterscheidung, und sie begann, Schützengräben und Wälle gegen den ganzen Komplex der modernen Kultur zu bauen. Der pianische Katholizismus nahm die Strategie einer Gegenkultur gegenüber der modernen Welt an, er richtete sich nach dem Grundsatz »Partei gegen Partei, Presse gegen Presse, Verbände gegen Verbände«. Ein »idealer Katholik« dieser Zeit sollte das ganze Leben – vom Taufbecken in der katholischen Kirche bis zum Grab auf dem katholischen Friedhof – in einem klerikalen Ghetto verbringen. Aufforderungen zu einer größeren Aktivität der Laien – zum Beispiel aus dem Mund Pius' XI., des Inspirators der Katholischen Aktion – wichen vom klerikalen Modell der Kirche nicht ab, weil sie immer mit dem Grundsatz verbunden waren, dass die gesamten Aktivitäten der Laien von der Hierarchie direktiv geleitet und kontrolliert werden müssten.

Der Retrokatholizismus des 19. Jahrhunderts bestand in einer unschöpferischen Nachahmung der Vergangenheit, wie es bei dem neogotischen oder dem neoromanischen Stil in der bildenden Kunst und bei der Neuscholastik in der Theologie und »christlichen Philosophie« der Fall war. Den Neuthomisten fehlte der Mut des hl. Thomas von Aquin, der mithilfe von Gedanken aus der Lehre des heidnischen Philosophen Aristoteles, die damals von den kirchlichen Autoritäten verboten worden war, die Theologie seiner Zeit radikal erneuert hatte. Mit ihrem Bestreben, ein festes System einer »wissenschaftlichen Theologie« zu errichten, kopierten die Neuthomisten de facto den unglücklichen Stil ihres damaligen Gegners, des Positivismus. Die Neuscholastiker leugneten die geschichtliche Dynamik des Glaubens und behinderten die Kreativität seiner philosophisch-theologischen Reflexion in einer ähnlichen Weise, wie die damaligen Positivisten und »wissenschaftlichen Materialisten« die wissenschaftliche Erkenntnis dogmatisch in ihr steriles philosophisches System einzwängen wollten. Beiden Seiten entging, dass der Glaube und die Wissenschaft den Charakter eines lebendigen Stromes haben und nur im Kontext ihrer geschichtlichen Entwicklung verstanden werden können, in deren Verlauf sich Paradigmen wandeln und es zu legitimen Deutungskonflikten kommt.

Das kirchliche Lehramt verurteilte damals überstürzt und unweise in einem »waghalsigen Vertrauen« auf die mechanisch verstandene Assistenz der Vorsehung viele wertvolle Einsichten und prophetische Anregungen – und musste dann umständlich und schwerfällig seine Haltung revidieren und manches mit einer gehörigen Verspätung nachholen.[94] Viele Repräsentanten des kirchlichen Lehramtes nahmen ihre Rolle als Wächter der Tradition und der Rechtgläubigkeit ernster als die ebenso wichtige Aufgabe, den Raum für die prohetische Offenheit und Sensibilität gegenüber den Zeichen der Zeit zu verteidigen. Wiederholt nahmen sie in Zeiten gesellschaftlicher und kultureller Veränderungen ängstlich eine Verteidigungsstellung ein und behinderten diejenigen, die versuchten, neue Zugänge zur Welt schöpferisch zu interpretieren und sie in die geistig-geistliche Welt des Christentums zu integrieren.

Das Bemühen der Kirche im 19. Jahrhundert und in der ersten Hälfte des 20. Jahrhunderts um die Bildung einer parallelen »Polis« gegen den Protestantismus, Liberalismus und Sozialismus führte zu einem Auszug des Katholizismus aus der Kultur und trug dadurch beträchtlich zur Säkularisierung der modernen Gesellschaften bei. Dieser Gestalt des Katholizismus muss man zugutehalten, dass sich die katholische Kirche rechtzeitig und deutlich gegen die totalitären Ideologien des Kommunismus und Nationalsozialismus stellte. Diesen Widerstand bestätigte das Martyrium vieler Katholiken an den Hinrichtungstätten und in den Konzentrationslagern der Nationalsozialisten in Deutschland und in den kommunistischen Arbeitslagern in vielen Ländern Europas und Asiens. Gegenüber der Versuchung des Faschismus war jedoch ein Großteil der katholischen Hierarchie in den romanischen und slawischen Ländern (in Spanien, Italien, Portugal, Kroatien und in der Slowakei) bei Weiten nicht so wachsam. Auch heute reizt viele Katholiken in den postkommunistischen Ländern das Bündnis mit dem Nationalismus und Rechtsextremismus. Auch wenn man wertschätzen muss, dass aus jener parallelen Welt des »integralen Katholizismus« nicht nur kräftezehrende und von vornherein verlorene Kulturkriege gegen die moderne Welt hervorgingen, sondern auch der erwähnte heldenhafte Widerstand gegen totalitäre Ideologien und Regime, kann man doch nicht übersehen, dass der Katholizismus der Spätmoderne in diesen Konflikten bis zu einem gewissen Grade selbst zu einem totalitären (in sich abgeschlossenen, intoleranten) System eigener Art wurde – und dass diese Mentalität in einem Teil der Katholiken bis heute überlebt.

Der Kirche ist es in der erwähnten »Pianischen Ära« nicht gelungen, den Mittelweg einer weisen Vorsicht zwischen zwei Gefahren zu finden, zwischen einer unkritischen Faszination durch neue Gedanken und einer ängstlichen, mutlosen Haltung des apriorischen Verdachts gegenüber allem Neuen. Sie hat oft den zweiten Weg gewählt und dafür mit einer sterilen Theologie bezahlt, die schuld daran war, dass sich die Marginalisierung der Kirche vertiefte, ihre Abschiebung aus dem Brennpunkt der Schaffung neuer Formen in Kultur und Gesellschaft in das traurige Tal der Nostalgie nach einer bereits untergangenen Welt. Eine gewisse Ausnahme bildete der Katholizismus in den Vereinigten Staaten von Amerika, der nicht von der Angst vor der Moderne gelähmt war (die angelsächsische Aufklärung hatte im Unterschied zur französischen keinen antireligiösen Affekt, und die angelsächsischen Revolutionen hatten keine jakobinische Phase), sondern lernte, in einem von der Demokratie, der bürgerlichen Gesellschaft und religiöser Pluralität geprägten Umfeld zu leben, und – nachdem er von Rom wegen der »Häresie des Amerikanismus« getadelt worden war – mit seinen Erfahrungen in erheblichem Maße die Reformen des Zweiten Vatikanischen Konzils inspirierte.[95]

***

Während des 20. Jahrhunderts wurden allmählich die Stimmen der christlichen Denker stärker, die sich dessen bewusst wurden, dass die aus der Aufklärung hervorgegangene Kultur der Moderne viele christliche Gene in sich trägt und dass eine Anerkennung der »Legitimität der Neuzeit«[96] nicht die Kapitulation des Christentums und den Verlust seiner Identität durch eine Auflösung in der Moderne bedeuten muss.

Die Sternstunde für die Bemühungen der Wegbereiter einer Erneuerung auf dem Gebiet der Theologie, der biblischen und der historischen Studien, der Liturgie und der pastoralen Praxis wurde dann das Zweite Vatikanische Konzil (1962–1965). Die Theologen, die sich bemühten, den Inhalt des Christentums in die Sprache und in das Denken der modernen Kultur zu übersetzen, und die bis zum Konzil von vornherein unter Verdacht gestanden hatten und häufig Schikanen und Repressionen seitens der kirchlichen Autoritäten ausgesetzt gewesen waren, bekamen nun Legitimität und Raum.

Das Konzil bekannte sich zu einer Haltung des offenen Dialogs, und zwar sowohl mit den anderen christlichen Kirchen als auch mit den anderen Religionen und mit dem säkularen Humanismus der globalen bürgerlichen Gesellschaft. Die Kirche besann sich wieder des einst abgelehnten Mutes der jesuitischen Missionare zur *Inkulturation* des christlichen Glaubens, zu seiner schöpferischen Inkarnation in die außereuropäischen Kulturen, anstatt nur mechanisch seine europäischen Formen zu exportieren; so öffnete sie den Weg zu einem wirklich globalen, jedoch gleichzeitig kulturell pluralistischen Christentum. Dazu trugen auch liturgische Reformen bei, vor allem die Einführung der Volkssprache in den Gottesdienst.

In der Zeit der kulturellen Kriege im 19. Jahrhundert war das Wirken der Kirche im Abendland allmählich aus der öffentlichen in die private Sphäre verdrängt worden. Nach dem Konzil schien es, als ob die ökumenische Offenheit und die Annahme des Prinzips der Religionsfreiheit und Toleranz der katholischen Kirche die Möglichkeit eröffnen würde, eine aktive Mitgestalterin einer pluralistischen globalen bürgerlichen

Gesellschaft zu werden. Viele Katholiken nahmen das Konzil als einen neuen Frühling der Kirche, als ein »neues Pfingsten« wahr.

Die neu errichteten Kirchen, Priesterseminare und Klöster füllten sich aber nicht, es folgte vielmehr ein dauerhafter Rückgang an Interessenten für geistliche Berufe. Tausende Priester berauschte die Frühlingsluft der Freiheit bald nach dem Konzil so sehr, dass sie ihren Beruf und manchmal auch die Kirche verließen; dieser Trend dauert bis heute an. Bis heute wird darüber diskutiert, ob an dieser Krise die Reformen des Konzils oder im Gegenteil die Versuche, diese Reformen zu bremsen, die Schuld tragen; ob die Kirche bei der Umsetzung der Reformgedanken des Konzils in ihre pastorale Praxis zu überstürzt oder aber zu langsam und inkonsequent war.

In Reaktion auf die Reformen des Konzils bildete sich in der katholischen Kirche eine kleine Gruppe von radikalen Gegnern unter Führung von Erzbischof Marcel Lefebvre, deren Opposition im Jahre 1988 mit einem formellen Schisma ihren Höhepunkt erreichte. Aber auch in jener überwältigenden Mehrheit der Katholiken, welche die Reformen des Konzils annahm, differenzierten sich allmählich zwei Strömungen heraus. Der amerikanische Jesuitentheologe (und spätere Kardinal) Avery Dulles (und dann vor allem Papst Benedikt XVI.) gab beiden Strömungen und ihrer jeweiligen Weise, das Konzil zu deuten, ihren Namen: Er unterschied zwischen der Hermeneutik der Kontinuität und der Hermeneutik der Diskontinuität. Die erste Strömung berief sich auf den *Wortlaut* der Konzilsdokumente und betonte, dass das Konzil in keiner Weise vom Kontext der bisherigen Tradition abgewichen sei; die zweite bemühte sich, im *Geiste* des Konzils das Neue weiterzuentwickeln, das das Konzil in der Kirchengeschichte bedeutete.

Die katholische Kirche versprach im einleitenden Satz der Konstitution *Gaudium et spes* der gegenwärtigen Menschheit

Solidarität in ihren Freuden und Hoffnungen, Ängsten und Schmerzen. Dieser Satz klingt wie das Eheversprechen, den anderen zu lieben, ihn zu ehren und ihm die Treue zu halten. Es scheint jedoch nicht so, dass der »moderne Mensch« dieses Angebot mit großer Begeisterung angenommen hätte; vielleicht hatte er den Eindruck gewonnen, dass die sich nun anbietende Braut ziemlich in die Jahre gekommen und nicht mehr allzu attraktiv sei.

Sicher war es sehr verdienstvoll, dass die Kirche aufhörte, sich vor der Moderne zu fürchten und sie zu dämonisieren. Jedoch lässt sich die kritische Frage nicht vermeiden, ob sich die Kirche mit der modernen Kultur nicht paradoxerweise gerade in dem Moment versöhnt habe, als die Moderne zu Ende gegangen sei. Die Moderne, die bereits seit der Aufklärung in der westlichen Zivilisation politisch und kulturell die Oberhand gewann, stand zwar in den 60-er Jahren des 20. Jahrhunderts im Zenit ihrer Macht; nichtsdestoweniger näherte sich aber schon das »Ende der Neuzeit«. Das Konzil hat die Kirche für den Dialog mit der Moderne bereit gemacht. Hat es sie aber auch hinreichend ausgestattet für die Begegnung und Konfrontation mit der Postmoderne, die bereits vor der Tür stand?

***

Die kulturelle Revolution des Jahres 1968 war offensichtlich sowohl der Gipfel als auch das letzte Wort des modernen Zeitalters. Der globale Aufstand der Jugend an europäischen, amerikanischen, aber auch japanischen Universitäten gegen die väterliche Autorität und das disziplinierende »Über-Ich« der herrschenden gesellschaftlichen Ordnung wurde zwar politisch unterdrückt, siegte aber kulturell. In die vorherrschende Mentalität der westlichen Gesellschaft legte er bestimmte Werte hinein, die wir in den Parolen zusammenfassen könnten, die vor allem von der humanistischen Psychologie popularisiert wurden, nämlich »Selbstverwirklichung« und »Selbstaktualisierung«. Seit dieser Zeit brachte die Moderne aber wahrscheinlich nichts wirklich Neues. Das Jahr 1969 – das Jahr, in dem der Mensch den Mond betrat und der Mikroprozessor erfunden wurde – können wir als den symbolischen Anfang der Postmoderne, des globalen »Internetzeitalters«, bezeichnen.

In Reaktion auf die kulturelle Revolution des Jahres 1968, vor allem auf eines ihrer Elemente, die sexuelle Revolution, wurde in der katholischen Kirche das Bemühen stärker, die Reformen zu bremsen. Die Enzyklika *Humanae vitae* Pauls VI. aus demselben Jahr lehnte die künstlichen Verhütungsmethoden strikt ab, und so wurde sie von vielen als das erste Signal eines »Kurswechsels« wahrgenommen. Das Bemühen um ihre rigorose Anwendung in der pastoralen Praxis führte dazu, dass in manchen Ländern das Sakrament der Versöhnung praktisch ausstarb: Viele katholische Laien fühlten sich zu erwachsen, als dass sie den zölibatär lebenden Beichtvätern Details ihres ehelichen Sexuallebens zur Kontrolle und strengen Beurteilung vorgelegt hätten. Die Kluft zwischen der Lehre und der Predigt der Kirche einerseits und der Denkweise und der Lebenspraxis einer nicht unbedeutenden Zahl von Katholiken andererseits begann sich bedenklich zu vergrößern.

In derselben Zeit zerfiel aus mehreren äußeren und inneren Gründen in vielen westeuropäischen Ländern (zum Beispiel in Deutschland) die Gestalt des Katholizismus als eines relativ einheitlichen kulturellen Milieus.[97] Der Prozess der Individualisierung des Glaubens nahm an Tempo und Intensität zu. Der Wandel in der Werteorientierung der westlichen Kultur trug zur Spaltung unter den Christen bei: Der größere Teil von ihnen ließ sich stark von der Mentalität der 60-er Jahre beeinflussen und lockerte seine Bindung an die Kirche, ihre Lehre und Praxis, ein anderer Teil lehnte diese Mentalität ab und begann das kirchliche Milieu als einen Schutzraum gegen die Einflüsse der umgebenden Welt zu begreifen. Die beiden genannten Strömungen in der Kirche waren nicht in der Lage, einen Dialog miteinander zu führen. In den Ländern unter kommunistischer Herrschaft erhielt der äußere Druck einen Schein von Einheit aufrecht (abgesehen von der Spannung zwischen den Repräsentanten der mit dem Regime kollaborierenden Kirche und den Christen in der politischen Opposition), und die Unterschiede in der religiösen Mentalität kamen erst nach dem Fall des sowjetischen Imperiums zum Vorschein.

Kardinal Ratzinger, der spätere Papst Benedikt XVI., schreibt in einem Gespräch der Entwicklung in der Kirche nach dem Konzil eine Mitverantwortung für die liberale kulturelle Revolution am Ende der 60-er Jahre zu: Die Kirche hat damals angeblich aufgehört, die Rolle des stabilen Pfeilers einer festen gesellschaftlichen Ordnung zu spielen.[98] Hätte sie aber eine solche Rolle spielen können und sollen? Hatte sie damals noch die Macht und den Einfluss, den fortschreitenden kulturellen Trend zu stoppen? Hätte sie ihn dadurch stoppen können, dass sie auf unveränderlichen Prinzipen beharrt hätte, oder hätte sie sich damit dazu verurteilt, die Rolle einer marginalen, obskuren Sekte am Rande der Gesellschaft zu spielen – eine Rolle, in die der schismatische Flügel der Nachfolger des exkommunizierten Erzbischofs Lefebvre hineingeriet?

Unter dem Pontifikat Pauls VI., Johannes Pauls II. und Benedikts XVI. wurden zwar in den päpstlichen Dokumenten (besonders in den Sozialenzykliken) und durch bedeutende Initiativen auf dem Gebiet des ökumenischen und interreligiösen Dialogs manche Anregungen des Konzils entfaltet, es wurde jedoch nicht die notwendige Reform der kirchlichen Strukturen durchgeführt. Außerdem konzentrierte sich die offizielle Morallehre der Kirche wieder zu sehr auf manche

Fragen der Sexualethik – auf eine Art, die erst Papst Franziskus zutreffend und mutig als eine »neurotische Obsession« bezeichnet hat. Die Wahrnehmung der Sexualität veränderte sich bei einer Mehrheit in der westlichen Gesellschaft, und die Argumentation der Kirche, die sich auf die ahistorische Vorstellung einer unveränderlichen menschlichen Natur stützte und zum Beispiel die Erkenntnisse der medizinischen Wissenschaften zur homosexuellen Orientierung ignorierte, konnte sie nicht überzeugen.

Der Einfluss der Kirche auf die sie umgebende Gesellschaft hängt heute jedoch nur noch von der Überzeugungskraft ihrer Argumente ab; bereits seit der Aufklärung kann sich die Kirche nicht mehr auf eine andere Macht stützen. Für einen vernünftigen Dialog der Theologie mit der säkularen liberalen Mentalität (also jenen »dritten Weg« zwischen einer pauschalen Ablehnung und einer unkritischen Annahme) wurde jedoch keine gemeinsame, von beiden Seiten akzeptierte philosophische Basis gefunden. Die säkulare Öffentlichkeit begann die Kirche als eine zornige Gesellschaft wahrzunehmen, die sich obsessiv mit einigen Themen beschäftigt (Abtreibungen, Kondome, gleichgeschlechtliche Verbindungen), bei denen sie, für sie nicht nachvollziehbar, ihr Anathema wiederholt; die Menschen wussten, *wogegen* die Katholiken sind, aber sie hörten auf, das zu verstehen, *wofür* sie sind und wodurch sie der gegenwärtigen Welt dienen können. Die Hartnäckigkeit, mit der gewisse kirchliche Kreise an einer Anthropologie festhalten, die sich auf die aristotelisch-thomistische ahistorische Vorstellung von der menschlichen Natur gründet, und die Tatsache, dass sie sich weigern, die Erkenntnisse der Natur- und Sozialwissenschaften ernst zu nehmen, erinnert an das einstige törichte Festhalten am geozentrischen Modell des Weltalls. Immer mehr zeigt sich die Notwendigkeit, die theologische Anthropologie neu zu fassen: beispielsweise indem man die Sexualethik nicht auf der Basis einer statisch aufgefassten »menschlichen Natur«, sondern auf der Basis einer dynamisch verstandenen Ethik der zwischenmenschlichen Beziehungen konzipiert und in dieser Zeit einer Kommerzialisierung der Sexualität eine Erotik der Zärtlichkeit und des gegenseitigen Respekts anregt.

Der gut gemeinte Aufruf zu einer »neuen Evangelisierung«, der in der katholischen Kirche kurz vor der Schwelle des neuen Millenniums erklang, fand nicht das erwartete Echo – wahrscheinlich auch deshalb, weil sie nicht hinreichend »neu« und radikal war. Das Bemühen mancher »neuer Bewegungen« (*movimenti*) in der Kirche, sich auf die emotionale Seite der Religion zu konzentrieren und den Enthusiasmus der Evangelikalen und die Spiritualität der pietistischen Gruppen nachzuahmen, waren offensichtlich nicht das, was das müde gewordene westliche Christentum aus dem Mittagsschlaf wecken konnte. Zum Reformgeist des Konzils ist nach mehr als einem halben Jahrhundert Papst Franziskus zurückgekehrt; seine Bemühungen um strukturelle Reformen und um eine Verlebendigung der kirchlichen Lehre stießen aber bald auf den Widerstand des konservativen Flügels, einschließlich eines Teils der Kurie und des Kardinalskollegiums. Als Papst Franziskus zu einem weisen und gleichzeitig barmherzigen pastoralen Umgang mit Menschen in »irregulären Situationen« aufrief, der individuelle Unterschiede respektiert und die Verantwortung des eigenen Gewissens fördert, stieß er bei einem erheblichen Teil des Klerus auf eine mangelnde Bereitschaft, auf die Rolle von Richtern zu verzichten, die den Wortlaut des kanonischen Rechtes mechanisch durchsetzen.

***

Der Appell des Konzils, auf die Zeichen der Zeit durch eine aktive Teilnahme am politischen Leben zu antworten, blieb nicht ungehört. Katholiken in vielen Teilen der Welt, von

Latein- und Mittelamerika über manche afrikanischen Länder bis zur Opposition in Europa – sowohl der Opposition gegen die rechten autoritären Regime (zum Beispiel in Spanien und in Portugal) als auch gegen die kommunistischen Diktaturen – engagierten sich im Kampf für Menschenrechte, soziale Gerechtigkeit, Demokratie und bürgerliche Freiheiten und trugen oft in erheblichem Maße zu einem gewaltlosen Übergang von autoritären Regimen zur Demokratie bei. Einige Katholiken erlebten danach jedoch eine unangenehme Überraschung, eine Enttäuschung und manchmal auch einen Kulturschock dadurch, dass die Kirchen nach dem Fall der Diktaturen und nach dem Sieg der Demokratie in ihrer neuen oder wiederhergestellten pluralistischen Umwelt allmählich an Gewicht verloren und aufseiten des säkularen Liberalismus immer mehr auf Misstrauen und Ablehnung stießen. Ihre Erwartung, dass nach dem Fall des Kommunismus das Christentum den leer gewordenen Raum füllen werde (wie es bis zu einem gewissen Grade beispielsweise in Deutschland nach dem Fall des Nationalsozialismus geschehen war), erfüllte sich nicht. Man sagt, dass Papst Johannes Paul II. seine größte Enttäuschung erlebt habe, als er feststellen musste, dass viele Polen nach dem Fall des atheistischen Regimes statt der Kirchen die Supermärkte ansteuerten.

Es scheint so, dass die Kirche, die in der Zeit der *harten Säkularisierung* unter den atheistischen Regimen im Großen und Ganzen standgehalten hatte, umso mehr von der folgenden *weichen Säkularisierung* in der Zeit der wiederhergestellten Demokratie überrascht war. Manche ersetzten – als könnten sie ohne einen Feind nicht leben – nach dem Fall des Kommunismus diesen Feind durch den »dekadenten Westen«. In den Predigten in den postkommunistischen Ländern wurde immer häufiger über den »Tsunami des Säkularismus, Liberalismus und Konsumismus« lamentiert und damit uneingestandenerweise die antiwestliche Rhetorik der kommunistischen Ideologen kopiert. Diese kirchlichen Kreise ergriff ein Taumel der Angst vor der Freiheit, eine Agoraphobie – eine Angst vor einem freien Raum, wortwörtlich: eine Angst vor dem Markt.

***

Das halbe Jahrhundert nach dem Konzil war in der katholischen Kirche ausgefüllt durch Konflikte zwischen Konservativen und Progressiven. Auch diese kräftezehrenden Konflikte haben die katholische Kirche heute an den Rand eines Schismas geführt. Schon lange kann ich mich des Eindrucks nicht erwehren, dass beiden Konfliktparteien, vor allem den Radikalen in ihnen, das prophetische Verständnis für die Zeichen der Zeit fehlt. Die Bemühungen der Traditionalisten, notwendige Reformschritte des Konzils abzulehnen und in die vormoderne Welt zurückzukehren, haben der Kirche viel Schaden zugefügt, und sie enden – um einen Klassiker zu zitieren – eher in einer Posse als in einer Tragödie. Aber auch viele Versuche der Progressiven haben die Gültigkeit des Bonmots bestätigt, dass, wer den Zeitgeist heiratet, früh Witwer wird.

Wer das vom Konzil geforderte *aggiornamento*, die notwendige Revision der Brauchbarkeit dessen, was die Kirche als den ihr anvertrauten Schatz hütet, nur im Sinne einer Konformität gegenüber der säkularen Gesellschaft und als einen unbedachten Ausverkauf der Tradition aufgefasst hat, ist in den zu engen Grenzen der Moderne mental steckengeblieben. Deshalb bieten manche Einwände der gebildeten konservativen Christen an die Adresse einer oberflächlichen Fortschrittsgläubigkeit in Kirche und Theologie eine nützliche Rückbindung, und es lohnt sich, ihnen aufmerksam zuzuhören. Das schicksalhafte Defizit der Konservativen ist jedoch die Tatsache, dass sie nicht in der Lage sind, eine realistische Alternative zu bieten.

Der Unterschied zwischen den Anhängern der Hermeneutik der Kontinuität und der Hermeneutik der Diskontinuität bei der Deutung der Botschaft des Konzils spiegelt die allgemeineren Unterschiede zwischen den Stabilisatoren und den Reformatoren in der Kirchengeschichte wider. Die Kirche braucht beide, in bestimmten Situationen mehr die einen, in anderen Situationen wiederum die anderen. Vielleicht war es natürlich, dass in den turbulenten Jahren nach dem Konzil wieder mehr diejenigen zu Wort kamen, welche die Radikalität der Veränderungen dämpfen wollten. Ich bin jedoch davon überzeugt, dass jetzt der *kairos* für eine grundsätzliche Reform anbricht und dass es wirklich kein Zufall ist, dass auf den Stuhl des Bischofs von Rom ein Mann berufen wurde, der die Dynamik des lateinamerikanischen Kontinents repräsentiert. Ich halte es für eine dringliche Aufgabe des *Lehramts der Theologen*, seine Reformimpulse sorgfältig zu Ende zu denken.

Papst Franziskus sieht eine gewisse Lösung in der Lockerung des kirchlichen Zentralismus und in der Stärkung des synodalen Prinzips, in einer größeren Selbstständigkeit und Eigenverantwortung der Ortskirchen. Ein weiteres Problem besteht jedoch in den Spannungen innerhalb der Ortskirchen. Sind die Vorgesetzten, vor allem die Bischöfe, bereit, auf die monarchische Auffassung ihrer Rolle zu verzichten und Mediatoren eines Dialogs innerhalb der Kirche zu werden? Sind sie ausreichend darauf vorbereitet, einen Raum zu schaffen und zu verteidigen, in dem die einzelnen Gläubigen, Männer und Frauen, ihre Charismen einbringen können? Sind sie darauf vorbereitet, anzuerkennen, dass die Frauen über die Eignung dazu verfügen, gleichberechtigte Mitverantwortung für die Gemeinden der Gläubigen zu tragen?

Ich betone immer, dass die Kirchenreform tiefer gehen muss als nur bis zu Veränderungen in den institutionellen

Strukturen, dass sie aus den tieferen Quellen einer theologischen und spirituellen Erneuerung hervorgehen muss.

Der Nachmittag des Christentums, der Ausgang aus der sich hinziehenden Mittagskrise, wird offenkundig nicht von einem feierlichen Blasen der Engel aus der Apokalypse begleitet, er kommt eher »wie ein Dieb in der Nacht«.[99] Viele rufen schon lange siegesgewiss »Gott ist zurück« – aber auch hier gilt die Warnung Jesu: Traut ihnen nicht, lauft ihnen nicht hinterher.[100]

Der Nachmittag des Christentums kommt wahrscheinlich so, wie Jesus nach dem Ostermorgen kam: Wir erkennen ihn an den Wunden an seinen Händen, in seiner Seite und an seinen Füßen. Es werden jedoch *verwandelte Wunden* sein.

8. Die Erben der modernen Religion

Die Säkularisierung hat die Religion nicht beseitigt, sondern sie transformiert. Es hat sich gezeigt, dass die Religion ein viel dynamischeres, lebendigeres, stärkeres und vor allem viel umfangreicheres, komplizierteres und vielfältigeres Phänomen ist, als es den letzten beiden Jahrhunderten erschien. Die Religion ist nicht abgestorben, sondern wird in neue Formen gegossen – heute nicht mehr nur in die private Sphäre, sondern wieder in den öffentlichen Raum. Der Glaube ist über die alten institutionellen Ufer getreten. Die Kirchen haben das Monopol auf die Religion eingebüßt. Während der Aufklärung verloren sie die Kontrolle über die weltliche Sphäre – und jetzt auch über das religiöse Leben. Der größte Konkurrent der Kirchen ist heute nicht der säkulare Humanismus und Atheismus, sondern die sich der Kirche entziehende Religiosität.

Die säkulare Kultur der Neuzeit hat die Gestalt der Religion als einer Weltanschauung hervorgebracht, und diese Gestalt ertrinkt nun in der postmodernen radikalen Pluralität. Die Krise der traditionellen religiösen Institutionen setzt sich fort, aber auch der alte dogmatische Atheismus wird schwächer. In der heutigen Welt sollte man auf drei auffallende Phänomene das Augenmerk richten: erstens auf die Verwandlung der Religion in eine politische identitäre Ideologie, zweitens auf die Verwandlung der Religion in Spiritualität und drittens auf die wachsende Zahl derjenigen, die sich weder zu einer »organisierten Religion« noch zum Atheismus bekennen.

Infolge der Säkularisierung wurden viele Erscheinungen, die durch die traditionelle Gestalt der Religion zusammengehalten wurden – die Lehre, die Moral, die Rituale, die persönliche Frömmigkeit u. Ä. –, selbstständig und leben ihr eigenes

Leben.[101] In der pluralistischen postmodernen Gesellschaft werden diese emanzipierten Elemente der Religion zu einer öffentlich zugänglichen Quelle, an der sich sowohl die Einzelnen als auch Gruppen von Menschen frei bedienen und sich ihre eigenen Collagen zusammenstellen.

Religiöse Symbole, die aus dem ursprünglichen Kontext herausgerissen wurden, erscheinen in der gegenwärtigen Kunst einschließlich der Popkultur[102] und der Mode. Manchmal wird der ursprüngliche Kontext dieser Symbole vergessen und ignoriert, ein anderes Mal erhöht die beabsichtigte provokative Spannung gegenüber dem ursprünglichen Kontext vielmehr ihren Reiz und ihre Attraktivität. Die Autoren solcher Werke rechnen oft von vornherein damit, dass die kirchlichen Autoritäten, welche die traditionswidrige und provokative Nutzung der religiösen Symbole nur als Blasphemie wahrnehmen, öffentlich gegen sie protestieren und ihnen dadurch eine unbezahlte Werbung und kommerziellen Erfolg verschaffen werden. Manchmal hat jedoch die traditionswidrige, provokative und scheinbar blasphemische Nutzung der religiösen Motive eine paradoxe Wirkung: Sie provoziert zum Nachdenken, zum Suchen und zu einer neuen Entdeckung des ursprünglichen Kontextes.[103]

***

Die politisch-ideologische und die »rein spirituelle« Gestalt der Religiosität können wir für Erben der beiden extremen Pole des früheren Typus der Religion halten, nämlich der öffentlichen und der privaten Gestalt. In der Zeit der Moderne, als sich die christliche Religion konfessionalisierte, verlor sie dadurch ihren Einfluss auf das Ganze der modernen Gesellschaft, sie zog aus dem öffentlichen Raum in immer engere Sphären um – in den Raum der Kirche, der Familie und danach in den Raum der persönlichen, privaten Überzeugung, sie wurde »privatisiert«. Auch der Katholizismus als eine Gegenkultur gegen den Protestantismus, Liberalismus, Sozialismus und schließlich gegen die ganze moderne Welt, von dem schon in den vorhergehenden Kapiteln die Rede war, hatte eher einen defensiven als einen offensiven Charakter.

Ungefähr im letzten Viertel des 20. Jahrhunderts wandelt sich jedoch die Situation: Die Religionen starten einen Gegenangriff, sie versuchen, die Krisen und Schwächen der liberalen Gesellschaft zu nutzen und bedeutende politische Player zu werden. Die Religionen bemühen sich also wieder um die Rolle der *religio*, der integrierenden Kraft. Sie wollen eine bestimmte Gruppe (z. B. eine bestimmte Ethnie) integrieren, die Verteidiger ihrer Identität sein – nun geht es aber um eine *Verteidigung durch Angriff*. Diese Formen der Religion werden intolerant. Mancherorts bleiben sie nur bei einer militanten Rhetorik stehen (wie es beim heutigen christlichen Fundamentalismus meistens der Fall ist), andernorts – wie im Fall des radikalen politischen Islamismus – zögern sie auch nicht, zu physischer Gewalt, Kriegen und Terrorangriffen anzustiften und diese zu rechtfertigen.

Einer der ersten Autoren, die auf diesen globalen Trend aufmerksam gemacht haben, war der französische Soziologe Gilles Kepel mit seinem Buch *Die Rache Gottes*.[104] Kepel hat gezeigt, dass der radikale Islamismus, den die Weltöffentlichkeit seit der Revolution Chomeinis im Iran wahrzunehmen begann, seine Analogien in der Politisierung der anderen monotheistischen Religionen hat. Das Buch Kepels wurde schnell zum Bestseller, und nach ihm folgte dann eine Unzahl von Studien zum Thema der weltweiten Repolitisierung der Religion, vor allem seit dem Terrorangriff auf New York im Jahr 2001.

Ein Beispiel für die politische Ausnutzung und den politischen Missbrauch der Symbole und der Rhetorik des Christentums ist die amerikanische *Religious Right* (»religiöse Rechte«), die dazu beigetragen hat, in den USA den amoralischen Populisten Donald Trump an die Spitze zu tragen. In Europa sind es besonders die sogenannten Verteidiger der christlichen Werte des Westens unter den rechtsextremen politischen Demagogen und nationalistischen Populisten in Frankreich und Italien, aber auch in Ungarn, in Polen, in der Slowakei, in Slowenien und in der Tschechischen Republik. Eine beliebte Zielscheibe für ihre Angriffe sind die Europäische Union und die Migranten aus den islamischen Ländern. Diese nationalistischen Trends werden von der in großindustriellem Maßstab betriebenen gegenwärtigen russischen Propaganda systematisch geschürt, und zwar mittels Fake News und Desinformation betreibender sozialer Netzwerke. Der hybride Krieg des Putin-Regimes gegen den Westen zielt speziell auf die christlichen Konservativen; diese bemühen sich, Präsident Putin als den »neuen heiligen Konstantin« zu schildern, der die christliche Welt in die Kreuzzüge gegen den verdorbenen Westen führen wird. Sie missbrauchen dabei die Tatsache, dass in der DNA des konservativen Christentums eine gefährliche Affinität zu autoritären Regimen liegt.

Ich bin überzeugt, dass die liberale Demokratie eine bisher nicht überbotene Form der politischen Kultur darstellt und dass sie auch den Christen ein viel besser geeignetes Umfeld bietet als jeglicher »katholische Staat«. Nichtdestoweniger sehe ich auch die Schwächen des gegenwärtigen Liberalismus und vermute, dass die christliche Soziallehre, vor allem in der Gestalt der Sozialenzykliken von Papst Franziskus, die künftige politische Kultur inspirieren kann und den einseitigen Neoliberalismus auszugleichen vermag.

Der heutige Populismus vor allem in den postkommunistischen Ländern stellt der liberalen Demokratie das Ideal einer »illiberalen (oder gesteuerten) Demokratie« gegenüber – was ein Deckname für den autoritären Staat ist. Dort, wo diese populistischen Kräfte die Macht erlangen, beginnen sie die liberale Demokratie westlichen Typs zu liquidieren – indem sie die Freiheit der Medien, der Universitäten, der Non-Profit-Organisationen und der Gerichte, vor allem des Verfassungsgerichts, angreifen.

Bezeichnenderweise gehören zu den lautesten Propagandisten der »Wiederkehr des christlichen Europas« häufig Menschen, die mit ihrer ganzen Mentalität und ihrem Lebensstil vom Evangelium meilenweit entfernt sind und deren »Christentum« nur in der Feindseligkeit gegenüber Migranten, Muslimen und sexuellen Minderheiten besteht. Mit den Populisten und Nationalisten kollaborieren manchmal auch Repräsentanten der Kirchen und versuchen, die warnende prophetische Stimme von Papst Franziskus zu übertönen, zum Schweigen zu bringen und zu diskreditieren. Es stellt sich die Frage, ob es in den erwähnten Fällen um die Politisierung der Religion oder eher um die Sakralisierung der Politik geht, um die Herausbildung einer falschen Aura rund um die zutiefst unheiligen und gottlosen Machtinteressen bestimmter Gruppen. Auf das Thema »Politik und Religion« komme ich vor allem deshalb noch einmal zurück, weil ich diese Art der Verbindung der beiden Bereiche für ein außerordentlich gefährliches Phänomen halte. Unter dem Einfluss der Ideologie des Säkularismus hat die Weltöffentlichkeit die Kraft der Religion lange unterschätzt, sie nicht zur Kenntnis genommen und nicht verstanden. Die Religion ist eine Kraft, die therapeutisch, aber auch destruktiv angewendet werden kann: Unter bestimmten Umständen kann sie internationale politische Konflikte in einen zerstörerischen Kampf der Kulturen verwandeln. Deshalb sollte man nach Möglichkeiten suchen, wie sich der moralische Einfluss der Religion in den *tikkun olam*, die »Heilung der Welt«, einbinden lässt. Kann dazu jene zweite Erbin der modernen Religion, die Spiritualität, beitragen? Wenn die Weltreligionen ihre spirituelle Dimension entwickeln, kann das in hohem Maße zum interreligiösen Dialog beitragen, der zu den dringendsten Aufgaben unserer Zeit gehört. Gerade auf diesem Gebiet sind sich die großen Religionen offenbar am nächsten.

Die heutigen Versuche, die Religion in das öffentliche, vor allem in das politische Leben zurückzubringen, sind eine Reaktion auf den modernen Trend zur Privatisierung und Individualisierung des Glaubens; die postmoderne Wendung zur Spiritualität ist dagegen ein Ausdruck und eine Frucht des erwähnten Trends zur *Personalisierung* der Religion. Den Perspektiven und Gefährdungen der Spiritualität in unserer Zeit widme ich ein eigenes Kapitel.

***

Einen wichtiger Schlüssel zum Verständnis der großen Unterschiede in der religiösen Szene bietet das Werk des Harvard-Psychologen Gordon Allport. In der Mitte des 20. Jahrhunderts fand in den Vereinigten Staaten eine umfangreiche empirische Untersuchung statt, welche die Hypothese prüfen sollte, dass religiöse Menschen ähnlich wie die Anhänger der totalitären Ideologien des Faschismus und des Kommunismus zum Autoritarismus und einer rigiden Weltanschauung neigen. Das Ergebnis war alles andere als eindeutig: Bei manchen religiösen Menschen war das so, während bei anderen starke Tendenzen zum Altruismus, zur Toleranz und zur Kreativität festgestellt wurden. Gordon Allport unterschied aufgrund dieser Erkenntnisse zwei Typen von Religiosität: die äußerliche (»extrinsische«) und die verinnerlichte (»intrinsische«) Religiosität.[105]

Menschen mit einer äußerlichen (»extrinsischen«) Frömmigkeit, für welche die Religion ein *Instrument* ist, um ein anderes Ziel zu erreichen (zum Beispiel gesellschaftliche Anerkennung oder die Bestätigung einer Gruppenidentität bzw. der Zugehörigkeit zu einer bestimmten Gruppe), sind oft wirklich rigide und autoritär. Menschen mit einer verinnerlichten (»intrinsischen«) Frömmigkeit, für die der Glaube an sich einen Sinn hat, sind eher offen, tolerant, flexibel, sozial sensitiv, opferbereit und solidarisch. Die äußerliche Religiosität charakterisiert Allport als unreif. Er nennt viele Hinweise auf den reifen Charakter des verinnerlichten Glaubens: seinen inneren Reichtum und seine Vielfalt, seine Dynamik sowie seine Fähigkeit, eine komplexe Philosophie des Lebens zu entwickeln, Zweifel auszuhalten, sich mit dem Bösen und mit den gegenwärtigen kulturellen und wissenschaftlichen Erkenntnissen auseinanderzusetzen und die Quelle praktischen Handelns zu sein. Während die äußerliche Frömmigkeit die Kirche vor allem für ihre sozial-kulturelle Funktion schätzt und an ihrem Leben nur am Rande teilnimmt, zum Beispiel an den großen Feiertagen, ist die Kirche für die verinnerlichte Frömmigkeit vor allem eine Gemeinschaft, in deren Leben sie sich aktiv einfügt und deren Gottesdienste sie regelmäßig besucht.

Später fügte der amerikanische Psychologe Daniel Batson zu dieser Typologie noch eine weitere Art von Religion hinzu – den Glauben als einen *quest*, als eine Abenteuerreise, als eine ununterbrochene Suche, einen Weg in die Tiefe.[106]

Was kann man im Licht unserer zeitgenössischen Erfahrungen zu solchen Theorien sagen? »Extrinsischen« Religionen begegnen wir auf Schritt und Tritt. Ein Beispiel dafür ist sowohl die politische Instrumentalisierung der religiösen Sprache und der religiösen Symbole (von den islamistischen Radikalen bis zu den rechten »Verteidigern der christlichen Werte«) als auch die kommerzialisierte Spiritualität, eine Mischung von Religion und Psychotherapie in den geistlichen Wellness-Zentren.

Die reife »intrinsische« Religiosität fand Allport vor allem bei den treuen aktiven Mitgliedern der religiösen Kommunitäten, Pfarreien und Kirchengemeinden. Diese institutionelle Form des Christentums macht heute jedoch, wie wir an vielen Stellen dieses Buches zeigen, Erschütterungen und Krisen durch, die wahrscheinlich nicht einmal mit dem Ende der Mittagskrise des Christentums nachlassen werden. Die Pfarreien, die Kirchengemeinden und die verschiedensten Institutionen, die während der Geschichte entstanden sind, werden sicher nicht verschwinden. Ihre Stellung in der Gesellschaft hat sich jedoch schon verändert und wird sich weiter verändern. Das Christentum sucht sich in der postmodernen und postsäkularen Gesellschaft ein neues Zuhause, neue Ausdrucksformen.

Die Vitalität der Kirchen – und die Vitalität der »intrinsischen« Religiosität – hängt offenbar davon ab, inwieweit sie mit jener dritten Form der Religiosität kommunizieren kann, mit jenem von Batson beschriebenen Glauben als einem Weg, der an sich über keine festen institutionellen Formen verfügt. Neben dem Dialog zwischen der Kirche und der säkularen Welt, der vom Zweiten Vatikanischen Konzil gefordert wurde, entsteht das Bedürfnis nach einem *Dialog zwischen verschiedenen psychologischen Typen des Glaubens innerhalb des Christentums*: zwischen dem Glauben als einem Weg und dem Glauben als einer Sicherheit, zwischen der Kirche als einer Pilgergemeinschaft und der Kirche als einem Zuhause, zwischen der Kirche als einer Gemeinschaft des Erinnerns und Erzählens und der Kirche als einem Feldlazarett. Wird die Kirche der Zukunft fähig sein, für diese verschiedenen Aspekte und Formen der Religiosität ein gemeinsames Zuhause zu sein?

Viele institutionelle Formen des Christentums machen eine Krise durch, und auch der Glaube sucht sich deshalb neue Formen. Das bedeutet nicht, dass es möglich wäre, jegliche institutionelle Form des Glaubens nur für ein Relikt der

Vergangenheit zu halten. Die Unterschätzung der Bedeutung von Institutionen ist eine typische Schwäche der liberalen Theologie, die sicher auch durch die Tatsache beeinflusst ist, dass in den heutigen religiösen Institutionen die christlichen Konservativen und Traditionalisten weitgehend die Oberhand gewonnen haben.[107]

***

Widmen wir uns jetzt dem dritten beachtenswerten Phänomen in der postsäkularen Szene: der ständig wachsenden Anzahl von Menschen, die auf die Frage, zu welcher Religion sie sich bekennen, antworten: »zu keiner«. Die Soziologen gaben dieser wachsenden Zahl von Menschen die zusammenfassende Bezeichnung *nones*.

Nones stellen heute auf unserem Planeten die drittgrößte Gruppe nach den Christen und den Muslimen dar. Es geht um eine ungeheuer bunte Skala an weltanschaulichen und existenziellen Orientierungen (*belief* und *faith*). Einen externen Beobachter kann überraschen, dass die entschiedenen Atheisten unter den *nones* nur einen kleinen Anteil ausmachen.

Ein beachtenswertes Beispiel ist die Tschechische Republik, die irrtümlicherweise für eines der atheistischsten Länder, wenn nicht für das atheistischste Land Europas und vielleicht des ganzen Planeten gehalten wird. In Wirklichkeit handelt es sich um das Land mit dem wahrscheinlich höchsten Anteil von *nones*; ihre Zahl ist hier viel größer als die Zahl der Menschen, die sich zu verschiedenen Kirchen oder konkreten Religionen bekennen. Die Böhmischen Länder haben in religiöser Hinsicht eine sehr komplizierte Entwicklung durchlaufen. Die einst heiße Quelle religiöser Reformbewegungen, die der deutschen Reformation vorausgingen, schien nach den Stürmen der hussitischen Revolution und nach fünf Kreuzzügen aufgrund einer gewissen Versöhnung zwischen den Katholiken und den Utraquisten (auf dem Basler Konzil und vor allem in der Zeit des Majestätsbriefs Kaiser Rudolfs II.) für eine gewisse Zeit eine Oase der religiösen Toleranz zu sein. Bald danach wurden die Böhmischen Länder jedoch zum Brennpunkt des verheerenden Dreißigjährigen Krieges, sie machten in der Barockzeit eine Rekatholisierung durch und danach aufklärerische Reformen unter Joseph II. Dann folgen drei verschiedene Wellen der Säkularisierung. An der Wende vom 19. zum 20. Jahrhundert kam es zunächst zu einer *weichen Säkularisierung*, vor allem unter dem Einfluss der kulturellen Folgen der industriellen Revolution. Danach folgte die *harte Säkularisierung* in Form der Verfolgung der Religion unter der kommunistischen Herrschaft, die in den 50-er Jahren sehr brutal war und dann eher bürokratisch wurde, in den 70-er und 80-er Jahren allerdings mit ausgeklügelteren Methoden. Nachdem sich an der Schwelle der 90-er Jahre für kurze Zeit eine religiöse Revitalisierung anzudeuten schien, folgte eine weitere Welle der *weichen Säkularisierung*, welche die tschechische Gesellschaft im Hinblick auf ihre äußeren Merkmale der postmodernen kulturellen Mentalität in manchen stark säkularisierten Ländern West- und Nordeuropas angenähert hat.

Aber nicht einmal in der Tschechischen Republik hat diese Entwicklung eine rein atheistische, sondern vielmehr eine stark entkirchlichte Gesellschaft hinterlassen. In ihr vermischen sich der Apatheismus (die Gleichgültigkeit gegenüber der Religion), der Agnostizismus, der religiöse Analphabetismus (das Fehlen selbst elementarer religiöser Kenntnisse), der Antiklerikalismus (eine Allergie gegen viele Äußerungen der Kirche) und verschiedene Formen von alternativen Spiritualitäten und geistig-geistlicher Suche.

Manchmal weist das, was allzu überstürzt als eine Atheisierung der Gesellschaft bezeichnet wird, eher drauf hin, dass das spirituelle Leben der Menschen aus den Formen herausgewachsen ist, welche die Kirchen anbieten, und dass das allzu enge und stereotype Angebot der Kirchen am Bedürfnis nach reiferen und differenzierteren Formen des geistlichen Lebens vorbeigeht. Im Unterschied zu den umgebenden Ländern Deutschland, Österreich und in den letzten Jahren Polen verzeichnen wir in der Tschechischen Republik keine Zunahme an Kirchenaustritten; Getaufte, die in zunehmendem Maße die Bereitschaft verlieren, an den Gottesdiensten teilzunehmen oder sich bei einer Volkszählung auch nur formell zur Kirche zu bekennen, machen sich nicht die Mühe, einen Kirchenaustritt anzumelden.[108] Ein wenig steigt die Zahl der Erwachsenen, die um die Taufe bitten; es ist jedoch keineswegs sicher, ob diese Gläubigen, die den Glauben in der Regel durch Lektüre, durch Sendungen in den Medien, durch das Zeugnis von Freunden oder in der Minderheit der aktiven Pfarrgemeinden, vor allem in den Zentren der Studentenseelsorge, gefunden haben, in den traditionellen Pfarreistrukturen ihr dauerhaftes geistliches Zuhause finden werden.

Einen gewissen Teil der *nones* bilden die Menschen, welche die Kirche – und vor allem die katholische Kirche – verlassen haben. Wie schon mehrmals erwähnt wurde, hat vor allem die Welle einer allmählichen Enthüllung der drastischen Fälle sexuellen und psychischen Missbrauchs in den Kirchen bei vielen Gläubigen in den letzten Jahren die Entscheidung veranlasst, formell aus der Kirche auszutreten. Bei vielen von ihnen war es aber wahrscheinlich nur der sprichwörtliche letzte Tropfen oder die Rationalisierung eines Schrittes, in dem ihre Enttäuschung über die Kirche, die sie schon lange nicht mehr als eine Stütze für ihr Leben, als (mit den Worten von Papst Franziskus) »Mutter und Hirtin«, wahrnahmen, ihren Höhepunkt erreichte.

Mit dem Abschied von der Kirche werden die Menschen aber in der Regel nicht zu Atheisten. Zum Atheismus bekennen sich nach dem Austritt aus der Kirche vor allem diejenigen, die schon früher Atheisten waren und deren Verhältnis zur Kirche in die Kategorie *belonging without believing* – eine formale Zugehörigkeit ohne innere Überzeugung – fällt.[109] Von der Kirche verabschieden sich jetzt jedoch auch manche von denen, die den Glauben und das Evangelium sehr ernst nehmen. Das Motiv für ihren Abschied ist die Überzeugung, dass sich die Kirche ihrer Berufung entfremdet hat.

In der Vergangenheit traten diejenigen Christen, die sich von der katholischen Kirche verabschiedeten, in der Regel in eine andere Kirche ein; heute bleiben sie eher Gläubige ohne eine kirchliche Zugehörigkeit. Auch in der Tschechischen Republik ergab sich bei der Volkszählung und bei Umfragen zur Religiosität ein nicht gerade kleiner Anteil an Bürgern, die sich zu keiner der Kirchen bekennen, sich aber trotzdem mit dem Christentum als ihrem Bekenntnis identifizieren.

In vielen Ländern verlieren die Kirchen – und aus den bekannten Gründen vor allem die katholische Kirche – in den letzten Jahrzehnten immer mehr an Glaubwürdigkeit: Sie werden nicht nur von den »Ungläubigen«, sondern auch von einem nicht geringen Teil ihrer Mitglieder für unfähig gehalten, kompetente, überzeugende und verständliche Antworten auf die wesentlichen Fragen zu geben. Wenn ich manche Predigten höre und manche Hirtenbriefe sowie eine gewisse Art von frommer Presse lese, kommt mir in den Sinn, dass wir neben Untersuchungen darüber, warum die Menschen weggehen, auch untersuchen sollten, woher diejenigen, die noch bleiben, ihre Kraft und ihre Geduld nehmen.

***

Für den interessantesten Teil der *nones* halte ich die *seekers*, die spirituell suchenden Menschen. Die Soziologen unterscheiden zwischen den *dwellers* (»den heimisch Gewordenen«) und den *seekers*. Es wäre nicht richtig, die Menschen in Gläubige und Suchende einzuteilen, weil es Suchende und heimisch Gewordene sowohl unter den Gläubigen als auch unter den Atheisten gibt.

Ich bin überzeugt, dass die Zukunft des Christentums vor allem davon abhängen wird, in welchem Maß die Christen eine Beziehung zu den spirituell Suchenden unter den *nones* anknüpfen werden.

Wie soll diese Beziehung sein? Ich möchte eindringlich vor dem *Proselytismus* warnen, vor dem schlichten apologetischen und missionarischen Ansatz, vor dem Versuch, diese Menschen in die existierenden institutionellen und mentalen Grenzen der Kirche einzuzwängen. Man sollte vielmehr *diese Grenzen* überschreiten *und* öffnen.

Einen gewissen Schritt hin zu den spirituell Suchenden jenseits der sichtbaren Grenzen der Kirche hat Benedikt XVI. mit seiner Aufforderung getan – die bezeichnenderweise zum ersten Mal im Flugzeug auf dem Weg in die Tschechische Republik formuliert wurde –, die Kirche solle im Rahmen ihrer Strukturen irgendetwas schaffen, was dem »Vorhof der Völker« im Tempel in Jerusalem ähnlich wäre, der für »fromme Heiden« bestimmt war. Das war sicher eine gut gemeinte Initiative, und bis heute knüpfen Diskussionsveranstaltungen in verschiedenen Orten der Welt daran an. Der geistig-geistliche Charakter unserer Welt verändert sich jedoch schnell, und dieser Schritt reicht bei Weitem nicht mehr aus. Die prächtige »Tempelgestalt« der Kirche gehört bereits definitiv der Vergangenheit an.

In gewisser Weise hat dazu auch die Schließung der Kirchen während der Coronapandemie beigetragen. Während ein Teil der Gläubigen – vor allem dort, wo lebendige Pfarrgemeinden zu einem natürlichen Teil der Zivilgesellschaft geworden waren und in der Zeit der Pandemie verschiedenste Formen von Hilfen entwickelt haben – bereits ungeduldig den Wiederbeginn der öffentlichen Gottesdienste erwartete, ersetzte der andere Teil, für den der sonntägliche Kirchgang eher eine Sache der Gewohnheit als eines inneren Bedürfnisses war, diese gewohnte Weise, den Sonntag zu verbringen, verhältnismäßig früh durch etwas anderes und kam nicht wieder in die Kirche zurück. Andere hatten sich zu sehr an das bequeme Verfolgen der Gottesdienste im Fernsehen oder im Internet gewöhnt. Ob die Menschen, welche die Gottesdienste vorher nicht besucht hatten, bei denen die Konfrontation mit dem Leid, mit dem Tod und mit der menschlichen Verletzlichkeit während der Pandemie jedoch metaphysische, existenzielle und spirituelle Fragen wachgerufen hatte, in die Kirchen kommen und ob sie dort Antworten auf ihre Fragen oder zumindest Verständnis finden werden, wird sich erst noch zeigen.

Die Kirche ist heute nicht in einer Situation, in der sie sich leisten kann, Suchende in die Vorräume ihrer Tempelform einzuladen. Kardinal Bergoglio zitierte am Vorabend seiner Wahl zum Papst die Worte Jesu: »Ich stehe vor der Tür und klopfe an«.[110] Er fügte jedoch hinzu, dass Jesus aus dem Inneren der Kirche anklopft und hinausgehen will, vor allem zu allen Armen, Marginalisierten und Verletzten in unserer Welt, und dass wir ihm folgen müssten.

***

Schließlich muss noch eine Gestalt des Glaubens in unserer Welt erwähnt werden. Robert Traer, ein Schüler von Wilfred C. Smith, spricht vom »säkularen Glauben«. Er führt viele Zitate von Repräsentanten der UNO sowie aus den Schlüsseldokumenten der UNO und den internationalen Dokumenten über die Menschenrechte an, in denen ausdrücklich vom *Glauben* gesprochen wird – vor allem vom Glauben an die Würde der menschlichen Person und an ihre unveräußerlichen Grundrechte.[111]

In diesem Fall geht es bestimmt nicht um einen »religiösen Glauben«, jedoch könnten wir viele Argumente dafür anführen, dass es sich um einen *christlichen* Glauben handelt, und das, obwohl er sich nicht explizit zum Christentum bekennt.

Häufig wird die Aussage des deutschen Verfassungsrechtlers Böckenförde zitiert, dass die Demokratie auf Wertvoraussetzungen beruhe, die nicht auf dem Weg einer demokratischen Abstimmung angenommen wurden. Sie beruht auf dem *Glauben* an bestimmte Werte, auf dem Glauben, der weder »direkt vom Himmel gefallen« noch die Frucht irgendeiner ahistorischen universellen und allumfassenden menschlichen Natur oder das Resultat der »natürlichen Vernunft« ist, sondern die Frucht einer bestimmten Kultur, der jüdisch-christlichen Kultur, die aus der Bibel, aus der hellenistischen Philosophie und aus dem römischen Recht schöpft.

Es geht immer um einen die Geschichte durchziehenden Strom des Glaubens, in den das Christentum viele seiner wesentlichen Züge eingeprägt hat. Wenn jemand den Glauben an die Würde der menschlichen Person und an die Legitimität der Menschenrechte nur aus der Aufklärung ableitet, täuscht er sich; er sollte tiefer gehen und weiterfragen, woher die Aufklärung diese Gedanken geschöpft hat. Oft sind es Gedanken des Evangeliums, die in der Theologie und vor allem in der Praxis der Kirche in der Vergangenheit nicht hinreichend zur Geltung gebracht wurden, ja sich sogar manchmal auch gegen die politische Position der kirchlichen Institutionen durchgesetzt haben.

Charles Taylor belegt in vielen seiner Bücher, dass zahlreiche Gedanken des Evangeliums erst dann zu einem unabtrennbaren Bestandteil der europäischen politischen Kultur geworden sind, als die Kirche ihre politische Macht verloren hatte.[112] In ähnlicher Weise weist Hans Küng hin auf die christliche Legitimität der Parolen der Französischen Revolution – Freiheit, Gleichheit und Brüderlichkeit – und auf ihren Ursprung in den Evangelien.[113] Wenn die heutige katholische Kirche ihre *Katholizität*, ihre Universalität, auf dem Weg des »dritten Ökumenismus«[114] stärken möchte, also auf dem Weg eines offenen Dialogs mit dem säkularen Humanismus, der aus der Aufklärung hervorgegangen ist, kann sie in diesem Dialog vieles aus ihrem Erbe wieder neu entdecken, das sie in der Geschichte oftmals nicht genutzt hat oder dem sie sogar untreu geworden ist.

9. Vom globalen Dorf zur *civitas oecumenica*

Der Globalisierungsprozess ist unbestritten der wichtigste gesellschaftliche Prozess, der seit mehreren Jahrhunderten die ökonomische, politische, kulturelle und moralische Entwicklung unserer Welt bestimmt. Ich gehöre zu der Generation, die sowohl den Höhepunkt dieses Prozesses erlebt als auch seine schwere Krise.

Überlegungen über die Wurzeln der Globalisierung übersteigen die Möglichkeiten dieses Buches. Begnügen wir uns mit der Hypothese, dass sie im europäischen Christentum liegen, nämlich in seiner missionarischen Expansion. Das jahrhundertelang andauernde Bemühen, die Aufforderung Jesu »Geht hinaus in alle Welt« zu erfüllen, machte aus der Kirche einen Global Player und trug erheblich zu dem Prozess bei, in dem aus zerstreuten Zivilisationen auf diesem Planeten die »eine Welt« wurde und aus Stämmen und Völkern eine »Menschheit«.

Die Evangelisierung der »neuen Welten« (der außereuropäischen Kulturen) ging jedoch häufig Hand in Hand mit ihrer Kolonisation durch die europäischen Entdecker und Eroberer. Der Eifer und die Opferbereitschaft der Missionare, die sogar zum Martyrium bereit waren, waren nicht das einzige Gesicht der europäischen Expansion. Ihre dunkle Seite waren der räuberische Eigennutz und die Gewalt der Eroberer, ihre Macht- und Geschäftsinteressen. Die Verkündigung des christlichen Glaubens wurde manches Mal vom Export europäischer Waren, der europäischen Wissenschaft und Technik sowie der europäischen politischen Ideale begleitet (und immer mehr in den Schatten gestellt). Im 19. Jahrhundert expandierten praktisch in alle Ecken der Erde sowohl die Predigt des Evangeliums als auch viele Elemente der westlichen Zivilisation, die einen immer größeren Teil des Planeten sich selbst anglich.

Der »Selbstmord Europas« in den beiden Kriegen des 20. Jahrhunderts, die von diesem Kontinent ausgegangen sind, war die Ursache dafür, dass das Steuer des Globalisierungsprozesses in die Hände der »Erben Europas« überging, vor allem der Vereinigten Staaten von Amerika.[115] Die Dynamik der Globalisierung wurde beschleunigt und intensiviert durch die technische Entwicklung, vor allem die Entwicklung der Kommunikationsmittel. Die Hochphase des Globalisierungsprozesses begann wahrscheinlich mit dem Ende des Kalten Krieges, dem Ende der bipolaren Welt, in der die beiden Supermächte ihre Einflusssphären untereinander aufteilten.

***

Der schnelle und augenscheinlich kampflose Zusammenbruch des Kommunismus, der durch ein Zusammenspiel zahlreicher Umstände zustandekam, jedoch vor allem dadurch, dass die Regime des real existierenden Sozialismus nicht in der Lage waren, in der Konkurrenz auf dem globalen freien Markt der Waren und Ideen zu bestehen, war an sich keine so bedeutende kulturelle Umwälzung, wie es auf den ersten Blick schien. Timothy Garton Ash hat die politischen Veränderungen des Herbstes 1989, jenes *annus mirabilis*, eine »Revolution ohne Ideen« genannt.

Der Widerstand gegen den Kommunismus schöpfte ideell vor allem aus der Philosophie der Menschenrechte, also aus dem Erbe des Christentums und des säkularen Humanismus der Aufklärung. Er bekannte sich zum ideellen Erbe des Westens und hatte einige inspirierende Persönlichkeiten aufzuweisen wie beispielsweise Václav Havel, er brachte jedoch keine neuen Visionen, keine wirklich neue politische Philosophie. Auf dem Feld des Geistes war er bei Weitem nicht so einflussreich wie 200 Jahre vorher die Französische Revolution.

Die Revolte polnischen Arbeiter, aus der die Bewegung Solidarność hervorging – diese wahrscheinlich einzige »Revolution des Proletariats«, die paradoxerweise das marxistische Regime abschaffte –, bekannte sich dank des Einflusses von Johannes Paul II. und Józef Tischner zu den Ideen der katholischen Soziallehre. Es gelang also, die nonkonformen Intellektuellen (welche die Hauptakteure der früheren Proteste gewesen waren, zum Beispiel der tschechoslowakischen Bewegung Charta 77) mit den sozialen Forderungen der Arbeiter zusammenzubringen. Die Forderung nach geistiger Freiheit, die von einer schmalen Schicht von Dissidenten unter den Intellektuellen formuliert wurde, bekam erst durch die Sehnsucht der breiten Schichten, den materiellen Standard der angrenzenden westlichen Gesellschaften zu erreichen, ihre Durchschlagskraft – und dann auch durch eine günstige internationale Konstellation, den Einfluss einiger wichtiger westlicher Staatsmänner und auch durch die moralische Autorität des Papstes aus Polen.

Das erwähnte Fehlen neuer Ideen trug jedoch offensichtlich dazu bei, dass der ideell-politische Raum in den postkommunistischen Ländern bald von den Ideologen des Marktfundamentalismus beherrscht wurde, von den Pionieren eines ungezügelten Kapitalismus und nach ihnen von den Populisten und Nationalisten. Der plötzlich offene Raum des globalen Marktes brachte in den 90-er Jahren in den postkommunistischen Ländern diejenigen zu Macht und Wohlstand, die auf den Konkurrenzkampf vorbereitet waren – häufig Mitglieder der ehemaligen kommunistischen Elite, die als Einzige über das nötige Kapital sowie über Kontakte und Informationen verfügten. Er verdrängte jedoch diejenigen an den

Rand der Armut und der Bedeutungslosigkeit, welche durch den Wandel der politischen, ökonomischen und sozialen Bedingungen überrascht worden waren. Das Sich-Verlassen auf die unsichtbare Hand des Marktes erwies sich als eine gefährlich naive Illusion. Die Europäische Union bot ihren neuen Mitgliedsstaaten großzügige Unterstützung, aber aufgrund der fehlenden Rechtskultur in den postkommunistischen Ländern bemächtigte sich die Korruption eines großen Teils dieses Kapitals.

Es war sicher gut, dass die Umstürze in den meisten mitteleuropäischen Ländern – im Unterschied zu Rumänien und den Ländern des ehemaligen Jugoslawiens – gewaltlos verliefen, jedoch bezahlten diese Länder die unglaubliche Leichtigkeit des Übergangs von Polizeiregimen zu einer freien Gesellschaft mit dem Verzicht auf die wichtige politische, psychologische und moralische Aufgabe, sich mit der Vergangenheit auseinanderzusetzen. Es ist auf jeden Fall gut, dass die Schwelle der neuen Zeit nicht durch Gewalt und einen Geist der Rache befleckt wurde. Jedoch war die mangelnde Bereitschaft, sich mit der Vergangenheit auseinanderzusetzen, kein Ausdruck der Tugend der Barmherzigkeit und der Vergebung, sondern vielmehr Ausdruck einer Unterlassungssünde, einer Sünde gegen die Wahrheit und die Gerechtigkeit.

Wenn das Böse, dem die Gesellschaft ausgesetzt gewesen war und das sie moralisch zersetzt hatte, nicht ausreichend reflektiert, ja nicht einmal angemessen benannt wurde, konnte es auch nicht überwunden werden. Schade, dass zum Handbuch für diesen Abschnitt des Weges zur Freiheit nicht das erwähnte Buch von Karl Jaspers *Die Schuldfrage* wurde oder etwa die Erfahrungen aus Südafrika nach der Abschaffung der Apartheid. Auf dem Gebiet der Auseinandersetzung mit der Vergangenheit versagten in den postkommunistischen Gesellschaften auch die Kirchen. Sie hätten die »Experten für die Vergebung« sein und zeigen sollen, dass Vergebung und Versöhnung ein aufwendiger Prozess sind, den man nicht dadurch umgehen kann, dass man die Schuld einfach in die Dunkelheit des Vergessens und des Ignorierens verdrängt. Die Kirchen, die nicht den Mut fanden, sich zunächst einmal mit der Kollaboration in den eigenen Reihen auseinanderzusetzen, »den Balken aus dem eigenen Auge zu ziehen«, verloren so immer mehr ihre Glaubwürdigkeit und das moralische Recht dazu, sich der Therapie der nicht verheilten Narben in der Gesellschaft zu widmen.

Das Geschenk der Freiheit erwies sich für einen großen Teil der postkommunistischen Gesellschaften – einschließlich der Kirchen in diesen Ländern – bald als eine anstrengende und schwer zu bewältigende Aufgabe. Die heutigen Wahlerfolge der Populisten in den postkommunistischen Ländern (vor allem bei den älteren Menschen mit niedriger Bildung) sind großenteils eine Folge der Nostalgie nach den »Fleischtöpfen Ägyptens«, nach den Sicherheiten in den autoritären und totalitären Regimen, die ihre Bürger nicht der Notwendigkeit aussetzten, sich frei zu entscheiden und Verantwortung zu tragen.

***

Francis Fukuyama hat nach dem Zusammenbruch des Kommunismus im Geiste Hegels das »Ende der Geschichte« verkündet – den planetaren Sieg des Kapitalismus und der Demokratie westlichen Typs. Aus dieser Illusion ist die Welt während der letzten drei Jahrzehnte wieder erwacht angesichts vieler beunruhigender Phänomene: des Terrorangriffs am 11. September 2001, des wachsenden islamischen Fundamentalismus und des rechten und linken Extremismus, des Zusammenbruchs des Arabischen Frühlings, der Krisen der postkommunistischen Demokratien, des weltweiten Emporkommens populistischer Politiker (einschließlich der USA und Großbritanniens), des Brexits, der Finanzkrisen, der Migrationswellen, der Arroganz der nichtdemokratischen Hegemone China und Russland, der russischen Invasion der Krim, des hybriden Krieges des Putin-Regimes gegen den Westen mittels Desinformation oder des heißen Krieges in einem Teil der Ukraine.

Der Globalisierungsprozess enthüllt jetzt immer stärker seine Schattenseiten und die zahlreichen Probleme, die das bisherige ökonomische und politische System des globalen Kapitalismus, das ein unbegrenztes Wachstum der Produktion und des Verbrauchs erfordert, nicht lösen kann. Der Klimawandel, die Umweltzerstörung, Pandemien ansteckender Krankheiten und die steigende Jugendarbeitslosigkeit stellen ernste Gefahren dar und rufen Angst vor der Zukunft hervor; die heutige *Risikogesellschaft* ist eine postoptimistische Gesellschaft.[116]

***

Ein bedeutendes Instrument der Globalisierung waren und sind die Massenkommunikationsmittel, die mit der kostbarsten Ware unserer Zeit umgehen, mit den Informationen. Vor allem in der Zeit, als das Fernsehen mit einem oder ein paar wenigen Sendern das dominante Medium war, übernahm es viele wichtige gesellschaftliche Rollen der Religion: Es interpretierte die Welt, es war die Instanz, die über Wahrheit und Wichtigkeit entschied, es lieferte der Gesellschaft gemeinsame Geschichten und Symbole und beeinflusste den Stil des Lebens und des Denkens der Mehrheit in der Gesellschaft.

Was der Mensch »mit seinen eigenen Augen« (in Wirklichkeit jedoch durch die Perspektive der Kamera und der Regie) auf dem Bildschirm in den Fernsehnachrichten sah, war die Wahrheit, und falls es in den Nachrichten einen bevorzugten Sendeplatz bekam (ebenfalls aufgrund der Auswahl der Redaktion), wurde es allgemein für wichtig gehalten.

Elektronische Medien bieten immer »Brot und Spiele«: die nötige Portion an Informationen zum Überleben und die Produkte der Unterhaltungsindustrie. Und sie bieten auch eine virtuelle Teilnahme an den heiligen Spielen unserer Zeit, an Sportwettkämpfen, Popkonzerten und den Wahlkämpfen der Politiker.

In den 60-er Jahren des 20. Jahrhunderts sagte der Medientheoretiker Marshall McLuhan voraus, die elektronischen Medien würden die Kohäsion der Gesellschaft beträchtlich stärken und aus der ganzen Welt allmählich ein »globales Dorf« formen.[117] Das geschieht nur bis zu einem gewissen Grade – die Menschen in den verschiedenen Teilen der Welt schauen dieselben Programme (vor allem die Unterhaltungssender). Aber die Weiterentwicklung der sozialen Netzwerke führt zu einer größeren Medienpluralität, die viel eher die Zersplitterung der Welt widerspiegelt und vertieft, als dass sie eine Kultur der Kommunikation und des Miteinanders unterstützen würde. Sie erzeugt eher »Blasen« – viele voneinander getrennte Welten, die aufeinanderprallen.

Die Medien haben kein »globales Dorf« geschaffen, sie haben das, was ein Dorf zu einem Dorf macht, nicht zur Verfügung gestellt, weder einen »Dorfplatz«, einen Raum nachbarschaftlichen Miteinanders, noch eine gemeinsame Kirche. Vielmehr haben sie die Triftigkeit des Gedankens Martin Heideggers gezeigt: Die Technik hat alle Entfernungen beseitigt, aber keine Nähe geschaffen.[118] Sie hat eine falsche Nähe geschaffen – die Menschen wetteifern darin, wie viele sogenannte Freunde sie auf Facebook haben. Wie viele von diesen »Freunden« wären für sie aber eine Stütze in schweren Lebenssituationen? Die technische Pseudonähe verdeckt und vertieft eher das, worauf während der Moderne der Existenzialismus hingewiesen hatte – die wachsende Entfremdung, Vereinsamung, Desorientierung und Angst.

Einige Autoren – unter ihnen Teilhard de Chardin – hofften, dass die Technik es physisch weit voneinander entfernten Menschen ermöglichen werde, sich mehr zu sehen und wahrzunehmen und miteinander mitzufühlen. Manche geteilten Bilder haben in der Tat die Welt verändert – zum Beispiel hat das Foto des weinenden nackten Mädchens, das aus einem durch Napalm verbrannten Dorf flieht, mehr zur Niederlage der Amerikaner im Vietnamkrieg beigetragen als die Waffen der kommunistischen Partisanen.

Das heutige Übermaß an Gewaltbildern in den Fernsehnachrichten führt jedoch nicht zu größerer Wachheit, sondern eher zur Abstumpfung des Gewissens; wir alle haben offenbar eine eingeschränkte Kapazität zur Wahrnehmung und zum Mitgefühl.

Viele von uns hatten zu Beginn der Coronapandemie jeden Tag beim Hören der Morgennachrichten das Gefühl, dass wir vielleicht noch einen fürchterlichen Traum träumen oder dass wir in einer medialen Horrorinszenierung aufgewacht sind, ähnlich dem berühmten suggestiven Rundfunkhörspiel von Orson Welles (nach dem Buch von H. G. Wells *Der Krieg der Welten*) über eine Invasion von Marsbewohnern, das im Oktober 1938 in den gesamten Vereinigten Staaten Panik hervorrief. Nach mehr als einem Jahr ignorierten viele Zuschauer und Zuhörer aber schon gelangweilt die Tagesstatistiken über die Anzahl der Toten und Infizierten in der Welt.

Trotzdem ist etwas passiert mit unserer Welt in der Zeit der Coronapandemie, in der praktisch die ganze Welt binnen einiger Wochen eine dramatische existenzielle Bedrohung des Lebens und der Gesundheit sowie der sozial-ökonomischen Absicherung erlebte: Das Gefühl des Verlustes von Sicherheit und der Angst vor einer globalen Bedrohung hat sich vertieft. Zu der langfristigen Erschütterung der traditionellen religiösen Sicherheiten gesellte sich in unserer Zeit die Erschütterung der Sicherheiten des säkularen Humanismus und des Vertrauens in die Allmacht der wissenschaftlich-technischen Kontrolle und Herrschaft über die Welt. Der psychische Stress und die Angst vor der Zukunft bereiteten den Boden für ethnische und soziale Unruhen und für eine weitere Zunahme des ideologischen Einflusses der Populisten und der Extremisten auf der linken und der rechten Seite des politischen Spektrums, für Fake News und Konspirationstheorien, für die Suche nach Schuldigen (nach Sündenböcken) und für die Xenophobie, die Dämonisierung alles Fremden und Unbekannten.

***

Der Globalisierungsprozess hat an der Schwelle des neuen Jahrtausends offenbar seinen Höhepunkt erreicht: Unsere gesamte Welt ist auf verschiedenste Art vernetzt, jedoch nicht vereint. Diese Vernetzung zeigt die großen sozialen und kulturellen Unterschiede sogar deutlicher und vertieft sie.

Wir sind Zeugen zahlreicher Antiglobalisierungsproteste und einer »Gegenkultur« gegen die Bemühungen um eine noch intensivere Vernetzung unseres Planeten. In der nichtwestlichen Welt nehmen viele Menschen den Prozess der Bildung einer globalen Zivilisation eher als eine Gefahr wahr, als einen Ausdruck des Bemühens der westlichen Gesellschaft und ihrer Eliten um Hegemonie. Die westliche Gesellschaft halte ich weder für ideal noch für universal. »What is universalism to the West is imperialism for the rest«, wie Samuel Huntington dieses Gefühl in seinem Buch ausdrückt.[119]

Aber auch im Westen (und vor allem in der postkommunistischen Welt, die politisch zu einem Teil des Westens geworden ist) bringt die Angst vor der Globalisierung Konspirationstheorien hervor. Viele Menschen sind nicht in der Lage, die Tatsache zu akzeptieren, dass es um einen Prozess geht, der nicht zentral gesteuert ist und deshalb kaum rational nachzuvollziehen und zu bewältigen; sie denken sich lieber irgendwelche geheimnisvollen, verborgenen Machtzentren aus und besetzen diese Rolle mit verschiedenen Gruppen und Persönlichkeiten.[120]

Gibt es in unserer global vernetzten Welt überhaupt noch etwas, was eine Kultur der Nähe und des echten Miteinanders formen könnte? Gibt es hier etwas, was unsere Welt wenigstens ein bisschen der Vision vom Haus des Vaters Jesu annähern kann, in dem »viele Wohnungen sind«[121]? Die Rolle der Integration – die Rolle der *religio* – können nicht mehr die Religionen in ihrer traditionellen Form spielen, und auch keine der säkularen Ideologien kann sie ausfüllen.

Wenn das Christentum zur Kultivierung der globalen Gesellschaft beitragen will, dann kann das nur ein Christentum sein, das »kenotisch« von jeglichem Machtanspruch und jeglicher klerikalen Engherzigkeit befreit ist. Diese Welt braucht weder ein »christliches Reich« noch eine christliche Ideologie. Einen Beitrag zu ihr kann nur ein ökumenisch *offenes* Christentum leisten, das zum Dienst an den Bedürftigen bereit ist.

***

Die Überlegungen Teilhards de Chardin darüber, dass der Höhepunkt der Evolution, die globale Zivilisation, die Energie der Liebe voraussetzt, klingen in den Ohren der Skeptiker unserer Zeit idealistisch; sie bringen aber etwas ausgesprochen Ernsthaftes in Erinnerung. »Spiritualität« ist, wie wir noch zeigen werden, ein Name für eine geistliche *Leidenschaft* – und es gibt Aufgaben, die man ohne Leidenschaft nicht erfüllen kann. »Nur die Liebe«, schreibt Teilhard de Chardin, »vermag durch Vereinigung die Wesen als solche zu vollenden […]; nur sie erfaßt und vereint ja die Wesen im Tiefsten ihrer selbst.«[122] Die Liebe ist eine leidenschaftliche Sehnsucht nach Vereinigung.

Teilhard de Chardin nahm die Bemühungen der totalitären Regime um eine Einheit als eine gefährliche Karikatur der wirklichen Einheit wahr, die nur aus einer freien Entscheidung kommen kann – und der höchste Ausdruck dieser Freiheit ist die Liebe, die Freiheit vom Egoismus. Deshalb sah er in dieser Phase der Evolution eine besondere Aufgabe für die Christen, für die christliche Auffassung der Liebe.

Ich bin davon überzeugt, dass die Verbreitung der Liebe, wie sie von Jesus verstanden wurde, eine Aufgabe nicht nur für die einzelnen Christen ist, sondern auch für die christlichen Gemeinschaften, für die Kirchen, die in den großen Organismus der Menschheit eingewoben sind und für dieses Ganze eine Mitverantwortung tragen.

Eine überzeugende Form der christlichen Liebe besonders für diese Zeit ist der Ökumenismus – das Bemühen, die Welt in eine *oikoumene*, einen bewohnbaren Raum, ein Zuhause zu verwandeln. Unter dem Begriff des Ökumenismus stellen sich die meisten das Bemühen um eine Annäherung der christlichen Kirchen vor. Das Zweite Vatikanische Konzil hat Anregungen auch zu einem zweiten Ökumenismus vorgetragen, zu einem interreligiösen Dialog, und sogar zu einem dritten Ökumenismus, zum Aufbau eines Miteinanders zwischen den Gläubigen und Menschen, die keinen religiösen Glauben teilen.

Eine Aufforderung zu ökumenischer Offenheit, die inständiger ist als in allen anderen kirchlichen Dokumenten in der Geschichte des Christentums, hat Papst Franziskus mit der Enzyklika *Fratelli tutti* vom 4. Oktober 2020 vorgelegt.

Ich bin überzeugt: Ähnlich wie die Demokratisierung der Kirche in der Reformation zur Demokratisierung der europäischen Gesellschaft als solcher beigetragen hat, können die ökumenischen Bemühungen über das Umfeld der Kirchen hinauswachsen und zu dem beitragen, was Papst Franziskus menschliche Geschwisterlichkeit nennt, zu der größten Aufgabe von heute: den Globalisierungsprozess in einen Prozess der kulturellen Kommunikation und des Teilens zu verwandeln – in einen Prozess der wirklichen Nähe.

Die Tatsache, dass Menschen auf der ganzen Welt dieselben Produkte und technischen Erfindungen benutzen, die gleichen Filme anschauen und dieselben Computerspiele spielen und vielleicht auch mit derselben Währung bezahlen werden, formt aus der Menschheit noch keine Familie. Weder der Prozess der Vereinigung der Menschheit noch die Vereinigung der Christen hat das Ziel der Unifizierung, der Gleichwerdung, sondern vielmehr dasjenige der gegenseitigen Anerkennung und Ergänzung, der Erweiterung der Perspektiven und der Überwindung von Einseitigkeiten.

Man muss sich vor den ideologischen Versprechungen eines »Himmels auf Erden« vonseiten der totalitären politischen Projekte in Acht nehmen. Das Christentum lehrt uns nämlich die »eschatologische Geduld« (und dadurch auch den politischen Realismus): Zu einer vollkommenden Vereinigung der Menschheit kommt es nicht während der Geschichte, sondern an ihrem Gipfelpunkt in den Armen Gottes. Erst dann wird alles Christus unterworfen sein, Christus unterwirft sich Gott dem Vater, und Gott wird »alles in allem«.[123]

Konkrete Schritte auf diesem Weg zu tun ist jedoch die Aufgabe für heute und morgen – für den Nachmittag des Christentums. Ich bin überzeugt, dass ein Glaube, der aus seiner vormodernen »religiösen« und seiner modernen »weltanschaulichen« Rolle heraustritt, zum Sauerteig einer *neuen* Ökumene werden kann. Wenn wir vor allem in unserer Zeit die innere Dialektik von Glauben und kritischem Denken, von Ur-Vertrauen und ständigem Suchen wahrnehmen, die auch den Zweifel umfasst, dann schafft das Raum für eine demütigere Selbstreflexion und damit auch für ein tieferes Miteinander zwischen den Kulturen und Religionen. Eine der wichtigsten Botschaften dieses Buches lautet: Die Zeit ist gekommen für eine tiefere Ökumene – für eine *Selbst-Transzendenz des Christentums.*

***

Die gegenwärtige Krise der Globalisierung stellt die Welt vor die Wahl zwischen zwei Alternativen, an die Weggabelung zwischen der Gefahr eines »Kampfes der Kulturen« und der Hoffnung auf eine *civitas oecumenica.*

In einer Zeit, die geprägt war durch den Niedergang Roms und die Völkerwanderung – in einer geschichtlichen Situation, die in manchem unserer eigenen Zeit ähnlich war: der Zeit nach dem Zusammenbruch der bipolaren Welt, der Zeit der Migrationskrise und der Angst vor den Spannungen innerhalb der schicksalhaft vernetzten Welt – wurden dem hl. Augustinus viele theologisch-politische Fragen gestellt. Wen wollte Gott mit diesen Erscheinungen bestrafen und wofür? Augustinus wies diese Spekulationen zurück und etwickelte an der Schwelle zu einer neuen Epoche seine originelle Geschichtstheologie. Er spricht nicht von einem Kampf der Kulturen, sondern von einem Kampf von zwei Weisen der Liebe, welche die Welt und die Kirche durchdringen – der Selbstliebe bis zur Verwerfung Gottes und der Liebe zu Gott bis zur Selbstüberschreitung. Sie sind die jeweiligen Grundsteine von zwei Gemeinwesen: der *civitas Dei* und der *civitas terrena.*

Auch unsere Zeit braucht eine neue Geschichtstheologie, eine neue Vision. Wenn die einzelnen Nationen, Kulturen und Religionen in einer Welt, in der sie sich nicht mehr gegeneinander isolieren können, die »Liebe zu sich selbst« ohne den Respekt vor den anderen und deren Interessen und Bedürfnissen kultivieren werden, werden sie die *civitas terrena* bilden, von welcher der hl. Augustinus spricht. Staaten, deren Politik von einem rücksichtslosen nationalen Egoismus (im Geiste von Trumps Parole »America first«) beherrscht wird und die um sich selbst herum Mauern des Desinteresses an anderen aufrichten und sich der Mitverantwortung für die Gerechtigkeit in der Welt entziehen, werden – um noch einmal Augustinus zu zitieren – »zu großen Räuberbanden«.[124]

Wo ist das Gegenteil dieser heutigen *civitas terrena*, wo verläuft heute der Weg zur *civitas Dei*? In den kirchlichen Dokumenten der letzten Jahrzehnte lesen wir zahlreiche Aufforderungen zu einer »Zivilisation der Liebe« und zu einer »neuen politischen Kultur«. Am Nachmittag des Christentums besteht die Aufgabe darin, diese Worte mit Taten, mit praktischen Beispielen zu füllen.

10. Eine dritte Aufklärung?

Papst Franziskus bezeichnete unsere Zeit nicht nur als eine Ära des Wandels, sondern auch als eine Zeit des Wandels einer Ära.[125] Unter »Ära« versteht er offensichtlich ein Kapitel der Geschichte, das sowohl durch einen bestimmten Komplex von äußeren Bedingungen unseres Lebens charakterisiert ist als auch durch die Weisen, wie wir sie verstehen und wie wir auf ihre Veränderungen reagieren. Den Wandel einer Ära, einschließlich derjenigen Ära, die wir gerade erleben, halte ich für einen *kairos*, für eine Herausforderung und eine Gelegenheit – eine Gelegenheit zur Veränderung unseres Denkens und Handelns, zur Überschreitung einer weiteren Schwelle auf dem Weg jener Verwandlung (*metanoia*), zu der Jesus in seinen ersten Predigten auffordert. Einer der Gründe für die Existenz der Kirche ist es, an diese Aufforderung zur Verwandlung dauerhaft zu erinnern: »Passt euch nicht dieser Welt an, sondern gestaltet euch um, indem ihr euer Denken erneuert, damit ihr beurteilen könnt, was der Wille Gottes, was gut, ihm wohlgefällig und vollkommen ist.«[126] *Metanoia* ist eine innere Erneuerung, nicht eine Konformität gegenüber der äußeren Welt und ihrer Mentalität. Sie setzt die *Kunst des geistlichen Unterscheidens* voraus.

Es ist notwendig, sich immer wieder die Frage zu stellen, »was der Geist den Gemeinden sagt«[127], und sich zu bemühen, die Zeichen der Zeit zu verstehen.

***

Ich stelle mir die Frage, ob im letzten Vierteljahrhundert nicht eine kulturelle Epoche beginnt, die wir eine »dritte Aufklärung« nennen könnten – und wie diese Epoche unsere Zivilisation einschließlich des religiösen Lebens beeinflussen wird.

Ähnlich wie in der Geschichte stets von Neuem eine Wiederkehr unterschiedlich tiefgreifender Reformationen und Renaissancen stattfindet, so gibt es auch verschiedene Zeiten und Formen der Aufklärung.[128] Als Aufklärung bezeichne ich einen bestimmten Typus kultureller Revolutionen oder eines Wandels der kulturellen Paradigmen, für die ein Widerstand gegen bisherige Autoritäten und Traditionen und die Sehnsucht nach Freiheit und Emanzipation, also immer eine bestimmte Form des *Liberalismus* charakteristisch ist. Ich meine damit einen Wandel, der radikaler ist als die Veränderungen in den kulturellen Mentalitäten, die bei einem Generationswechsel üblich sind. Auch wenn die jeweilige politische Gestalt dieser Revolutionen in der Regel niedergeschlagen wird, schreiben sich ihre kulturellen Impulse in das Leben der Gesellschaft bleibend ein.

Die Zeiten der Aufklärung haben oft ein doppeltes Gesicht. Den Begriff der Aufklärung verbinden wir oft mit dem Kult der Vernunft. Aber auch jene berühmte Aufklärung des 17. und vor allem des 18. Jahrhunderts, welche die Vernunft als eine neue heilbringende Gottheit anbetete, wies eine gewisse Dialektik von Licht und Dunkelheit, von Vernunft und Wahnsinn auf. Die damalige Aufklärung bereitete den Boden für die Französische Revolution, deren radikale Phase die Zeit des jakobinischen Terrors war. Der komplementäre Schatten des Kultes der Rationalität war die Entfesselung der »Dämonen« der revolutionären Gewalt, jener Gespenster, die in den Zeichnungen von Francisco de Goya oder in den *Dämonen* von Fjodor M. Dostojewskij hervorragend dargestellt sind. Kulturphilosophen wie Theodor W. Adorno und Max Horkheimer, Michel Foucault, Hannah Arendt oder Zygmunt Bauman, die man nicht der konservativen Nostalgie nach der Vormoderne verdächtigen kann, haben sehr überzeugend jene zweite Seite der Aufklärung aufgezeigt, die in die perverse Rationalität der totalitären Regime mündete.[129]

Mit dem Begriff der zweiten Aufklärung bezeichne ich den Widerstand gegen die Autoritäten am Ende der 60-er Jahre des 20. Jahrhunderts, der eine Reihe von wichtigen Emanzipationsbewegungen anregte. Zum Ausdruck der Sehnsucht nach Freiheit wurde damals die Forderung nach *Authentizität und Selbstverwirklichung.* Diese zweite Aufklärung kulminierte in der kulturellen Revolution im Jahre 1968, deren radikale Phase die Studentenrevolte in Frankreich, Deutschland, in den USA und anderen Ländern war.

In gewisser Weise eine Variante der antiautoritären Revolte dieser Zeit war auch der Prager Frühling im Jahre 1968. Als dieser reformmarxistische Versuch einer Transformation des tschechoslowakischen kommunistischen Regimes in die Gestalt eines demokratischeren »Sozialismus mit menschlichem Antlitz« der Regie der kommunistischen Partei entglitt und die ungeduldige Sehnsucht der breiten Schichten nach einer wirklichen Demokratie erweckte, endete er unter den Ketten der Panzer der sowjetischen Neostalinisten.

Im Westen wurde die Revolte der Studenten und der linken Intellektuellen politisch niedergeschlagen, sie siegte aber kulturell und prägte dauerhaft das moralische Klima. Neben der Vertiefung des Individualismus ist seine typische Äußerung der *Jugendkult.* Während die Jugend traditionell nur als eine Vorbereitungsphase für das Leben galt, wurde sie nun zum Attribut des idealen Menschseins. Und während wir als den Archetyp des Ideals der ersten Aufklärung – Wissen als Macht – Goethes *Faust* ansehen können, ist die prophetische Darstellung des großen Mythos der zweiten Aufklärung, des Kultes der ewigen Jugend, Oscar Wildes Roman *Das Bildnis des Dorian Gray.*

Während die Aufklärung im 18. Jahrhundert nach einer Befreiung der Vernunft von der Vorherrschaft der Tradition und der Autorität der Kirche strebte, trachtete die zweite Aufklärung nach der Befreiung dessen, was die Herrschaft der Vernunft unterschätzt hatte – die Emotionalität, die Libido, die Sexualität. Die zweite Aufklärung hob gegen den Apollo-Kult der Vernunft die von Nietzsche akzentuierte dionysische Kultur der Nacht, des Chthonischen, des Chaos, der veränderten Bewusstseinszustände (auch unter dem Einfluss psychedelischer Stoffe) hervor. Gegen die Zensur des väterlichen und des gesellschaftlichen »Überichs« stellte sie die durch Freud entdeckte Kraft der Libido; ein Element der Revolte gegen die gesellschaftlichen Konventionen war die sexuelle Revolution.

Es war jedoch nicht die Repression der Demonstrationen durch die Polizei, welche die revolutionäre Kraft des Widerstandes in den 60-er Jahren gebrochen hat, sondern der Sieg der Konsummentalität. Ein Beispiel für die Ironie der Geschichte ist die Tatsache, dass viele Attribute des damaligen Nonkonformismus und des Protestes gegen die Konsumgesellschaft (die Mode bezüglich Kleidung und Frisur, die Musik und provokative Äußerungen der bildenden Kunst) bald zu Uniformen und zur Konsumware der Massenunterhaltungsindustrie wurden. Die sexuelle Revolution, deren sich bald die Pornoindustrie bemächtigte, führte eher dazu, dass der Sex banalisiert und kommerzialisiert wurde, als dass sie eine Humanisierung dieser wichtigen Dimension des menschlichen Lebens gebracht hätte. Auf die Sehnsucht, über das Alltägliche hinauszugehen, vor der Langeweile zu fliehen und ekstatische Zustände des Bewusstseins zu erleben, antwortete der Marktmechanismus dagegen mit einem breiten Angebot an Drogen jeglicher Art.

Das moralische und psychologische Klima der zweiten Aufklärung – die Infragestellung und Erschütterung von Traditionen und Autoritäten – beeinflusste jedoch auch die religiöse Szene der 60-er Jahre. Die Atmosphäre allgemeiner Lockerung (einschließlich der Abschwächung des Kalten

Krieges) beeinflusste den kulturellen Kontext des reformorientierten Zweiten Vatikanischen Konzils und unterstützte die liberale Richtung im katholischen Denken. Die Kirche fand sich auf diesem Konzil bereit, viele früher dämonisierte Werte des säkularen Humanismus, die mit der ersten Aufklärung verknüpft waren, auch die Freiheit des Gewissens und der Religion, zu integrieren (vor allem in ihre Soziallehre).

Ein anderes geistiges Gesicht der 60-er Jahre war ein Boom der nichttraditionellen Spiritualität in der Gestalt neuer religiöser Bewegungen, angefangen von den charismatischen Strömungen im Christentum vom Typus der »Jesus people«, die sich in dieser Zeit zunächst an den amerikanischen Universitäten verbreiteten, bis hin zu der Mischung von verschiedenen Elementen der östlichen Spiritualität und der Tiefenpsychologie, der humanistischen und transpersonalen Psychologie und der Psychotherapie, die meistens New Age genannt wird. Im Unterschied zu der trockenen moralisierenden Religion boten diese spirituellen Strömungen ekstatische emotionale Erlebnisse, die »Trunkenheit vom Heiligen Geist«, verschiedene Meditationstechniken und auch den Gebrauch von psychotropen Stoffen. Auch die zweite Aufklärung hatte also sowohl ihre politische als auch ihre spirituelle Gestalt.

***

Ist das, dessen Zeugen wir jetzt sind, ein Ausdruck der dritten Aufklärung? Das, was wir jetzt erleben, hat ebenfalls mehrere verschiedene Gesichter. Jene emotionale, irrationale, chthonische Seite unserer Zeit des Wandels kündigt sich vielleicht sowohl in den Protesten gegen die Globalisierung als auch in der gegenwärtigen Welle von Gewalt und Unruhen an – vom »Denkmalsturz«, dem Niederreißen der Symbole der kolonialen Vergangenheit, das im Jahre 2020 begann, also einem typisch aufklärerischen Aufstand gegen die Autoritäten der

Vergangenheit, bis zu dem faschistischen Angriff auf das Kapitol, das Symbol der amerikanischen Demokratie, angefacht im Januar 2021 durch den populistischen Präsidenten Trump.

Während die zweite Aufklärung am Ende der 60-er Jahre vor allem gegen die unmittelbar vorausgehende Generation ihrer Eltern revoltierte, die den Zweiten Weltkrieg und den Beginn des Kalten Krieges in den 50-er Jahren erlebt hatten, geht die dritte Aufklärung – zum Beispiel durch das erwähnte »Niederreißen der Denkmäler« – in der Ablehnung der Vergangenheit tiefer: Sie grenzt sich gegen das jahrhundertealte Erbe der westlichen Zivilisation ab, das sie des Rassismus, des Kolonialismus, des Machismo und des Kulturchauvinismus anklagt.

Das Misstrauen gegenüber der gegenwärtigen ökonomischen und politischen Weltordnung spielt dem politischen Extremismus, Populismus und Fanatismus in die Hände. Ähnlich wie in der Zeit der Wirtschaftskrise der 30-er Jahre des 20. Jahrhunderts radikalisieren sich die Linke und die Rechte. In manchen postkommunistischen Ländern kommt, wie schon gesagt wurde, die nationalistische Rechte zur Macht, während sich vor allem im akademischen Milieu mancher amerikanischer und westeuropäischer Universitäten die Anhänger der radikalen linken Ideologie des Multikulturalismus und der Political Correctness (die ursprünglich den Pluralismus und die Toleranz verteidigen sollte) zu ihren ideellen Gegnern mit einem solchen Maß an Intoleranz, Arroganz und Fanatismus verhalten, dass es fast an die ideologischen Säuberungen aus der Zeit des Kommunismus erinnert.

Im Vergleich zu den 60-er Jahren des letzten Jahrhunderts hat sich der Globalisierungsprozess in der heutigen Epoche des Internets radikal beschleunigt; die globale Vernetzung verstärkt jedoch auch den Risikocharakter unserer Zeit – viele Bedrohungen von den Wirtschafts- und Finanzkrisen bis zu den Infektionskrankheiten verbreiten sich lawinenartig über alle Grenzen. Mit einer ähnlichen Geschwindigkeit verbreiten sich auch Parolen, Ideen und gesellschaftliche Stimmungen, die leicht ein Feuer entfachen können.

Die neuen kulturellen und politischen Visionen der dritten Aufklärung sind in vielem erst noch dabei, ihr endgültiges Gepräge zu finden. Die Werte und Parolen, welche die jüngste Generation ansprechen, lassen jedoch durchaus schon eine Aussage darüber zu. Während es der ersten Aufklärung um die *Emanzipation der Vernunft* von der Vorherrschaft der Tradition und der Autorität ging und der zweiten Aufklärung um die *Emanzipation der Emotionalität* (und auch der mit ihr zusammenhängenden Sexualität) von der Vorherrschaft der gesellschaftlichen Konventionen, ist die Parole der dritten Aufklärung vor allem die *Befreiung der Natur* von der Vorherrschaft der technisch-ökonomischen Manipulation durch den Menschen, der *Respekt vor den Minderheiten* und vor allen, die bedroht werden – einschließlich der Natur. Es ist offensichtlich, dass die heutigen jungen Menschen, die gegen die Zerstörung der Natur und das Töten von Tieren demonstrieren, oft in die »Welt, die keine Stimme hat«, das Gefühl der eigenen Verletzlichkeit projizieren.

***

Die erste Aufklärung hat die Epoche der Moderne eröffnet, und die zweite war offenbar ihr letztes Wort. Die heutige dritte Aufklärung sucht das »Licht«, die Freiheit und den Sinn in der unübersichtlichen globalen postmodernen Welt, in der die Früchte der wissenschaftlich-technischen Machtentfaltung der menschlichen Rationalität, vor allem die Manipulation und die Verwüstung der Natur, zu einem Gefühl der Ohnmacht des Menschen gegenüber der Irrationalität der Welt führen.

Die erste Aufklärung rief nach Freiheit und Gleichheit, nach der Souveränität des Volkes und der Nation, sie beseitigte die aristokratische und die hierarchische Ständegesellschaft und führte zu einer bürgerlichen Gesellschaft. Die zweite Aufklärung, die im Westen durch einen eigenwillig interpretierten Marxismus und Maoismus inspiriert wurde, rief nach der Beseitigung der »bourgeoisen Demokratie« und schrieb besonders unter dem Einfluss der humanistischen Psychologie die Parole der persönlichen *Selbstverwirklichung* gegen jegliche Zensur und Einschränkung auf ihre Fahnen: »Es ist verboten zu verbieten.« (Der Protest gegen Zensur und staatliche Kontrolle – diesmal vonseiten des viel rigideren und repressiveren kommunistischen Regimes – spielte auch bei den Ereignissen des damaligen Prager Frühlings eine bedeutende Rolle.) Die anarchistische Flamme der westlichen Studentenrevolte ist erloschen. Das Ideal der individuellen Selbstverwirklichung und des hedonistischen Lebensstils ohne jegliche Hindernisse hat sich der völlig unbeschränkte Markt des globalen Kapitalismus unter den Nagel gerissen. Dieses wirtschaftliche System hat die Menschheit jedoch an den Rand einer ökologischen Katastrophe geführt.

Deshalb legt die dritte Aufklärung einen so großen Wert auf die *Verantwortung für die Umwelt*, und vor allem angesichts des unbestreitbaren Klimawandels lehnt sie den neoliberalen Kapitalismus und seine Ideologie des unbeschränkten Wachstums vehement ab. Bewegungen, die mit der Verbreitung eines alternativen Lebensstils verbunden sind, fordern Mäßigung – bis hin zu einer gewissen Askese bei Ernährung und Kleidung –, und sie nehmen manchmal sogar eine pseudoreligiöse Gestalt an. Eine globale mediale Aufmerksamkeit hat das Auftreten der Kinderprophetin Greta Thunberg gewonnen.

Ein großer Teil der heutigen jungen Generation ist kosmopolitisch, er akzeptiert und begrüßt die kulturelle Pluralität; wie schon gesagt, spürt er einen *Respekt vor den Rechten der*

Minderheiten, einschließlich der sexuellen Minderheiten,[130] er lehnt den Rassismus, den Nationalismus und den kulturellen Chauvinismus ab. Der Individualismus und die Geringschätzung der traditionellen Institutionen einschließlich der politischen Parteien und der Kirchen haben sich noch weiter vertieft. Gleichzeitig wächst jedoch die Bereitschaft eines erheblichen Teiles der jungen Generation, sich in verschiedenen Bürgerinitiativen und Bewegungen zu engagieren. Sowohl in der Zeit der Migrationswelle nach Europa als auch in der Zeit der Coronapandemie äußerten viele junge Menschen Solidarität gegenüber den Menschen in Not und nahmen opferbereit an ehrenamtlichen Aktivitäten teil.

Falls die Repräsentanten des heutigen gesellschaftlichen (aber auch kirchlichen) Establishments die Jugendbewegung mit dem schlichten Etikett des Neomarxismus versehen, verraten sie damit ihre Unfähigkeit zu einem tieferen Verständnis dessen, was in diesen Bewegungen neu ist. Sie übersehen oft, dass diese Bewegungen in hohem Maße ethisch aufgeladen sind – sie legen allerdings auf andere moralische Qualitäten Wert als die vorherige Generation.

Die heutige junge Generation fühlt sich in der digitalen, postindustriellen und postmateriellen Gesellschaft zu Hause, und sie wird mehr von ständigem Wandel und einer Fülle an Erlebnissen angezogen als von einem hohen Gehalt und einer Karriere. Ihr wichtigster Lebensraum ist die virtuelle Welt des Internets. Dort lauert aber auch die Gefahr dieser Kultur: die Seichtheit und Oberflächlichkeit, die von einem Übermaß an Informationen verursacht wird, das man intellektuell und emotional nicht ausreichend verarbeiten kann, und die virtuelle Pseudo-Nähe in sozialen Netzwerken.[131]

Während die erste und die zweite Aufklärung von der ungeduldigen Erwartung der revolutionären Heraufkunft einer besseren Zukunft begleitet wurden, verbindet die heutige Generation den Zorn auf den aktuellen Zustand der Gesellschaft und auf diejenigen, die die Schuld daran tragen, nicht mit einer hoffnungsvollen innerweltlichen Eschatologie: Ihre Zukunft und die Zukunft der Welt nehmen die heutigen jungen Menschen meistens in sehr düsteren Farben wahr. Gewisse Hoffnungsschimmer gibt es in den erwähnten Versuchen, zu einem alternativen, nichtkommerziellen Lebensstil zu finden. Manche radikalen Ausdrucksformen der gegenwärtigen jungen Generation bringen die Augenzeugen des Jahres 1968 zu der Meinung, dass man es heute mit einer Art Rezidiv des damaligen linken Widerstandes zu tun hat. Es ist jedoch ziemlich wahrscheinlich, dass die heutige moralische Unruhe in den nächsten Jahren in der Konfrontation mit den sozialen, politischen und geistigen Veränderungen ihr eigenes ideelles und politisches Gesicht gewinnen wird.

11. Die Identität des Christentums

Die Überlegungen in diesem Buch sind von der Überzeugung begleitet, dass ein charakteristischer Zug des Nachmittags des Christentums seine sich stetig vertiefende ökumenische Offenheit sein wird. Mutige Schritte auf dem Weg des Überschreitens der bestehenden mentalen und institutionellen Grenzen stoßen unter uns Christen immer auf beunruhigende Fragen: Verraten wir dadurch nicht unser Christentum? Verschleiern wir dadurch nicht die Identität unseres Glaubens? Dieser Zweifel ist – wie übrigens die meisten Zweifel, die uns zu einer kritischen Selbstreflexion führen – gesund und nützlich. Er führt uns zu der Frage, die man sich immer wieder stellen sollte – und vor allem in Situationen, in denen es zu einem Wandel von kulturellen Paradigmen kommt: Worin besteht die *Christlichkeit* unseres Glaubens, worin besteht die *Identität des Christentums*?

Die einfache Antwort, dass die Christlichkeit des Christentums im Glauben an Jesus Christus besteht, ist sicher richtig. Ihre Richtigkeit muss sich aber in der Konfrontation mit vielen weiteren Fragen bewähren. Woran glauben wir, welchen Glauben bekennen wir, wenn wir sagen, dass wir an Christus glauben? Glauben wir an die Gottheit Christi und an seine Auferstehung von den Toten, diese Steine des Anstoßes auch für die »Ungläubigen«, die mit uns die Bewunderung und die Liebe zum Menschsein und der Menschlichkeit Christi teilen, sich hier jedoch von uns trennen? Oder glauben wir *mit dem jesuanischen Glauben*, mit dem Jesus glaubte (*fides qua*), und an das, woran Jesus glaubte (*fides quae*)? Ist unser Glaube vor allem das Vertrauen in die Wahrhaftigkeit des Zeugnisses Jesu über den, den er seinen Vater nannte?

Jahrhundertelang bestand die Vorbereitung der Priesteramtskandidaten an den katholischen theologischen Fakultäten darin, dass sie sich vor dem Studium der Theologie im eigentlichen Sinne des Wortes dem Studium der Philosophie und der »natürlichen Theologie« widmeten. Diese Struktur des Studiums führte aber dazu, dass sie auf die Frage, wen Jesus meinte, als er über seinen himmlischen Vater sprach, schon von vornherein eine Antwort parat hatten: Jenen Gott, über dessen Charakter und Eigenschaften sie in den Vorlesungen über Metaphysik vieles gelernt hatten. Ich fürchte, dass dieses Vorverständnis zu einem schicksalhaften Missverständnis, ja sogar zu einem verzerrten Verständnis des eigentlichen Kerns des Evangeliums geführt hat.

Jesus glaubte nicht an den Gott der Philosophen, sondern an den Gott Abrahams, Isaaks und Jakobs, an den Gott, der in der Feuerflamme zu Mose gesprochen hatte. Dieser Unterschied ist auch Pascal in seiner nächtlichen Erleuchtung klar geworden. Die Voraussetzung der christlichen Theologie muss vielmehr der Mut sein, unsere sämtlichen menschlichen Vorstellungen von Gott – von den metaphysischen Konstruktionen bis zu unseren persönlichen Fantasien – radikal zu »vergessen«, »einzuklammern«, und wir müssen mit dem demütigen Eingeständnis (oder mit der weisen Erkenntnis), dass wir *nicht wissen*, wer Gott ist, *nicht wissen*, was die Menschen (uns selbst eingeschlossen) mit diesem Wort gemeint haben und meinen, *suchen*, wen Jesus meinte, als er von seinem Vater sprach. Wir sehnen uns danach, in die Beziehung Jesu zum Vater einzutreten – also das zu versuchen, was unmöglich ist, falls uns Jesus selbst nicht den Fürsprecher und Helfer sendet.

Das Erste Vatikanische Konzil lehrte – um sich gegen einen Bibelfundamentalismus auf der einen und einen matten emotionalen Fideismus auf der anderen Seite abzugrenzen –, dass es in der Kapazität der menschlichen Vernunft liege, durch Nachdenken über die Schöpfung zu der festen Überzeugung von der Existenz des Schöpfers zu gelangen. Diese

Überzeugung sollten wir aber in keinem Fall mit dem *Glauben* verwechseln – mit der Tugend, in der die göttliche Gabe der Gnade und die menschliche Freiheit, diese Gabe anzunehmen, einander wesenhaft durchdringen; mit dem Glauben, in dem die Offenheit Gottes (die Offenbarung) der menschlichen Offenheit begegnet, also der Fähigkeit, Gott zuzuhören und ihm zu gehorchen (*potentia oboedientialis*). Unser Glaube beruht nicht auf den Meinungen der Metaphysiker über Gott. Der Kern des Christentums ist die Beziehung Jesu zum Vater. Sie ist das, was uns die Evangelien darstellen – indem sie die Worte Jesu bewahren und seine Geschichte erzählen, die von dieser Beziehung zeugt.

Jesus sagt zu seinen Jüngern: »Habt den Glauben Gottes!«[132] Vorsichtige Übersetzungen schwächen diesen Satz ab und verzerren ihn: Habt Glauben an Gott! Aber Jesus sagt mehr: Gott ist bei ihm kein »Gegenstand«, sondern das »Subjekt« des Glaubens. Die klassischen Lehrbücher der Theologie behaupten, dass Jesus die Tugend des Glaubens nicht gehabt habe, weil er sie nicht gebraucht habe - er war doch Gott. Jesus war aber der »Anführer und Vollender des Glaubens«, sagt die Schrift.[133] In seinem Glauben ist der Glaube Gottes selbst, sein riskantes Vertrauen in uns. Gott erweckt unseren Glauben und begleitet ihn mit Vertrauen auf unsere Freiheit, mit dem Vertrauen, dass wir auf seine Gabe mit Glauben und mit Treue antworten werden. Gott ist treu, denn er kann sich selbst nicht verleugnen.[134] Er ist treu, auch wenn wir untreu sind. Er glaubt an uns, auch wenn wir nicht an ihn glauben. Er ist größer als unser Herz – als das menschliche Herz, in dem stets der Glaube mit dem Unglauben, die Treue mit der Treulosigkeit kämpft.

In der Geschichte Jesu werden der Glaube, das Vertrauen und die Liebe Gottes uns Menschen gegenüber durch uns Menschen gekreuzigt, getötet, begraben. Sie bleiben jedoch nicht im Grab liegen. Der tschechische Dichter Jan Zahradníček, der wie kaum jemand sonst die Finsternis von Getsemani erlebt hat, schreibt, dass sich irdische Mächte stets verzweifelt bemühen würden, »daß nicht überschreite die Geschichte den Karfreitag Mittag«.[135] Die Ostergeschichte überlässt jedoch der Hölle und dem Tod nicht das letzte Wort. Sie endet mit der Botschaft, dass die Liebe stärker ist als der Tod.

In den Evangelien lesen wir, wie langsam und schwer das Licht des Ostermorgens durch die Dunkelheit der Trauer und der Zweifel der Apostel durchgedrungen ist. Jesus kommt zu ihnen als ein durch die Erfahrung des Todes bis zur Unkenntlichkeit Veränderter. Manchmal habe ich das Gefühl, dass auch uns für diese Botschaft noch »keine Ohren gewachsen« sind – dass, während die Botschaft des tollen Menschen Nietzsches vom Tode Gottes bei uns bereits heimisch geworden ist, die Auferstehung noch nicht ganz begriffen und angenommen wurde. Sie kommt häufig in einer banalen Form (als ein Bericht über die bloße Reanimation eines toten Körpers oder als ein bloß symbolischer Ausdruck dessen, dass »die Sache Jesu weitergeht«), die man leicht ablehnen kann.

Diese Botschaft wird dadurch glaubwürdig, dass man am Lebenszeugnis der Christen erkennen kann, dass Christus *in ihnen lebt*, in ihrem Glauben, in ihrer Hoffnung und vor allem in der Kraft und Authentizität ihrer solidarischen Liebe. »[…] dass ich an ihren Erlöser glauben lerne: erlöster müssten mir seine Jünger aussehen!«, sagt Nietzsche zu uns Christen.[136] Unsere Freiheit – die Erlösung von Sklaverei jeglicher Art – ist das überzeugendste Zeugnis für die Auferstehung Christi, diesen Eckstein unseres Glaubens.

***

Die Aussage »Jesus ist Gott« ist vieldeutig, und manche ihrer Auslegungen haben eine Vielzahl von Missverständnissen und

Häresien hervorgerufen, vor allem die Häresie des Monophysitismus und Doketismus, die Leugnung des wahren Menschseins Jesu. Die Vorstellung, dass Jesus ein Gott *neben* Gott sei, führte zu einem Konflikt mit den Juden und den Muslimen, die das Christentum des Verrats am Monotheismus, an dem Glauben an den einen und einzigen Gott, verdächtigen. Diese Häresien haben nicht nur das christliche Denken, die Theologie, beschädigt, sondern auch die christliche Spiritualität und die gesellschaftliche Praxis. Der christliche Humanismus, die Menschlichkeit der Christen, atmete schwer im Schatten einer solchen Betonung der Gottheit Jesu, die sein wahres Menschsein verdunkelte und infrage stellte. Den orthodoxen Glauben an das wahre, radikale Menschsein Jesu können die Christen am besten durch die Orthopraxis bekennen, durch eine radikal verwirklichte Menschlichkeit und Mitmenschlichkeit. Darin besteht eine der Säulen der christlichen Identität.

Und was soll man mit dem Bekenntnis zur Gottheit Jesu anfangen? In den Evangelien begegnen wir ihm explizit nur an der einzigen Stelle, wo der zweifelnde Apostel Thomas beim Berühren der Wunden Jesu ausruft: »Mein Herr und mein Gott«.[137] Ich glaube, dass man den Glauben an die Gottheit Jesu aus den zahlreichen theologischen Auslegungen und dogmatischen Definitionen in diesen Raum zurücknehmen sollte, wo er seinen »Sitz im Leben« hat. In der Flamme dieses auferweckten Glaubens des Thomas sollten wir die Echtheit aller Aussagen überprüfen, die sich von dieser Grundlage oft entfernt haben.

Ich denke oft an den Augenblick des »Erwachens«, als sich für mich persönlich ein neues Verständnis dieses Satzes eröffnete – und gleichzeitig für meinen Glauben an Christus, an seine Auferstehung und an seine Einheit mit Gott Vater. Es war bei meinem Besuch in Madras in Indien, wo ich in der Nähe des Ortes, an dem der Legende nach der Apostel Thomas zu Tode gefoltert wurde, ein katholisches Waisenhaus voll von hungrigen und kranken verlassenen Kindern besucht habe.[138] Dort habe ich begriffen: Das sind die Wunden Christi! Wer in unserer Welt die Wunden des Elends, des Leids und des Schmerzes jeglicher Art ignoriert, wer vor ihnen die Augen verschließt und es ablehnt, sie zu berühren, hat kein Recht zu rufen: »Mein Herr und mein Gott«. Holen wir unseren Glauben an die Gottheit Jesu zurück aus den dogmatischen Definitionen, deren Sprache für viele unserer Zeitgenossen unverständlich ist, zurück zu der Orthopraxis unserer solidarischen Offenheit für die Theophanie (die Offenbarung Gottes) im Leid der Menschen in der Welt. Hier, in den Wunden unserer Welt, können wir den unsichtbaren Gott in einer authentisch christlichen Weise sehen und das sonst kaum berührbare Geheimnis berühren.

***

Wenn wir das suchen wollen, was das Christentum in die Geschichte des Glaubens eingebracht hat, dann können wir die Lehre Jesu nicht außer Acht lassen – und vor allem seine Betonung des Bandes zwischen der Liebe zu Gott und der Liebe zum Menschen. Die neutestamentlichen Texte sagen immer wieder, dass derjenige, der behauptet, dass er Gott liebe (den er nicht gesehen hat), und seinen Bruder nicht liebt, ein Heuchler und Lügner sei.[139] Und umgekehrt impliziert die solidarische Liebe zum Nächsten den Glauben an Gott. In Jesu Schilderung des Jüngsten Gerichts lesen wir, dass diejenigen die Echtheit ihres Glaubens und ihre Zugehörigkeit zu Christus bewiesen haben, die den Bedürftigen tätige Liebe entgegengebracht haben, ohne dazu eine explizit »christliche« Motivation zu haben. Sie haben nicht gewusst, dass sie dadurch Christus selbst dienten.[140] Jesus sagt, dass nicht derjenige, der seinen Namen bekennt, der zu ihm »Herr, Herr« sagt, sondern derjenige, der den Willen Gottes erfüllt, sein wahrer Jünger sei.[141]

Das ist ein wichtiges Korrektiv für eine geläufige Deutung der Worte Jesu darüber, dass er die einzige Tür sei, die den Zugang zu Gott Vater[142] auf eine »exklusive« (ausschließende) Art ermögliche. Ein strikt exklusives Verständnis dieser Worte bedeutet, dass den Nichtchristen die Möglichkeit des Heils abgesprochen wird. Die Schilderung des Jüngsten Gerichtes im Evangelium nach Matthäus zeigt aber, dass das »Ich« Jesu weiter reicht: Es gehören zu ihm all die »Geringsten«, mit denen er sich identifiziert. Das bedeutet, dass derjenige, der ihnen den Dienst der solidarischen Liebe erweist, damit *durch Christus* zu Gott geht, auch wenn er ihn nicht nennt und nicht erkennt. Christus ist in ihnen verborgen.

Christus, so lehrt der Apostel Paulus in seinem Brief an die Philipper, »entäußerte sich selbst« (*ekenosen seauton*, wortwörtlich: er entleerte sich).[143] Er ist die Tür: Eine offene Tür ist *ein leerer Raum* – und deshalb kann sie ein Durchgang sein, der einen Zugang ermöglicht.[144] Gerade die *kenosis* (die Selbstschenkung, Selbstentäußerung) ist der Grund dafür, dass der Vater Jesus »erhöht« und ihm einen »Namen über alle Namen« gegeben hat: Er hat ihn zum »universalen Christus« gemacht, zum allherrschenden und allgegenwärtigen Herrn.

Kommen wir zum Motiv des impliziten Glaubens im Jakobusbrief zurück: Derjenige, der den Glauben im Munde führt, jedoch einen Glauben, der nicht von Werken der Liebe gedeckt ist, ist ein Heuchler, und er hat einen toten Glauben, während ein anderer einen Glauben aufweisen kann, der implizit, anonym, in seiner Weise zu leben unausgesprochen anwesend ist.[145] Wenn wir also den christlichen Glauben suchen wollen, wie ihn das Neue Testament schildert, dürfen wir ihn nicht nur dort suchen, wo er mit einem expliziten Bekenntnis zu Jesus verbunden ist, und wir dürfen ihn nicht ausschließlich in den traditionell verstandenen Grenzen der Kirche suchen. Es existieren auch »Jünger, die uns nicht nachfolgen«, »anonyme Christen«, »eine unsichtbare Kirche«.[146] Jesus hat seinen allzu eifrigen und allzu engherzigen Jüngern verboten, denjenigen, »die uns nicht nachfolgen«, zu verbieten, ihn in aller Freiheit auf ihre eigene Art zu bezeugen.

***

Die menschliche Geschichte Jesu wird in den neutestamentlichen Erzählungen umrahmt von der Theologie der Schriften von Paulus und Johannes, in denen der Mensch Jesus vor allem *der Christus* ist. Das bedeutet bei Paulus und Johannes noch viel mehr, als dass er der von den Propheten versprochene Messias der Juden ist. Das irdische Menschsein Jesu, lehrt die Kirche, ist das Ur-Sakrament, also ein Symbol, ein wirkmächtiges Zeichen, das über sich hinausweist und gleichzeitig ein Selbstausdruck Gottes selbst ist. Für das Evangelium nach Johannes ist Jesus Christus das Wort, das mit Gott selbst wesenhaft verbunden ist; durch ihn und mit ihm und in ihm ist Gott das schöpferische Prinzip aller Dinge, »die Welt ist durch ihn geworden«.[147] Deshalb schimmert in diesem Evangelium in den Aussagen Jesu über sich selbst, die mit den Worten »Ich bin« (*ego eimi*) eingeleitet werden, das Ich Gottes selbst durch: »Ich und der Vater sind eins.«[148] Jesus Christus ist nach der Apokalypse des Johannes das Alpha und das Omega, der Anfang und das Ende der Geschichte des Alls, er ist ihr erster und letzter Sinn.

Für Paulus ist Jesus der gekreuzigte, auferstandene und in die Herrlichkeit des Vaters aufgenommene kosmische, universale Christus, der Herr und Richter des Himmels und der Erde. Die Universalität des paulinischen Christentums gründet sich auf die Universalität Christi, nicht nur auf die Person, die Geschichte und die Lehre des Menschen Jesus von Nazaret. Mehr als der historische Jesus (»dem Fleische nach«) fasziniert Paulus der Christus »dem Geiste nach«, der alle Grenzen niederreißt und sogar das eigene Ego des Apostels überwältigt und ersetzt, denn »nicht mehr ich lebe, sondern Christus lebt in mir«.[149]

Wenn das Christentum im Kontext der heutigen globalen Gesellschaft wieder ein universales Angebot sein möchte, muss seine Christologie wieder wie bei Paulus, bei den griechischen Kirchenvätern, bei den Mystikern, in der Spiritualität der Franziskaner, in der spirituellen Theologie des christlichen Ostens und in der mystischen Kosmologie Teilhard de Chardins einen unvergleichlich »größeren Christus« darstellen, als er in vielen sentimental-moralisierenden oder scholastisch faden Predigten der letzten Jahrhunderte geschildert wird. Einer der mutigen und inspirativen Versuche, eine Christologie zu entwickeln, die vor allem an die Theologie und Mystik der Franziskaner anknüpft, ist das Konzept eines »universalen Christus« in einem neueren Buch von Richard Rohr.

Diese Vision eines allgegenwärtigen und allherrschenden Christus, in dem das Göttliche und das Menschliche zur Einheit kommen und die Menschwerdung durch die Christifizierung der Materie ihre Vollendung findet, harmoniert meiner Ansicht nach nicht nur mit der Lehre Teilhards über Christus als den Punkt Omega der kosmischen Entwicklung, sondern auch mit der bekannten Theorie Karl Rahners von den »anonymen Christen«: Christus begegnen wir in allen Menschen, den Getauften und den Nichtgetauften, den Gläubigen und den Nichtgläubigen. Nach Rahner ist jeder Mensch *bereits durch sein Menschsein* mit demjenigen verbunden, in dem Gott die Vergöttlichung des Menschseins als eines solchen verwirklicht hat.

Die Vergöttlichung des Menschseins durch Christus ist ein charakteristischer Zug besonders der Theologie und der

Spiritualität des christlichen Ostens. Dieses »Weihnachtsgeheimnis« spricht übrigens auch in der westlichen katholischen Liturgie der Priester bei jeder Messe aus: »Wie das Wasser sich mit dem Wein verbindet zum heiligen Zeichen, so lasse uns dieser Kelch teilhaben an der Gottheit Christi, der unsere Menschennatur angenommen hat.« Richard Rohr meint: Christus ist in allen Wesen.[150]

Die Auffassung Christi als des geheimnisvollen eschatologischen Ziels der Geschichte und jedes menschlichen Lebens eröffnet dem zweiten und dem dritten Ökumenismus neue Möglichkeiten: Sie ermöglicht es, anderen Religionen und »nichtreligiösen, aber spirituellen Menschen« näherzukommen. Im Dialog mit dem Judentum und dem Islam können wir zeigen, dass unser Glaube kein heidnischer Kult des Menschen Jesu ist, den wir für einen »zweiten Gott« ausgeben würden, sodass wir damit die Reinheit des Glaubens an den einen Gott bedrohen würden. Im Dialog mit dem säkularen Humanismus können wir wiederum die mystische Tiefe unserer Verehrung des Menschseins zeigen. Unser Verhältnis zum nichtreligiösen Humanismus darf nicht bei einem oberflächlichen Zweckbündnis stehen bleiben, dieses Verhältnis muss theologisch und philosophisch reflektiert werden und in einer gemeinsamen Meditation reifen. Erst dann kann es ein reifer Beitrag werden zu einer gemeinsamen Suche nach der Antwort auf die keineswegs einfache uralte Frage: »Was ist der Mensch?«

***

Gehen wir aber noch weiter und tiefer. Der Glaube ist, ebenso wie die Kirche, in dem Maße christlich, wie er österlich ist: *Er stirbt und ersteht wieder von den Toten auf.* Es gibt viele Formen des Glaubens, auf der persönlichen Ebene (unser Kinderglaube, der Glaube als ein bloßes »Erbe der Väter«, aber auch die anfängliche Begeisterung der Konvertiten) und auch auf dem Weg der Kirche durch ihre Geschichte, die einmal absterben müssen. Manchmal gehen die Gläubigen beim Absterben der gewohnten Form des Glaubens durch die Finsternis des Karfreitags hindurch, durch das Gefühl, das Gott sie verlassen habe. Wer aber in diesen finsteren Nächten (in den Prüfungen des persönlichen Glaubens, aber auch in den kollektiven Nächten des Glaubens in der Geschichte) ausharrt, kann früher oder später das Licht des Ostermorgens, die Verwandlung des Glaubens, erfahren.

Zum österlichen Drama gehört nämlich auch das Geheimnis, das in einem wichtigen Satz des Apostolischen Glaubensbekenntnisses ausgesprochen wird: Hinabgestiegen in die Hölle[151]. Jesus steigt in der Passionsgeschichte zunächst in die Hölle der menschlichen Grausamkeit und der Gewalt hinab und dann in noch tiefere Höllen, in die Höllen der tiefsten Verlassenheit, der Verlassenheit von Gott selbst. Zur Volksfrömmigkeit am Karfreitag und vor allem zur Spiritualität der Franziskaner gehört die Verehrung der Wunden Christi. Wir dürfen jedoch die tiefste Wunde nicht vergessen, die Wunde im Herzen, die in der schmerzdurchzitterten Frage zum Ausdruck kommt: Mein Gott, warum hast du mich verlassen?

Wenn wir in den Schmerzen und im Elend der Menschen die Wunden Jesu berühren, dann berühren wir in der Finsternis des durchstochenen, gekreuzigten und sterbenden Glaubens vieler Menschen diese Wunde, ohne welche die Ostergeschichte nicht vollständig wäre. Nur zwei der Evangelisten haben den Mut, diesen Ausruf zu zitieren. Bei Johannes wird er vom Licht verschlungen – seine Auffassung der Passion verbindet das Kreuz bereits mit dem österlichen Sieg: In deine Hände lege ich meinen Geist, es ist vollbracht. Aber im Leben vieler Menschen bleibt diese Wunde offen und verheilt nicht – die Frage nach dem Sinn des Leids bleibt ohne Antwort.

Auch unser Glaube, fürchte ich, ist nicht vollständig und wirklich christlich, wenn er es nicht wagt, in diese Dunkelheit des Kreuzes und in die Stille des Karsamstags hinabzusteigen. Der Tod Jesu am Kreuz ist als der »Tod Gottes« zum Thema vieler scharfsinniger theologischer und philosophischer Abhandlungen sowie der mystischen Poesie geworden. Da fällt mir ein: Wenn die Volksfrömmigkeit am Karfreitag am Gottesgrab meditiert, bedeutet das nicht, dass auch sie in gewisser Weise vom »Tod Gottes« weiß?

Auf den byzantinischen Ikonen sehen wir den Sinn des Abstiegs Jesu in die Hölle dargestellt: Jesus führt mit einem tanzenden Schritt den Zug der Verstorbenen von dort hinaus. Vor dieser Ikone denke ich immer daran, dass der auferstandene Christus auch diejenigen in das Licht des Heils hinausführt, die unser allzu enger Glaube jahrhundertelang in die Hölle geschickt hat: die ganze Menschheit der »Andersgläubigen«. Es verbietet wahrhaftig kein Dogma die Hoffnung, dass nach dem Durchgang Jesu durch die Hölle die Hölle leer bleibt.

Ich habe feigerweise den ursprünglichen Titel dieses Kapitels wieder gestrichen: Jesus in der Hölle. Nichtsdestoweniger glaube ich, dass der Satz »hinabgestiegen in die Hölle« ein wichtiges Element unseres Glaubens ist und dass der Übergang in den Nachmittag des Christentums durch die Mittagsfinsternis führt, zu der auch jene Erfahrung der Verlassenheit gehört, von der der Schrei Jesu in der Mittagsfinsternis von Golgota zeugt und die er mit vielen geistig-geistlich leidenden Menschen in unserer Welt teilt.

***

Ein lebendiges Christentum ist in Bewegung, es geschieht, es wird, es ist immer unfertig, es ist erst auf dem Weg zu seiner eschatologischen Vollendung. Im Christentum geht es wirklich darum, »neu geboren zu werden«,[152] um eine Verwandlung (*metanoia*). Diese Verwandlung verstehe ich etwas anders als viele »neugeborene« Christen in den Pfingstkirchen oder als diejenigen, welche die Konversion nur als eine Veränderung ihrer Ansichten oder als eine »moralische Besserung« auffassen; das alles sind höchstens Teilaspekte auf dem Weg des »Christwerdens«. Sie sind eher so etwas wie natürliche Begleiterscheinungen ihrer Umkehr, sie sind deren Folge, aber die Umkehr selbst lässt sich nicht auf sie reduzieren. Das Leben aus dem Glauben ist weder auf die Überzeugung (*belief*) noch auf die Moral noch auf das emotionale Erlebnis der »zweiten Geburt« zu reduzieren. Die *metanoia* ist eine das Ganze betreffende existenzielle Verwandlung eines Menschen.

Christus ist nicht gekommen, um eine »Lehre« (eine Doktrin) anzubieten, sondern einen Weg, auf dem wir unablässig lernen, unser Menschsein, unsere Weise, Mensch zu sein, einschließlich aller unserer Beziehungen – zu uns selbst und zu den anderen, zur Gesellschaft, zur Natur und zu Gott – zu verwandeln. Das ist seine »Lehre« – nicht eine Doktrin, eine Theorie oder eine Lehre »über etwas«, sondern ein Lernprozess, ein Erlernen »von etwas«; das ist die Erziehungs- und Therapiepraxis Jesu. Seine »neue Lehre« ist eine »Lehre voll Macht«[153], und diese Macht besteht in der Fähigkeit, einen Menschen zu verwandeln, seine Motive und Ziele, seine grundsätzliche Lebensorientierung zu verändern. Jesus ist viel mehr ein Lehrer des Lebens (ein »Lebemeister«, wenn ich den Ausdruck von Meister Eckhart ausleihen darf) als ein Rabbiner, ein Philosoph oder lediglich ein »Morallehrer«. Der lernende Glaube, diese existenzielle Antwort auf die Aufforderung zur Umkehr, ist ein Element des stets fortwährenden Ereignisses der Auferstehung.

Die Auferstehung Jesu lässt sich nicht auf die »Wiederbelebung einer Leiche« reduzieren und die Auferstehung der Gläubigen lediglich auf ein Geschehen nach dem Tod. Paulus spricht von der Auferstehung der Gläubigen als von ihrem radikal neuen Leben hier und jetzt.[154] Die Auferstehung – die Auferstehung Jesu, die Auferstehung der Gläubigen (die Umkehr) und auch die Auferstehung der Kirche (Reformen und Erneuerungsbewegungen) – ist keine Rückkehr in die Vergangenheit, keine Wiederholung dessen, was vergangen ist. Die Auferstehung ist immer eine radikale Verwandlung.

Die Schilderung des Jüngsten Gerichts im Evangelium nach Matthäus sagt uns, dass Christus anonym durch die Geschichte und durch unser Leben hindurchschreitet und erst an der Schwelle zur eschatologischen Zukunft seine vielen Verkleidungen ablegt: Ja, der Arme, der Nackte, der Kranke, der Verfolgte – das war *ich*! In den Bedürftigen auf unserem Weg geschieht schon eine *Parusie*, seine zweite Ankunft und gleichzeitig ein Gericht über uns. Die letzte Krise, das Jüngste Gericht, wird nur die Vollendung dieses verborgenen Prozesses sein. Unser Leben und die Kirchengeschichte sind ein Abenteuer der Suche nach dem verborgenen Christus. Verstopfen wir uns nicht die Ohren vor der Klage der Leidenden, Ausgebeuteten und Verfolgten, schließen wir nicht die Augen vor den Wunden und Schmerzen unserer Welt, verschließen wir nicht unsere Herzen vor den Armen und Marginalisierten – wir könnten in ihnen die Stimme Jesu überhören, wir könnten in ihnen Jesus verfehlen.

Die Auferstehung endet nicht mit dem Morgen nach der Osternacht. Ähnlich wie von einer fortwährenden Schöpfung (*creatio continua*) können wir auch von einer *resurrectio continua* sprechen, von einer fortwährenden Auferstehung. Der Sieg Jesu über den Tod, über die Schuld und über die Angst wird in der Geschichte, im Glauben der Kirche und in den Lebensgeschichten der einzelnen Menschen fortgesetzt. Das verborgene Leben des Auferstandenen (Jesus erschien nicht »dem ganzen Volk«[155]) ist wie ein unterirdischer Fluss, der in den

Konversionserfahrungen der Einzelnen oder in den Reformen der Kirche an die Oberfläche sprudelt.

Der hl. Augustinus sagt, zu beten bedeute, die Augen zu schließen und sich dessen bewusst zu werden, dass Gott jetzt die Welt erschafft. Ich füge hinzu: zu glauben, Christ zu werden bedeutet, das Herz zu öffnen und sich dessen bewusst zu werden, dass Jesus jetzt von den Toten aufersteht.

12. Gott aus der Nähe und Gott aus der Ferne

Die Geschichte des Glaubens, zu der als ein wichtiges Element der christliche Glaube gehört, können wir uns als einen Fluss vorstellen, der die Landschaften verschiedener Kulturen durchfließt. Und wir können den Glauben auch mit dem kollektiven Gedächtnis vergleichen, in das sich die Erfahrungen der gläubigen Menschen und der gläubigen Gesellschaften einschreiben.[156]

Wie mündet dieser Fluss in das Leben der Einzelnen? Wie werden die einzelnen Menschen gläubig? Wer partizipiert am Leben des Glaubens und wie? Und wie wird man Christ?

Die Antwort des kanonischen Rechts ist ganz einfach: Christ wird der Mensch durch die Taufe. Ein Erwachsener kann – außer in ganz besonderen Fällen – nur nach einer ordnungsgemäßen katechetischen Vorbereitung und dem Ablegen des Glaubensbekenntnisses getauft werden. Kleine Kinder kann man nur taufen, wenn für sie die Kirche – die bei der Zeremonie durch die Eltern, die Paten und am besten durch die ganze versammelte Pfarrgemeinde repräsentiert wird – mit ihrem Glauben bürgt. Die Kinder werden »auf den Glauben der Kirche« getauft, den sie sich dann mittels der Erziehung aneignen sollen; in der katholischen Kirche ist das Sakrament der Firmung, das am besten an der Schwelle zum Erwachsenwerden erteilt wird, eine gewisse Besiegelung der Taufe – eine Gelegenheit, bei der sich ein als Baby getaufter Mensch mit seinem persönlichen Glauben bewusst zum Glauben der Kirche bekennt.

Ein bedeutender Schritt im Prozess der ökumenischen Bemühungen war die Entscheidung vieler christlicher Kirchen hinsichtlich der gegenseitigen Anerkennung der Gültigkeit der Taufe. Der amerikanische Theologe David M. Knight hat vor Kurzem eine ziemlich logische Frage gestellt, nämlich: warum die katholische Kirche den gültig getauften nichtkatholischen Christen – wenn sie anerkennt, dass sie durch eine gültige Taufe genauso wie die Katholiken »in der heiligmachenden Gnade« leben – nicht unter denselben Bedingungen wie ihren Mitgliedern auch andere Sakramente zugesteht.[157] Haben diese Sakramente selbst nicht einen größeren Wert als ihre jeweilige theologische Deutung? Können sie uns nicht vereinigen, noch bevor wir jene Deutungen und alten Streitigkeiten klären, die uns voneinander trennen, auch wenn sie der Mehrheit der Christen nichts mehr sagen?

Ein anderer Aspekt der theologischen Diskussionen über das Sakrament der Taufe – über die Taufe als eine Bedingung für das Heil – tauchte bereits in der frühen Kirchengeschichte auf. Können Katechumenen, die bereits an Christus zu glauben begonnen haben, aber die Taufe noch nicht empfangen haben, weil sie während des Katechumenats gestorben sind, gerettet werden – und besonders diejenigen, die einen Märtyrertod gestorben sind? Auch wenn sie nicht getauft waren, haben sie für ihren Glauben das größte denkbare Zeugnis abgelegt, das Opfer ihres Lebens! Die damalige Kirche antwortete – zum Beispiel durch den Mund des hl. Cyprian – auf diese Fragen mit der Lehre über die »Bluttaufe« und später auch über die »Begierdetaufe«; sie sah sie als gültig, wenn auch auf außergewöhnliche Weise getauft an.

Den Gedanken der Begierdetaufe, über die zum Beispiel auch Thomas von Aquin spricht, hat im 20. Jahrhundert der im römischen Exil wirkende tschechische Theologe Vladimír Boublík in seiner Theorie von den »anonymen Katechumenen« weitergeführt.[158] Er schlägt sie als eine Alternative zu der bekannten Lehre Karl Rahners von den »anonymen Christen«

vor. Ähnlich wie Rahner verteidigt er die Hoffnung auf das Heil auch derjenigen, die aus verschiedenen (zumindest subjektiv legitimen) Gründen die Taufe nicht empfangen haben und nicht formell in die Gemeinschaft der Kirche eingetreten sind, jedoch in ihrem Leben von ihrem Gewissen auf den Weg der Suche nach der Wahrheit, dem Guten und dem Schönen geführt wurden. Die Lehre von der Möglichkeit des Heils für die Ungetauften und für die Menschen ohne einen expliziten Glauben an Christus ist durch die Dokumente des Zweiten Vatikanischen Konzils zu einem festen Bestandteil der katholischen Dogmatik geworden.[159]

Das Nichtvorhandensein eines expliziten Glaubens muss also nicht als seine Ablehnung aufgefasst werden. Eine verbale Ablehnung Christi und der Kirche kann sogar in manchen Fällen nur eine Verwerfung der falschen Vorstellungen sein (und ist es häufig auch), die sich der Mensch (zum Beispiel durch eine Verallgemeinerung seiner persönlichen schlechten Erfahrungen mit dem Milieu der Gläubigen) gebildet hat. Der amerikanische Jesuit Leonard Feeney wurde hingegen für seinen Ungehorsam gegenüber seinen kirchlichen Vorgesetzten und für seine hartnäckige Behauptung, dass Nichtkatholiken nicht gerettet werden könnten – also für eine radikale und wörtliche Auslegung des Satzes *Extra Ecclesiam nulla salus* (Außerhalb der Kirche kein Heil) – von der katholischen Kirche exkommuniziert, und das sogar schon lange vor dem letzten Konzil.[160] Die Fragen nach den Grenzen der Kirche, nach dem Verhältnis zwischen der sichtbaren und der unsichtbaren Kirche sind seit Jahrhunderten Gegenstand theologischer Diskussionen, die man nicht einfach durch eine dogmatische Definition beenden kann. Der Geist Gottes führt die Kirche durch die Geschichte, er gestaltet sie um, er führt sie stets in die Fülle der Wahrheit und inspiriert auch ihre theologische Selbstreflexion einschließlich der theologischen Reflexionen über ihre geschichtlichen Verwandlungen. Dieses Wirken des Geistes in der Kirche wird erst mit der Vollendung ihrer Geschichte im Schoß Gottes enden; ihn zu leugnen, ihm nicht zuzuhören würde wahrscheinlich bedeuten, jenes Lästern gegen den Geist zu riskieren, vor welchem Jesus so eindringlich warnte.[161] Nicht nur in der Lehre des Zweiten Vatikanischen Konzils, sondern auch bei bedeutenden orthodoxen Theologen können wir die Aussage finden: »Wir wissen, wo die Kirche ist, aber wir wissen nicht, wo sie nicht mehr ist.«[162]

Ergänzen wir die Reflexionen über die Taufe noch durch einen weiteren Gedanken. Wenn wir in diesem Buch eine Prozesstheologie des Glaubens entwickeln, akzeptieren wir auch eine Prozessauffassung der Sakramente, vor allem des Sakraments der Taufe. Das Geheimnis der Taufe, das Ereignis des »Eintauchens in Christus«, erschöpft sich bei Weitem nicht in dem Augenblick der Spendung des Sakraments und endet nicht damit. Das göttliche Leben (»die Gnade«) fließt durch die Taufe in die ganze Existenz und in die ganze Persönlichkeit des Getauften ein, es soll dauerhaft alles bewässern, was in ihm »wüst und leer« ist, und sein ganzes Leben lang die Steinblöcke der Sünde und des Unglaubens unterspülen, es soll in immer tiefere Schichten seines Bewusstsein und seines Unbewussten hineindringen, in sein Denken, Fühlen und Handeln und auch in das Innerste seines Gewissens. Die Taufgnade ist das göttliche Leben im Menschen, die Energie des verheißenen Geistes, des Schöpfers (*Creator Spiritus*) und des Trösters (*Parakletos*), und sie bewirkt eine lebenslange Bewegung der *metanoia*, der Verwandlung. Die Taufe ist ein unauslöschbares Zeichen (*signum indelibile*), sie bleibt also auch dann bestehen, wenn sich der Getaufte selbst dessen nicht bewusst ist und mit dieser Gnade nicht aktiv zusammenarbeitet; die Gabe verliert den Charakter der Gabe auch dann nicht, wenn sie der Beschenkte nicht zu schätzen weiß.

In unserer Zeit kommen die Theologen zu der weiter ausgreifenden Auffassung der Sakramente und der Sakramentalität zurück, die vor der Festlegung auf die Zahl von sieben Sakramenten im Mittelalter, auf dem Konzil von Lyon im Jahre 1274, verbreitet war. Auch das Zweite Vatikanische Konzil hat die Lehre von den Sakramenten durch die Auffassung Christi und der Kirche als eines *Ur-Sakraments* erweitert und vertieft – auch hier geht es um ein »sichtbares Zeichen der unsichtbaren Gnade«. Die katholische Kirche lehrt jedoch gleichzeitig, dass das Wirken des Geistes im Menschen weder nur an die Sakramente gebunden (*Deus non tenetur sacramentis suis*) noch durch die Grenzen der »sichtbaren Kirche« eingeschränkt ist. Wenn die Kirche das enge rechtliche Verständnis von sich selbst gegen das Staunen über die Großzügigkeit der Freiheit und der alles überschreitenden Liebe Gottes austauscht, kann das einen Impuls zur Entwicklung des Ökumenismus in all seinen drei Dimensionen bedeuten, die wir bereits erwähnt haben.

***

Auf die Frage, wie der Fluss des Glaubens in das Leben der einzelnen Menschen mündet, wie Menschen gläubig und wie sie zu Christen werden, können wir allein im Kirchenrecht keine ausreichende Antwort finden. Wir haben erwähnt, dass die Taufe ein Glaubensbekenntnis voraussetzt (bei Kindern wenigstens ein stellvertretendes) und dass die Kirche verlangt, dass dieses Bekenntnis nicht nur ein formales »Lippenbekenntnis« ist, sondern sich auf einen bewussten, freien und informierten Glaubensakt (*faith*), auf eine Glaubensüberzeugung (*belief*) und auf die Entscheidung gründet, diese Überzeugung auch in die eigene Lebenspraxis zu überführen.

Der persönliche Glaube konkreter einzelner Menschen ist jedoch ein Geheimnis, das sich der »kirchlichen Kontrolle«

entzieht – der Taufende kann nie vollkommene Sicherheit über die Authentizität des Glaubens des Taufbewerbers haben, und auch die Zeugen, von denen bei der Aufnahme in das Katechumenat die Erklärung verlangt wird, dass der Bewerber mit einer guten Absicht kommt, können sie nicht in vollem Umfang haben – ja es kann sie nicht einmal der Gläubige selbst haben: Den Glauben des einzelnen Menschen kennt nur Gott, wie eines der liturgischen Gebete sagt, und nur er kann ihn vollständig beurteilen.[163] Wenn wir über den Glauben konkreter Menschen sprechen, aber auch dann, wenn wir über unseren eigenen Glauben nachdenken, müssen wir dann manchmal zu Worten der Hoffnung unsere Zuflucht nehmen: Ich glaube, dass ich glaube.

Der Glaube ist ein Weg, und deshalb kann ich sagen, dass ich auf dem Weg des Glaubens bin, auch wenn mich das Gefühl seiner Schwäche und Unzulänglichkeit bedrückt: Schon meine Sehnsucht zu glauben und »wahrhaftig zu glauben« ist ein wichtiger Schritt auf diesem Weg. Der Glaube ist ein Weg zur Gewissheit, aber die vollkommene Gewissheit, die Fülle des Glaubens, gibt es erst im Schoß Gottes jenseits des Horizonts dieses Lebens und dieser Welt, in der Anschauung Gottes (*visio beatifica*), in der sich der Glaube und die Hoffnung gleichzeitig vollenden und zu Ende gehen: Sie werden von der Liebe verschlungen, die auch dann nicht aufhört.[164]

Bezieht sich mein Glaube auf Gott, dann bezieht er sich auf denjenigen, den ich nicht besitzen, ja nicht einmal vollständig begreifen kann: *Si comprehendis, non est Deus* – Begreifst du, so ist es nicht Gott, lehrt der hl. Augustinus.[165] Und wenn wir die ebenfalls Augustinus zugeschriebene Definition der Liebe als einer Leidenschaft hinzunehmen – *Amo: volo ut sis* (Ich liebe – das bedeutet: Ich will, dass du bist), dann kann man sagen, dass das Herz des christlichen Glaubens an Gott die Sehnsucht der Liebe ist.

Dieses »Ich will« ist in diesem Fall kein herrschsüchtiger Befehl des menschlichen Willens, sondern ein demütiges Bekenntnis der Sehnsucht, die mit der Hoffnung auch den Boden der Unsicherheit betritt, in die Wolke des Geheimnisses hineingeht.[166] Die Sehnsucht ist, wie Johannes vom Kreuz lehrt, ein inneres Licht auch in der Nacht des Glaubens. Die Sehnsucht, die Leidenschaft, die sich nach Erfüllung sehnt, bildet jene geheimnisvolle Lebenskraft des Glaubens, die wir mit den Worten »Spiritualität« oder »geistliches Leben« bezeichnen können.

Wer ist also ein »authentisch Glaubender«? Derjenige, der liebt. Und weil Gott, der kein »Gegenstand« ist (und deshalb auch kein »Gegenstand der Liebe« sein kann), in allem anwesend ist und gleichzeitig alles übersteigt, schließt die Liebe zu Gott alles ein, sie ist eine Liebe ohne Grenzen. Die Liebe des Menschen zu Gott ist keine beliebige exklusive Beziehung zu einem »übernatürlichen Wesen« jenseits des Horizonts der Welt, sondern sie soll in ihrer Grenzenlosigkeit und Bedingungslosigkeit der Liebe Gottes selbst ähnlich sein, der mit seiner Liebe alles umfasst und im Sein erhält; sie soll Gott ähnlich sein, der durch die Liebe und als Liebe in allem anwesend ist.

Dieses Gebot der Liebe (der unteilbaren Liebe zu Gott und zum Nächsten) ist eine Aufgabe, mit der man in dieser Welt und in diesem Leben nie fertig werden kann, es hat – ähnlich wie der Glaube – den Charakter einer Einladung zu einem Weg, der immer offen ist. Der Christ ist aufgefordert, Gott ähnlich zu werden, der aus seiner Liebe niemanden ausschließt.[167]

Die Gnade des Lebens mündet also in das Leben eines konkreten Menschen nicht primär in dem Augenblick, in dem dieser Mensch seine rationale Zustimmung zu den Glaubensartikeln gibt, »in dem er anfängt, zu denken, dass es Gott gibt« – wie sich viele eine Konversion vorstellen –, sondern eher dann, wenn es in seinem Leben zur Transzendenz (zur Selbstüberschreitung, zur Überschreitung des Egoismus und des Eingenommenseins von sich selbst) kommt, also zu dem, was das Christentum mit dem Wort Liebe meint. Die Glaubensüberzeugungen *(belief)*, die Ansichten über Gott, sind in dem Maße ein Bestandteil des Glaubensaktes, wie ihr Kontext die Praxis der Liebe ist. Außerhalb dieses Kontextes ist es ein kalter »toter Glaube«.[168]

Sogar die Annahme der Gnade (also des göttlichen Lebens) in den Sakramenten wäre ohne den mit der Liebe verbundenen Glauben nur ein entleertes Ritual, das der Magie nahekäme.[169]

***

Die Kirche hat den Glauben lange definiert als einen durch die Gnade Gottes verursachten Akt des menschlichen Willens, der die Vernunft bewegt, die Zustimmung zu den Glaubensartikeln zu geben, die von der Kirche vorgelegt werden. So ist der Glaube eine »eingegossene Tugend«, in der die Gabe Gottes der Freiheit des Menschen begegnet; die Initiative Gottes ist dabei prioritär, die menschliche Freiheit ist jedoch ebenfalls unvertretbar. Auch wenn diese Beschreibung des Glaubens schulmäßig-schwerfällig ist, ist auch in ihr dennoch die Erfahrung bewahrt, dass der Glaube einen dialogischen Charakter hat, dass er eine Begegnung zwischen dem Göttlichen und dem Menschlichen darstellt.

Eine Antwort auf die Frage, ob und inwiefern dieses theoretische Modell der Empirie der menschlichen Geschichten entspricht, bietet die Psychologie. Die Religionspsychologie hat sich oft vor allem an der Zeit der Adoleszenz orientiert, in der in der Regel die weltanschauliche Orientierung gebildet wird. Der Heranwachsende kann zu dem Glauben, in dem er erzogen wurde, ein bewusstes *Ja* oder ein bewusstes *Nein* sagen; er kann sich von ihm abwenden, oder er kann ihn sogar besser begreifen oder in einer neuen, reiferen Weise annehmen, als er ihm in der Kindheit vorgelegt wurde. Zu Konversionen kommt es am häufigsten beim Übergang zum Erwachsensein: Ein Gläubiger kann ein Bekenntnis gegen ein anderes eintauschen oder sein religiöses Leben aufgeben, und ein bisher ungläubiger Mensch kann umgekehrt den Glauben annehmen. Eine Art »Konversion« erleben in unserer Kultur aber oft auch traditionell Gläubige, wenn sie sich dessen bewusst werden, dass ihre Religion nicht eine allgemein angenommene Selbstverständlichkeit ist, und sich trotzdem frei dafür entscheiden, in der übernommenen Tradition zu bleiben. Die britische Soziologin Grace Davie weist darauf hin, dass, während in der Vergangenheit viele Gläubige ihre Teilnahme an den Gottesdiensten als eine von der Tradition vorgegebene unbezweifelbare Pflicht angesehen haben, heute bei der Messe vor allem diejenigen in der Kirche anwesend sind, die dort auf der Grundlage ihrer freien Entscheidung sein wollen.[170]

Das Fehlen gesellschaftlichen Drucks dazu, dass man »in die Kirche geht« und sich zum Glauben bekennt, hat einen gewissen Teil der »Kulturchristen«[171] von der Teilnahme am kirchlichen Leben weggeführt (vielleicht mit Ausnahme einer gelegentlichen Teilnahme an kirchlichen Zeremonien bei Hochfesten oder Familienereignissen). Dieser »Aderlass« hat jedoch die Kirchen und ihren Glauben sogar belebt. Wenn die Religiosität nicht nur ein Brauch ist, wenn der Gläubige über seinen Glauben nachdenkt und ihn zu seinem persönlichen Glauben macht, dann interpretiert er dessen Inhalt in der Regel bis zu einem gewissen Grade neu, er rekontextualisiert ihn im Hinblick auf seine sich erweiternde Bildung und seine persönliche Reifung. Ein übernommener Glaube kann, wenn er nicht *verinnerlicht* wird, wenn er nicht in der inneren emotionalen und intellektuellen Welt des Menschen Wurzeln schlägt, kaum in den Krisen bestehen, denen er in einer säkularisierten Welt wahrscheinlich nicht entgehen wird.

Die Tiefenpsychologie und die von der Psychoanalyse beeinflusste Entwicklungspsychologie haben jedoch die Vorstellung infrage gestellt, dass die Schlüsselzeit für das religiöse Leben die Adoleszenz sei. Erik Erikson hat den Begriff des Ur-Vertrauens (*basic trust*) geprägt und bezeichnet damit die Grundeinstellung zum Leben, die im frühesten Stadium des Lebens im ersten Kontakt des Neugeborenen mit der Mutter und eventuell weiteren für das Kind bedeutsamen Personen geformt wird. Ana-María Rizzuto, eine Psychologin argentinischen Ursprungs aus Harvard, hat eine sehr inspirierende Entwicklungspsychologie der Religion entwickelt.[172] Die religiösen Vorstellungen eines Kindes werden im frühesten Alter auf der Grundlage der frühen Erlebnisse spontan gebildet; in ihnen spiegelt sich das grundlegende Ur-Vertrauen oder das Ur-Misstrauen wider. Die späteren religiösen Vorstellungen können dieses Ur-Vertrauen weiterentwickeln oder eventuell das Ur-Misstrauen korrigieren. Aus dem Ur-Misstrauen kann ein pathologisches Bild eines bösen Gottes entstehen; dieses kann seelische und geistige Störungen hervorrufen. Eine psychologische Reaktion auf diese Vorstellung kann Atheismus sein; in der Regel ist es zunächst ein Protest gegen einen bestimmten Typus von Religion, der sich dann später zum Hass gegen die Religion als solche auswächst.

Das spontane Gottesbild des Kindes, ein persönliches, emotionales, wenig differenziertes und überwiegend unbewusstes *image of God*, wird früher oder später in ein Verhältnis gesetzt zu dem kulturellen Gottesbegriff (*concept of God*), der dem Kind durch das religiöse Leben der jeweiligen Gesellschaft, vor allem durch die religiöse Erziehung in der Familie oder in der Schule vermittelt wird. Dabei kann es sein, dass dieses spontanes, kindliche Gottesbild und das kulturelle Bild einander harmonisch ergänzen (was eine gefestigte Religiosität im weiteren Leben erwarten lässt) oder dass das Kind das kulturelle Bild Gottes nicht annimmt und sein eigenes Gottesbild bewahrt. In anderen Fällen verwirft das Kind hingegen seine eigene spontane Vorstellung oder bewahrt sie lediglich in seinem Unbewussten und nimmt stattdessen das von der Kultur angebotene Konzept an.

Ich denke, dass diese Theorie auch einiges Licht auf die religiöse Situation in Ländern wie der Tschechischen Republik werfen kann, wo die meisten Kinder generationenlang (und oft auch bis heute) keinerlei religiöser Erziehung begegnet sind. Die Menschen haben dann entweder »ihren Gott«, oder sie sind zu Atheisten geworden in der Zeit, als sie aus ihrer spontanen infantilen Religiosität herauswuchsen, und sind danach keiner anderen Gestalt der Religion mehr begegnet. Das Fehlen einer glaubwürdigen religiösen Erziehung – vor allem die Unfähigkeit, mit dem spezifischen mythisch-poetischen religiösen Leben von Kindern zu kommunizieren – trägt zur Erweiterung der Welt der *nones* bei, von der in einem der Kapitel dieses Buches die Rede ist.

***

Der Glaube nimmt allmählich in den individuellen Lebensgeschichten Gestalt an. Es ist ein dynamischer, lebenslanger Prozess: Bei einem Menschen, der als Erwachsener eine Konversion vom Unglauben zum Glauben erlebt hat, gehört zu seiner Glaubensgeschichte auch jene frühere Zeit des Unglaubens. Theologisch gesehen hat Gott seine Geschichte mit jedem Menschen, ob gläubig oder nichtgläubig, er ist in seinem Glauben und in seinem Unglauben anwesend: »Bin ich ein Gott *nur* aus der Nähe – Spruch des Herrn – und nicht vielmehr ein Gott aus der Ferne?«[173]

Das, was der Hebräerbrief als ein Geschehen in der Heilsgeschichte beschreibt – »Vielmals und auf vielerlei Weise hatte Gott von alters her zu den Vätern gesprochen [...], am Ende dieser Tage hat er zu uns gesprochen durch den Sohn«[174] –, spielt sich auch auf der persönlichen Ebene in den Geschichten der Konvertiten ab: Gott hat zu jedem schon vielmals und auf verschiedene Weisen gesprochen, noch bevor der Mensch zur Verkündigung des Evangeliums das »Ja und Amen« seines persönlichen, bewussten Glaubens gesagt hat.

Deshalb ist für den Glauben, der nicht aufhört, eine Suche nach Gott zu sein, das Gebet wichtig – nicht als ein Mittel, durch das der Mensch Gott beeinflussen könnte, damit er seinen Willen erfüllt, sondern als Erzeugung einer inneren Stille, in der sich der Mensch bemüht, die Anwesenheit des verborgenen Gottes wahrzunehmen und seinen Willen zu verstehen. Der Glaube verfügt im Unterschied zur »Anschauung Gottes« (*visio beatifica*) der Heiligen im Himmel nicht über die Evidenz, über die Gewissheit eines vollkommenen und klaren Wissens. Wenn der Glaube menschlich authentisch ist, bewahrt er einen legitimen Raum für kritische Fragen, die ihm dabei helfen, zu wachsen und mit seiner göttlichen Seite (mit dem Glauben als einer Gabe der Gnade Gottes) intensiver zusammenzuarbeiten. Der gesunde Zweifel, der den Glauben begleitet und ihn demütig macht, ist kein Zweifel an Gott, ein Zweifel daran, ob Gott existiert, sondern ein Zweifel an sich selbst, ein Zweifel darüber, in welchem Maße der gläubige Mensch das Wort Gottes an ihn richtig versteht.

Das tiefste Geheimnis des Glaubens betrifft nämlich nicht die Existenz Gottes. Streng genommen glaubt ein Christ nicht an einen Gott, der auch nicht existieren könnte. Nur kontingentes (zufälliges) Seiendes, »Gegenstände«, *können nicht sein*. Ein Gott, der auch nicht sein könnte, Gott als ein Seiendes unter anderem Seienden, existiert wirklich nicht –

ein solcher gegenständlicher Gott wäre ein Götze, nicht Gott. Der Gott, an den wir als Christen glauben, umfasst alles und übersteigt gleichzeitig *alles*.[175] Es hat keinen Sinn, zu fragen, ob es eine Ganzheit von allem gibt; es ist jedoch natürlich, zu fragen, welchen Charakter diese Ganzheit hat und ob es möglich ist, mit ihr irgendwie zu kommunizieren, wenn sie unendlich größer ist als alle unsere Aussagen und Vorstellungen von ihr.

Der Glaube bekommt seinen *christlichen* Charakter nicht durch die Überzeugung, dass Gott existiert; wir sind nicht dadurch christlich gläubig geworden, dass wir an die Existenz Gottes zu glauben begonnen haben, sondern – wie die Schrift sagt – dadurch, dass wir »die Liebe, die Gott zu uns hat, erkannt und gläubig anerkannt« haben.[176] Der Einwand, dass wir zunächst an die Existenz Gottes glauben müssten und dann erst an die Liebe Gottes, widerspricht der Logik des Evangeliums: *Erst derjenige, der liebt, kann verstehen, was mit dem Wort Gott gemeint ist.*[177]

Die Liebe ist nicht eine der Eigenschaften Gottes, sondern sie ist sein Wesen, sein Eigenname. Vielleicht ist es auch deshalb verboten worden, den Namen Gottes auszusprechen, weil sich die Liebe nicht in Worte einzwängen lässt. Die Liebe kann man nur mit seinem eigenen Leben zum Ausdruck bringen. Wenn man Worte über die Liebe, die sich nicht mit dem eigenen Leben decken, ausspricht, dann bedeutet das, dass man diesen Namen Gottes leer, haltlos – sündhaft ausspricht.

***

Ich habe bereits die Aufforderung Jesu erwähnt: »Habt den Glauben Gottes!«[178] Habt Glauben, wie ihn Gott hat! Gott liebt uns und glaubt uns, deshalb können wir an diesem seinem Glauben dadurch partizipieren, dass wir ihm vertrauen. Der Inhalt unseres Glaubens sind nicht Ansichten über die

Existenz Gottes, sondern die Antwort des Vertrauens auf sein Vertrauen, die Antwort der Liebe auf seine Liebe. Der Glaube ist somit nicht von der Liebe zu trennen, und beide, den Glauben und die Liebe, haben wir nur in der Gestalt der Hoffnung und der Sehnsucht, nicht des Besitzes.

Ich glaube, um zu verstehen (*Credo ut intelligam*) – gleichzeitig brauche ich aber ein gewisses Verstehen als einen Raum, in dem der Glaube leben kann (*Intelligo ut credam*).[179] Der Glaube selbst als eine spezifische existenzielle Erfahrung ist jedoch eine bestimmte Art des Verstehens, der Deutung der Welt und des Lebens. Zwischen dem Glauben und dem Verstehen gibt es, genauso wie zwischen dem Glauben und der Liebe, einen hermeneutischen Zirkel: Sie legen sich gegenseitig aus, man kann sie nicht trennen.

Jesus hat seinen Aposteln versprochen: Wenn sie Glauben wie ein Senfkorn hätten, dann werde dieser Glaube unvorstellbar große Dinge tun.[180] Dieser Satz wird meistens als ein Vorwurf gegen die Apostel verstanden, dass ihr Glaube nicht groß genug sei. In einem meiner Bücher habe ich eine andere, provozierende Deutung angeboten. Unser Glaube vermag vielleicht deshalb nichts Großes zu tun, weil er nicht klein genug ist.[181] An ihn hat sich viel Nebensächliches angehängt, unsere Vorstellungen und Wünsche. Erst der nackte, von allem Ballast befreite Glaube ist der »Glaube Gottes«. Vom hl. Paulus wissen wir doch, dass das, was in den Augen der Menschen groß ist, gering bei Gott ist und umgekehrt.[182]

Im Evangelium nach Johannes sagt Jesus, dass das Weizenkorn zunächst sterben muss, um viel Frucht zu bringen; wenn es nicht stirbt, bleibt es allein und geht ohne Nutzen zugrunde.[183] Gilt das nicht auch für unseren Glauben? Muss nicht unser Glaube die *kenósis* Jesu nachahmen, in seiner bisherigen Form sterben und sich entleeren, damit ihn die Fülle Gottes erfüllen kann?

So wie wir während unseres Lebens und während unserer Geschichte wiederholt das Osterfest feiern, damit wir Jahr für Jahr seinen Sinn tiefer verstehen, so muss auch unser Glaube wiederholt das österliche Mysterium durchlaufen – den Tod und die Auferstehung. Die dunklen Nächte des Glaubens sind, wie die Mystiker wohl wussten, Schulen seines Reifens. Das gilt offenbar sowohl für unsere Glaubensgeschichte als auch für die Geschichte des Glaubens überhaupt. Fürchten wir uns nicht vor den Augenblicken, in denen unser Glaube an das Kreuz der Zweifel angenagelt wird, in denen er in die Hölle des Schmerzens und der Verlassenheit hinabsteigt und in denen eine seiner Formen stirbt und ins Grab gelegt wird. Gott spricht manchmal in einem pfingstlichen Sturm und ein anderes Mal wiederum in einem leisen, sanften Säuseln wie zu Elija am Horeb.[184]

Manchmal koinzidieren unsere persönlichen Krisen mit den geschichtlichen, denn unsere Lebensgeschichten werden in den Strom der Geschichte hineinverwoben. Unser persönlicher Glaube partizipiert nicht nur am Licht und an den Freuden des Glaubens der Kirche, sondern auch an seinen dunklen Stunden. Carl Gustav Jung hat bekannt, dass es ihm bei einer seiner tiefsten Depressionen und persönlichen Krisen geholfen habe, als er sich dessen bewusst geworden sei, dass seine Krise in gewisser Weise die Krise unserer Zivilisation, den Weltkrieg, antizipierte.[185] Vielleicht kann auch uns das Bewusstsein helfen, dass die Schmerzen unseres Glaubens eine geheimnisvolle Teilnahme an den Schmerzen der Kirche sind und dadurch am fortwährenden Mysterium des Kreuzes Jesu. Der hl. Paulus schreibt, dass unsere Leiden das seien, was in der Geschichte »an den Drangsalen Christi noch fehlt«.[186] Zusätzlich zur *creatio continua* und zur *resurrectio continua* legt so der erste und größte der christlichen Theologen eine Lehre über die *passio continua* vor.

Die Aufforderung zum *sentire cum ecclesia* (mit der Kirche fühlen) wird gewöhnlich als eine Aufforderung zum Gehorsam gegenüber den kirchlichen Autoritäten dargestellt; ich verstehe sie jedoch auch als die Aufforderung, unsere Fragen, Schmerzen und Zweifel, unsere Nächte des Glaubens in einen größeren Kontext, in den Glauben der ganzen Kirche hineinzulegen. Die Kirche als die Gemeinschaft des Glaubens ist auch eine Gemeinschaft des Teilens von Erfahrungen auf dem Weg durch das dunkle Tal der Schatten. Nicht nur unsere persönlichen Glaubensgeschichten, sondern auch die Kirchengeschichte hat ihre Blütezeiten und ihre langen, kalten Winter.

***

Auf welche Art partizipiert die Kirche an der Fülle der Wahrheit Gottes, dieser Gewissheit aller Gewissheiten? Wie und inwieweit gießt sie dieses Wasser des Lebens in die Herzen und Gedanken der einzelnen Gläubigen ein? Ich denke, dass wir hier das Verb *subsistit* (verweilt, wohnt, ist enthalten) anwenden können. Dieses Wort hat der Lehre von der Kirche in den Dokumenten des letzten Konzils eine bedeutsame ökumenische Dimension verliehen. In den stürmischen Debatten auf dem Konzil wurde in dem Satz, dass die katholische Kirche die Kirche Christi sei, das *est* (ist, ist gleich) durch das Verb *subsistit* ersetzt. In dieser empirischen, hier und heute existierenden katholischen Kirche ist die Kirche Christi anwesend (*sie subsistiert*), jene geheimnisvolle Braut Christi, deren volle Herrlichkeit und Schönheit sich erst im eschatologischen Horizont in der Ewigkeit zeigen wird.

Daraus folgt auch, dass diese konkrete römisch-katholische Kirche »nicht den ganzen Raum« der Kirche Christi komplett »ausfüllt«, dass hier auch für andere christliche Kirchen ein legitimer Platz übrig bleibt. Diese wichtige theologische Grundlage des christlichen Ökumenismus ist auf dem Konzil ein für alle Mal erkämpft worden, auch wenn spätere Erklärungen des Lehramts diese Großzügigkeit vorsichtigerweise durch den Zusatz gedämpft haben, dass in den anderen Kirchen die Kirche Christi auf eine etwas andere, geringere Weise als in der römisch-katholischen Kirche *subsistiert*.[187]

Analog könnten wir vielleicht sagen, dass in den Aussagen des Lehramts die Wahrheit *subsistiert*, die Gott selbst ist, ohne dass aber diese Lehre in jedem beliebigen Augenblick der Geschichte die Fülle des göttlichen Geheimnisses voll ausschöpfen würde. Die Aussage, dass die offizielle Lehre der Kirche die Offenbarung Gottes authentisch und in einem Maß vorlege, das zum Heil ausreichend sei, und dass es nicht notwendig sei, auf eine weitere Offenbarung zu warten, bedeutet sicher nicht, dass die Kirche dem Heiligen Geist ein weiteres Wirken verbieten wollte. Es gibt immer noch einen Raum für das freie Säuseln des Geistes, der bis zum Ende der Geschichte die Jünger Christi allmählich in die Fülle der Wahrheit einführt. Es kommt jedoch darauf an, dass die Offenheit gegenüber den neuen Gaben des Geistes nicht einen undankbaren und leichtsinnigen Verlust der Hochachtung gegenüber der Wichtigkeit und Verbindlichkeit des Schatzes der früheren Gaben desselben Geistes bedeutet. Jesus hat die Weisheit der Lehrer gelobt, die Neues und Altes aus diesem Schatz hervorholen.[188]

Ebenso *subsistiert* im Glauben eines einzelnen Christen oder einer bestimmten christlichen Gruppe (zum Beispiel einer theologischen Schule) der Glaube der ganzen Kirche, die Fülle der christlichen Lehre; jedoch haben der Glaube und die Erkenntnis eines einzelnen Christen oder einer bestimmten christlichen Gruppe immer ihre menschlichen (historischen, kulturellen, sprachlichen und psychologischen) Begrenzungen, sodass sie die Gesamtheit des Glaubens der Kirche in seiner Fülle nicht zu absorbieren vermögen. Deshalb brauchen übrigens einzelne gläubige Menschen und konkrete Schulen des Glaubens und der Spiritualität zur Ergänzung und zu einer eventuellen Korrektur auch die Gesamtheit der Kirche und ihr Lehramt. Der einzelne Gläubige partizipiert am Glauben der Kirche insoweit, als es ihm seine begrenzte persönliche Kapazität erlaubt, den Schatz des Glaubens in sein Verstehen, Denken und Handeln zu integrieren. Schon der hl. Thomas von Aquin lehrt einen impliziten Glauben: Kein Gläubiger kann alles umfassen, was die Kirche glaubt, nur einen Teil davon begreift er und nimmt er explizit an. An dem, was sein Begreifen und seine Erkenntnis übersteigt, hat durch den Akt des Vertrauens auf Gott und seine Offenbarung auch die Kirche, welche diese Offenbarung vorlegt, einen impliziten Anteil. Dieses Bewusstsein sollte zur Demut und zur Anerkennung der Notwendigkeit der Kommunikation und des Dialoges in der Kirche führen.

Darüber hinaus füllt der Glaube nie (wahrscheinlich auch nicht bei den Heiligen und Mystikern) ganz vollständig den Raum der menschlichen Seele aus, den bewussten und unbewussten Teil der Psyche. In diesem Sinne verstehe ich die Aussage von Kardinal Daniélou, dass »ein Christ immer nur ein teilweise getaufter Heide ist«. Die Taufe hat den Charakter eines unauslöschlichen Zeichens (*signum indelibile*) und einer realen Teilhabe am mystischen Leib Christi, aber die Taufgnade wirkt im Menschen dynamisch, sie ermöglicht es ihm, in dem Maße im Glauben zu wachsen und zu reifen, wie ihr der Mensch den Raum seiner Freiheit auf allen Ebenen seiner Existenz öffnet. Wenn der Glaube der Kirche zwar im geistlichen Leben des Gläubigen da ist (*subsistit in*), die religiöse Erkenntnis, die er angenommen hat, aber nicht den gesamten Raum seines geistig-geistlichen Lebens ausfüllt, dann bleibt in seinem Geist und seinem Herzen ein legitimer Platz für die Suche, für kritische Fragen und zahlreiche Zweifel. Es ist gesund, dass er demütig fragt, ob sein Glaubensweg authentisch ist, der Tradition treu, jedoch auch dem treu, wie ihn Gott in seinem Gewissen führt. Deshalb kann der letzte Adressat seiner Fragen nicht nur die kirchliche Autorität sein, sondern Gott selbst, der im Innersten seines Gewissens anwesend ist, Gott, der zu ihm nicht nur in der Lehre der Kirche, sondern auch in den Zeichen der Zeit und in den Ereignissen seines eigenen Lebens spricht.

Die Gabe des Glaubens ist – unabhängig davon, ob sie schon durch die Erziehung und den Einfluss der Umgebung vermittelt oder als Frucht einer persönlichen Suche angenommen worden ist – eine unermesslich kostbare Gabe der Gnade Gottes, aber eine nicht weniger kostbare Gabe Gottes ist auch jene »Unruhe des menschlichen Herzens«, von der der hl. Augustinus spricht. Diese Unruhe erlaubt es nicht, in einer bestimmten angenommenen oder erreichten Gestalt des Glaubens zur Ruhe zu kommen, sondern sucht und sehnt sich immer danach, weiter zu gehen. Auch kritische Fragen, Zweifel und Glaubenskrisen können auf diesem Weg einen wertvollen Ansporn darstellen. Auch sie können als eine Gabe Gottes angesehen werden, als die »helfende Gnade«. Der Geist Gottes erhellt nicht nur die Vernunft des Menschen, sondern er wirkt auch als eine »Intuition« in den Tiefen seines Unbewussten – diese Erkenntnis ist für das Nachdenken über den »Glauben der Ungläubigen« von großem Wert. Auch Menschen, zu denen die Verkündigung der Kirche nicht gelangt ist oder die sie nicht in einer Form erreicht hat, die sie ehrlich hätten annehmen können, können eine gewisse »Intuition des Glaubens« haben, und der Dialog des Glaubens der Kirche mit diesem »intuitiven Glauben« von Menschen, die der Kirche fernstehen, kann für beide Seiten nützlich sein.

»Gott ist größer als unser Herz«, lesen wir im Brief des hl. Johannes.[189] Jedoch ist »unser Herz« größer als das, was unsere Vernunft über Gott weiß, unsere religiöse Überzeugung, unser bewusster und reflektierter Akt des Glaubens, unser Bekenntnis. Hüten wir uns aber davor, den Begriff des Herzens in der Bibel oder bei Augustinus (und auch bei Pascal) nur auf die Emotionalität zu reduzieren.[190]

Jung meint, dass die bewusste und rationale Komponente unserer Psyche nur der unbedeutende Teil eines Eisbergs sei, der aus dem Meer herausragt; das viel Mächtigere und Wichtigere liege in Unbewussten, nicht nur im persönlichen, sondern auch im kollektiven: Dort würden Ideen, Inspirationen und verborgene Motive unseres Handelns geboren. Vielleicht kann man sagen, dass die Tiefenpsychologie so nur mit anderen Worten oder aus einer anderen Perspektive die Erfahrung der Mystiker beschreibt, dass »die Seele keinen Grund hat«: Die Tiefe eines Menschen ist durchdrungen von der Tiefe der Wirklichkeit selbst, die wir Gott nennen – mit den Worten des Psalms: »Abgrund ruft dem Abgrund zu[191]«.

Die Religionspsychologie, die an die Tiefenpsychologie anschließt, sagt, dass der Glaube – als ein existenzielles *Urvertrauen* zu jener Tiefe der Wirklichkeit, die sich unserer Steuerung völlig entzieht – die gesamte menschliche Existenz durchdringe und seine psychologischen Wurzeln gerade in der Tiefe des Unbewussten lägen. Die spirituelle Theologie, welche die mystische Erfahrung reflektiert, ergänzt diese Sicht von der anderen Seite her: Gott redet den ganzen Menschen an, aber das, was die Tiefenpsychologie das Unbewusste nennt und die Bibel und die Mystiker von Augustinus über Pascal bis zu den geistlichen Autoren unserer Zeit am häufigsten mit der Metapher des Herzens umschreiben, vermag Gott besser zu verstehen als unsere *bloße* Rationalität. Man sollte die Rolle der Vernunft im Glaubensleben weder unterschätzen noch überschätzen.

»Die Gnade des Glaubens« ist offenbar eine größere und dynamischere Gabe, als wir uns das gewöhnlich vorstellen. Der

Glaube greift in die tiefsten Schichten unseres Wesens hinab, er erschöpft sich bei Weitem weder in dem, was wir »denken«, noch in dem, wie wir unseren Glauben in einer gewöhnlichen religiösen Praxis »realisieren« – indem wir in die Kirche gehen und die Gebote einhalten. Besonders in einer Zeit von Erschütterungen (zum Beispiel wenn in einer Zeit pandemischer Infektionskrankheiten der Besuch der Kirche nicht möglich ist oder wenn Menschen in außerordentliche Lebenssituationen geraten, in denen ihnen Lehrbücher der Moral und stereotype Belehrungen von der Kanzel herab nicht viel helfen können) genügt dies nicht. Den Willen Gottes treu zu erfüllen verlangt vor allem in Grenzsituationen etwas darüber hinaus – eine ständige Kultivierung des eigenen Gewissens, Kreativität, Mut und Eigenverantwortung. Und ist denn nicht die gesamte Situation der heutigen Menschheit eine Grenzsituation?

Wenn Gott, der »größer ist als unser Herz«, in unser Leben eintritt, dann erweitert er jene Tiefe und Offenheit unseres Wesens unendlich, die wir mit der Metapher des Herzens bezeichnen. Es geschieht in uns etwas Wichtigeres und Größeres als das, was wir begreifen und durch unsere übliche religiöse Praxis »greifen« und »ausschöpfen« können. Deshalb ist es wichtig, nicht in ihrem Rahmen zu erstarren, sich nicht mit der gewohnten Form zufriedenzugeben, sondern weiter zu suchen, auch wenn diese Suche von Krisen begleitet wird und schwierige Fragen auftauchen, die der durch die Tradition vorgelegten Zusammenstellung von Katechismusantworten nicht entsprechen.

Jesus schaut den jungen Mann, der bereits seit seiner Jugend alle Gebote erfüllt hat, mit Liebe, aber wahrscheinlich auch mit Trauer an, denn dieser junge Mann ist zu reich. Er hat wahrscheinlich nicht nur materielle Güter im Überfluss, sondern auch Frömmigkeit und Gerechtigkeit im Sinne des Gesetzes des Mose. Er ist innerlich nicht frei genug, um den ganzen Reichtum hinter sich zu lassen, *sich auf den Weg zu begeben* und ihm zu folgen.[192] Auch unsere Frömmigkeit und unsere Tugenden können, besonders wenn wir gehörig stolz auf sie sind, zu einer Falle und zu einem Panzer werden, zu jener schweren Rüstung Sauls, die der junge David ausziehen musste, um sich mit Goliat zu duellieren. Für den glänzenden und schweren Panzer der Theologie, die uns vor allen Fragen beschützen soll, die wir nicht beantworten können, gilt das dreifach. Erinnern wir uns noch einmal an Meister Eckhart: Gott müssen wir begegnen »wie ein Nackter einem Nackten«.

Im Ritus der Aufnahme in das Katechumenat segnen wir die Ohren, die Augen, den Mund, das Herz und die Schultern derjenigen, die zu glauben begonnen haben und sich auf den Weg zum Taufbrunnen begeben; wir segnen ihre äußeren und inneren Sinne, ihren Leib und ihre Seele, wir erbitten für sie Offenheit und eine aufgeschlossene Aufmerksamkeit für das Wirken Gottes, für die Verschiedenheit der unauffälligen Charismen, die Gott für sie bereithält und die er häufig in ausgesprochen kleinen Dingen verborgen hat, in gewöhnlichen Ereignissen des Alltags. Sie werden sie leichter finden und häufiger nutzen, wenn sie sie mit dem Bewusstsein suchen und annehmen, dass ihnen diese verschiedenen Aspekte der Gabe des Glaubens deshalb gegeben sind, damit sie anderen dienen können, damit sie die Augen oder die Ohren, der Mund oder das Herz der Gemeinschaft der Gläubigen sein können.

13. Spiritualität als Leidenschaft des Glaubens

In vielen Kirchen kann man bis heute Klagen, panische Ängste und Alarmrufe vor der Gefahr eines »Tsunamis des Säkularismus und des Liberalismus« hören. Der atheistische säkulare Humanismus ist aber schon lange nicht mehr der Hauptkonkurrent des traditionellen kirchlichen Christentums; heute ist er ähnlich gealtert, erschlafft und außer Atem. In beiden Fällen erkennen wir das am besten an der Sprache: Einen Verlust an geistiger Vitalität verraten jeweils zuerst die abgenützten Ausdrucksmittel, eine Sprache, die überfüllt ist mit Klischees und Phrasen.

Die wichtigste Herausforderung für das heutige kirchliche Christentum ist die *Wende von der Religion zur Spiritualität.* Während die traditionellen institutionellen Formen der Religion oftmals an austrocknende Flussbetten erinnern, ist das Interesse an Spiritualität aller Art ein plötzlich kräftig werdender Strom, der alte Ufer unterspült und sich neue Wege bahnt. Es scheint, dass auch das Zweite Vatikanische Konzil die Kirche eher auf eine Versöhnung mit dem säkularen Humanismus und Atheismus vorbereitet und mit einem großen Aufschwung des Interesses an der Spiritualität offensichtlich nicht gerechnet hat. Auf den Durst nach Spiritualität waren die Kirchen des Mainstreams nicht vorbereitet, und sie sind oft auch heute noch nicht fähig, darauf adäquat zu reagieren.

Eine der Hauptthesen dieses Buches lautet: Die Zukunft der Kirchen hängt im hohen Maße davon ab, ob, wann und in welchem Ausmaß sie die Wichtigkeit dieser Wende begreifen und wie sie auf dieses Zeichen zu antworten vermögen. Die

Evangelisierung – diese Hauptaufgabe der Kirche – wird nie »neu« und wirksam genug sein, wenn sie nicht in die Tiefendimension des menschlichen Lebens und der menschlichen Kultur hindurchdringt, die den Lebensraum der Spiritualität darstellt. Wenn die Evangelisierung auf dem Einsäen des Samens der Botschaft des Evangeliums in einen guten Boden beruht, dann muss dieser Boden noch etwas Tieferes sein als die rationale und die emotionale Komponente der menschlichen Persönlichkeit. Es muss jener innerste Bereich sein, den Augustinus *memoria* nannte, Pascal *Herz* und Jung *das Selbst*; dort ist jener Mutterschoß, aus dem der Mensch – im Geiste der Worte Jesu zu Nikodemus – »von Neuem geboren werden muss«.[193]

Die Aufgabe, die auf das Christentum in der Nachmittagsepoche seiner Geschichte wartet, besteht großenteils in der Entwicklung der Spiritualität – und die neu verstandene christliche Spiritualität kann zur geistig-geistlichen Kultur der heutigen Menschheit auch weit jenseits der Grenzen der Kirchen in bedeutendem Maße beitragen.

***

Dabei taucht eine ganze Reihe von Fragen auf: Was ist die Ursache des gegenwärtigen Interesses an der Spiritualität? Welche Herausforderung stellt dieses Phänomen für das Christentum und für die Kirche dar? Mit welchen Risiken und Gefahren ist dieser Trend verbunden? Ist das Interesse an der Spiritualität ein Beweis für die Revitalisierung der Religion, oder ist es vielmehr ein Ersatz für die im Rückzug befindliche Religion? Welches Verhältnis hat die Spiritualität zum Glauben und zur Religion?

Antworten auf diese Fragen sind schwierig, weil sie von den jeweiligen Definitionen und Auffassungen von Religion, Glauben und Spiritualität abhängen; es ist offensichtlich, dass es ganz irreal ist, auf diesem Gebiet allgemein akzeptierte Definitionen zu erwarten. Bezüglich der Streitfrage, ob die Spiritualität in die Sphäre der Religion gehöre, ob sie eine Dimension der Religion sei oder ein Bestandteil der säkularen Sphäre und eher ein »Religionsersatz«, würde ich gerne auf einen vor Kurzem erschienenen inspirierenden Vortrag verweisen. Nach dem israelitischen Forscher Boaz Huss stellt die Spiritualität ein eigenständiges Phänomen dar, das weder in das Gebiet der Religion noch in den säkularen Bereich fällt.[194] Auf der Grundlage von Studien zur Spiritualität stellt Boaz Huss die Relevanz der Begriffe »Religion« und »Säkularität« infrage: Er zeigt, dass das Konzept der Religion und das Konzept der Säkularität (und damit auch die Theorie des Verhältnisses zwischen der religiösen und der säkularen Sphäre) ausschließlich im europäischen christlichen Kontext, in der Zeit an der Schwelle zur Moderne, in der Zeit der Reformation, der Kolonisation, der Entstehung der Nationalstaaten und der kapitalistischen Gesellschaft entstanden sind. Diese Begriffe und Theorien wurden später auch für die Beschreibung der Situation in der außereuropäischen Welt übernommen, der diese Aufteilung aber ganz fremd ist und in deren Sprachen es weder für den Begriff der Religion noch für den Begriff der Säkularität ein adäquates Äquivalent gibt. Huss meint, dass die Relevanz dieser Kategorien nicht nur örtlich (geopolitisch), sondern auch zeitlich limitiert sei. Sie bezeichneten nämlich Phänomene einer Zeit, die auch im Westen bereits vergangen sei und sich also auch nicht mehr für die Beschreibung der heutigen Situation dort eigne. Jedoch ist der Begriff der Spiritualität, obwohl er ebenfalls eine Frucht der westlichen Kultur der modernen Zeit ist und sogar später entstanden ist als die Begriffe der Religion und der Säkularität, diesem Autor zufolge für die Charakterisierung der heutigen geistig-geistlichen Situation geeignet.

Für diese Theorie sprechen auch zahlreiche Untersuchungen über die *nones*, einschließlich des internationalen Forschungsprojektes *Faith and Beliefs of »Nonbelievers«*, das wir zusammen mit Kollegen aus der Tschechischen Republik und aus dem Ausland durchführen.[195] Wie ich schon früher erwähnt habe, zeigt sich, dass nicht nur die Begriffe »religiös« und »säkular«, sondern auch die analogen Kategorien »Gläubige und ›Ungläubige‹«, »Theisten und Atheisten« versagen, wenn sie die heutige geistige Situation adäquat zum Ausdruck bringen sollen. Die Transformation der Religion in der Zeit der Globalisierung hat auch diese Grenzen relativiert; die zeitgenössische Gesellschaft lässt sich nicht auf diese Weise aufteilen. Die Menschen zumindest in der westlichen Kultur lassen sich heute nur selten eindeutigen Kategorien zuweisen. Nicht nur jenseits der Grenzen der Kirchen, sondern auch unter ihren Mitgliedern wächst die Zahl derjenigen, die wir als *simul fidelis et infidelis* bezeichnen könnten – in ihrer inneren Welt durchdringen der Glaube, die Skepsis, das Ur-Vertrauen und die Zweifel, das kritische Fragen und die Unsicherheiten einander.

Die innere Welt einer großen Zahl unserer Zeitgenossen spiegelt so die überwiegende Mentalität der Gesellschaft sowie die »äußere« kulturelle Landschaft wider und gestaltet sie gleichzeitig mit. Die postmoderne Kultur hat sowohl das Christentum als auch die aus dem Christentum erwachsene Moderne und Säkularität in ihren Genen, und dieses Erbe ist stark vermischt. Die überwältigende Mehrheit der praktizierenden Christen im Westen ist kulturell tief von der modernen säkularen Gesellschaft beeinflusst. Jedoch könnten wir auch die Mehrheit der Atheisten als (kulturell) »christliche Atheisten« bezeichnen, weil sie das Erbe der christlichen Kultur viel mehr in sich tragen, als sie meistens zuzugeben bereit sind.[196]

Die kirchlichen Autoritäten haben jahrhundertelang versucht, die Spontanität und Vitalität des geistlichen Lebens zu lenken, die Rechtgläubigkeit des Glaubensbekenntnisses zu überwachen, die formellen Äußerungen der Glaubensüberzeugungen (*belief*) zu kontrollieren und die Moral der Gläubigen zu disziplinieren. Die Spiritualität als eine dynamische innere Dimension und Form des Glaubens entging dieser Kontrolle leichter. Deshalb begegneten auch die kirchlichen Autoritäten oftmals in der Geschichte dieser Gestalt des Glaubens mit Vorsicht und Misstrauen, sie wollten sie einem begrenzten Raum (vor allem hinter den Mauern der Klöster) und einer bestimmten Zeit (zum Beispiel einer vorgeschriebenen Zeit der Andacht im Leben der Angehörigen des Klerus) vorbehalten. Nonkonforme geistliche Bewegungen – wie z. B. die Bewegung des Franz von Assisi und seiner Nachfolger – versuchte die kirchliche Autorität möglichst stark zu disziplinieren und zu institutionalisieren. Nichtsdestoweniger strahlte die Ordensspiritualität oft von den Klöstern bis zu den Laien aus – und diese Ausstrahlung erhielt die institutionalisierte Form der Brüderschaften und der »dritten Orden«.

Auf Misstrauen, Schikanen und Unterdrückung trafen in der Kirche auch viele Wegbereiter neuer spiritueller Strömungen, die später von der Kirche heiliggesprochen wurden, wie Teresa von Ávila, Johannes vom Kreuz und anfangs auch Ignatius von Loyola. Wie uns die Psychoanalyse lehrt und viele Beispiele aus der Geschichte belegen, kommt aber alles, was unterdrückt und verdrängt wird, in verwandelter Gestalt wieder zurück.

Zu einer großen Belebung der Spiritualität bei den christlichen Laien kam es oft in Zeiten einer Krise der institutionellen Religion: beispielsweise in der Zeit der tiefen Krise der hochmittelalterlichen Gestalt der Kirche, als verschiedene innerkirchliche Spannungen und Konflikte zwischen der Kirche und den weltlichen Autoritäten stark wurden, verhängte die Hierarchie im Übermaß die Strafe des Interdikts, eine Art

Generalstreik des kirchlichen Apparats. Als der kirchliche Betrieb einschließlich der Spendung der Sakramente eingestellt wurde, waren die christlichen Laien gezwungen, alternative Wege zu suchen – und eine Form davon war die Belebung der persönlichen Spiritualität. Das trug unter anderem zur Individualisierung des Glaubens bei, die dann in der protestantischen Reformation und in der säkularen Spiritualität weiterentwickelt wurde. In den Krisenzeiten der streng hierarchischen mittelalterlichen Kirche wuchsen die Laienbruderschaften und verbreiteten manchmal eine stille, pietistische Frömmigkeit, ein anderes Mal aber auch eine revolutionär-chiliastische Spiritualität des antiklerikalen Widerstands.[197]

Vielleicht hängt die Belebung des Interesses an der Spiritualität am Ende des zweiten Jahrtausends des Christentums bis zu einem gewissen Maß auch mit der kulminierenden Krise der Macht, der Autorität, des Einflusses und der Glaubwürdigkeit der traditionellen religiösen Institutionen zusammen. Gerade deshalb, weil die Spiritualität aus dem ganzen breiten Fächer der religiösen Phänomene am wenigstens seitens der kirchlichen Autorität kontrollierbar ist, ist sie das Gebiet, das sich am leichtesten von der kirchlichen Form der Religion emanzipiert. Heute ist die Verhältnis zwischen Spiritualität und Religion Gegenstand vieler Diskussionen.

Wenn sich die Kunst und viele andere kulturelle Phänomene allmählich aus dem Schoß der Religion emanzipiert haben, warum sollte ihnen die Spiritualität nicht folgen und sich als ein selbstständiges Gebiet konstituieren, das eigenen Regeln folgt? Wenn die Kirche in den Dokumenten des Zweiten Vatikanischen Konzils die Autonomie der Wissenschaft, der Kunst, der Wirtschaft und der Politik als berechtigt anerkannt und ihre Aspirationen aufgegeben hat, diese Sektoren des Lebens zu dominieren, sollte sie dann in einer ähnlichen Weise nicht auch die Emanzipation der Spiritualität von der Religion in ihrer kirchlichen Form anerkennen? Aber was würde aus der Kirche und aus dem religiösen Leben ohne die Spiritualität? »Der Glaube ohne Werke ist tot«, sagt der Apostel.[198] Aber der Glaube ohne Spiritualität ist auch tot.

***

Spiritualität, ein lebendiger Glaube, geht sowohl der intellektuellen Reflexion (der doktrinalen Seite) als auch der institutionellen Formierung des Glaubens voraus; sie übersteigt sie, und manchmal belebt sie sie und formt sie in Augenblicken der Krise um. Aus Zentren der Spiritualität sind die meisten Anregungen hervorgegangen, die das theologische Denken belebten und auch zu Kirchenreformen führten. Zu tragischen Erschütterungen in der Kirche kam es vor allem dann, wenn die kirchlichen Autoritäten nicht fähig und bereit waren, den Impulsen dieser Zentren zuzuhören,[199] wenn sie sie von vornherein misstrauisch anschauten – und manchmal auch mit der Arroganz der Wahrheitsbesitzer und Machthaber.

Zur Vitalität und Attraktivität der Spiritualität nicht nur bei den christlichen Laien, sondern auch jenseits der Grenzen der Kirchen haben an der Wende vom zweiten zum dritten Millennium (in einer Epoche, die manchmal als eine neue Achsenzeit bezeichnet wird) verschiedene Umstände beigetragen. Einer der Gründe dafür war sicherlich das Bedürfnis, den Lärm, den Stress und die Oberflächlichkeit eines übermäßig technisierten Lebensstils durch die Versenkung in die Stille, in das Innere, in die Tiefe zu kompensieren. Viele kontemplative Klöster sind dazu übergegangen, ihre Tore für zeitlich begrenzte Aufenthalte in der Stille zu öffnen, mit der Möglichkeit einer geistlichen Begleitung der *seekers* (der Suchenden). Das Klosterleben für eine bestimmte Zeit auszuprobieren gehört heute in stark säkularisierten Ländern zu den beliebtesten Angeboten der Kirche. Viele Ordensgemeinschaften werden alt und sterben aus; eine Ausnahme bilden jedoch oft die strengsten, die rein kontemplativen Orden – diejenigen, die etwas anbieten, was »die Welt« nicht geben kann. Und diese Klöster, das Mönchtum und das Einsiedlertum verlieren für die Menschen in der Welt (und nicht nur für die romantischen Seelen) nicht ihre Anziehungskraft.

In manchen verlassenen historischen Klostergebäuden haben neue kirchliche Bewegungen und Kommunitäten ihr Zuhause gefunden. Manche von ihnen sind der Ort eines gemeinsamen Lebens von Laien und Priestern, Männern und Frauen, Familien und Menschen, die zeitweise oder dauerhaft im Zölibat leben. In einigen Fällen hat die Stille der Einsiedeleien die Spiritualität derjenigen inspiriert, die im Lärm der Großstädte wohnen, sie jedoch als geistliche Wüsten erleben, als Orte der Verlassenheit inmitten der Menschenmassen.[200] Einer der Ersten unter ihnen war ein katholischer Ordensmann, der amerikanische Trappist Thomas Merton, der aus seiner Einsiedelei in der Nähe eines kontemplativen Klosters in Kentucky heraus im 20. Jahrhundert mit seinen Büchern ein breites Publikum ansprach.[201] Seit den 60-er Jahren und bis heute kommen immer neue Autoren von Büchern über Kontemplation dazu; oft ziehen sie das Interesse auch derjenigen Leser an, die man eher als Suchende denn als religiös Gläubige oder kirchlich Verankerte bezeichnen könnte.

Die 60-er Jahre des 20. Jahrhunderts waren die Sternstunde der Entstehung vieler neuer religiöser und spiritueller Bewegungen. Wie bereits gesagt, entstand am Ende der 60-er Jahre in den evangelikalen Gruppen an amerikanischen Universitäten eine sehr dynamische charismatische Bewegung, und nach einer gewissen Zeit entwickelte sich ihre Parallele im katholischen Bereich, die charismatische Erneuerungsbewegung. Die Pfingstkirchen begannen später vor allem in Lateinamerika damit, der traditionell starken katholischen Kirche im großen

Stil Mitglieder abzuwerben. Wo das Leben der traditionellen Pfarrgemeinden schlaff wurde, imponierten die Pfingstgruppen mit ihrer Vitalität und Emotionalität. Wo die katholische Kirche die Bildung der Gläubigen und die Katechese der Erwachsenen vernachlässigte, erntete die einfache, fundamentalistische Theologie der Evangelikalen einen schnellen Erfolg.

Zur Belebung und Bereicherung der Spiritualität im Westen trug auch der Globalisierungsprozess bei, die gegenseitige Durchdringung der Welten. Die postmoderne Wende zur Spiritualität schöpfte viele Inspirationen aus der östlichen Spiritualität. Auch dieser Trend wurde und wird oftmals noch heute von vielen kirchlichen Autoritäten und konservativen Christen mit großem Misstrauen betrachtet, manchmal wird er sogar dämonisiert. Das Interesse an der Spiritualität – vor allem an der Spiritualität des Fernen Ostens, zum Beispiel an Yoga, Zen und anderen Meditationsschulen – fand bereits seit den 60-er Jahren des 20. Jahrhunderts einen Nährboden in den Kreisen der humanistischen und transpersonalen Psychologie und Psychotherapie, in den Kursen zur persönlichen Entwicklung und im Bereich der nonkonformen Kultur (zum Beispiel in der Beat-Bewegung). Eine sehr bunte Welle dieser Subkultur, deren gelobtes Land vor allem Kalifornien war, wurde dann als New-Age-Bewegung bezeichnet. Es war sicher verständlich und legitim, dass die kirchlichen Autoritäten zum Synkretismus dieser Bewegung eine kritische Position einnahmen; zu ihrem Schaden stellten sie sich jedoch nicht die Frage, auf welche Bedürfnisse und welche Zeichen der Zeit diese Bewegungen antworteten und ob die Kirche in der Lage sei, dafür eine kompetentere Antwort anzubieten.

Im christlichen Bereich erwacht erst nach der ersten Welle des »christlichen Yoga« und des »christlichen Zen« ein erneuertes Interesse am Studium der Klassiker der christlichen Mystik, und es entstehen viele Zentren, die in die Praxis der christlichen Meditation einführen. Manche Zentren der christlichen Spiritualität haben einen ökumenischen Charakter und versagen sich jeglichen Proselytismus: Beispielsweise hat die ökumenische Kommunität in Taizé weltweit eine Bewegung der christlichen Jugend inspiriert, die auch viele »Suchende« anspricht.

Wie wir noch zeigen werden, ist – während in vielen Ländern die Kirchen leerer und die Priester weniger werden, das Netz der Pfarrgemeinden immer größere Risse bekommt und es wahrscheinlich keine Hinweise darauf gibt, dass dieser Trend sich nicht weiter fortsetzen würde – die *geistliche Begleitung der Suchenden* offenbar diejenige Form des Dienstes, welche die Kirche nicht nur den Gläubigen, sondern jener wachsenden Welt der *nones* bieten kann. Ich bemerke im Voraus, dass es hier nicht um die klassische Mission geht, nicht um die Gewinnung von neuen Kirchenmitgliedern. Die Erwartung, dass eine Mehrheit der *nones* in den aktuellen (mentalen und institutionellen) Grenzen der Kirchen ihr dauerhaftes Zuhause finden wird, ist nicht sehr realistisch. Die Zentren eines offenen Christentums, die vor allem Meditationskurse veranstalten, können jedoch diese Grenzen erweitern.

Den kostbarsten Dienst werden der Glaubwürdigkeit und der Vitalität des Glaubens wahrscheinlich diejenigen Christen erweisen, die den Mut haben, über die jetzigen mentalen und institutionellen Grenzen der traditionellen Kirchen hinauszugehen, und denen es gelingt, nach dem Beispiel des hl. Paulus *allen alles zu sein* und als Suchende mit den Suchenden neue Wege zu beschreiten.

***

Wenn wir vom wachsenden Interesse an der Spiritualität sprechen, ist es auch wichtig, seine Gefahren zu erwähnen. Die Schattenseite der Popularität dieser Wege ist die Tendenz zu ihrer Kommerzialisierung und Banalisierung. Ein Ausdruck der Ökonomisierung des Lebens in der gegenwärtigen Zivilisation ist auch die Tatsache, dass der globale Markt der Waren und Ideen auf die Nachfrage nach dem »Spirituellen« rasch mit einer Flut von billiger Ware reagiert hat: mit kitschigen Imitationen östlicher Spiritualitäten, mit der Trödelware der Esoterik, des Okkultismus, der Magie, mit den Rezepten der Scharlatane, die eine schnelle Erleuchtung, Heilung, ekstatische Glückserlebnisse oder magische Macht versprechen. Die Pseudomystik wurde zum Element des Drogenmarktes jeglicher Art sowie der Unterhaltungsindustrie. Ungebetene »geistliche Lehrer«, Magier und Gurus haben in ihren Ashrams oft spirituelle Manipulationen und psychologischen Missbrauch verübt und leichtgläubige Menschen finanziell ausgesaugt; auch der sexuelle Missbrauch gedieh hier.

In spirituellen Wellness-Zentren wird die »Meditation« als eine unverbindliche Freizeitaktivität betrieben oder als ein dilettantischer Ersatz zugleich für die Seelsorge und für die Psychotherapie. Hier verkauft sich die spirituelle Ware am besten mit dem falschen exotischen Markenzeichen »made in Orient«. Einige japanische buddhistische Mönche, mit denen ich befreundet bin, haben mir nach dem Besuch eines Lunaparks des westlichen Pseudobuddhismus mit trauriger Ironie gesagt: »Das, was diese Leute versehentlich für Buddhismus halten, ist nur ein verstümmeltes Christentum – ein billiges Christentum, das davon befreit ist, was ihnen am Christentum unsympathisch war, weil es von ihnen etwas verlangt; es ist ein bequemes Christentum ohne Kirche, ohne Dogmen und ohne eine christliche Moral. Sie ahnen aber nicht, dass der Buddhismus auch ein anspruchsvoller Weg ist.«

Geschickte Unternehmer mit dem »Spirituellen« bieten einen schnellen Weg zu »spirituellen Erlebnissen« oder zum Erwerb außerordentlicher Fähigkeiten. In Klöstern, in denen eine ehrliche geistliche Praxis gepflegt wird, werden Interessenten an einer geistlichen Übung im Gegensatz dazu mit folgenden Worten willkommen geheißen: »Sei dir bewusst, dass du nicht hierher gekommen bist, um etwas zu gewinnen, sondern um vieles abzulegen.«

Als ich mich eine bestimmte Zeit mit den Monstren des religiösen Populismus beschäftigt habe, musste ich mir die Frage stellen, inwieweit für diese Situation auch die christlichen Kirchen Verantwortung tragen, die das Christentum lange als eine Religion der Gebote und Verbote dargestellt haben. Sie waren nicht in der Lage, auf die ehrliche Sehnsucht nach einer Spiritualität rechtzeitig zu antworten und die Schätze der christlichen Mystik zugänglich zu machen, die in einem verschlossenen Tresor versteckt waren, für den sie selbst mancherorts schon die Schlüssel verloren hatten, und so haben sie es ermöglicht, dass diesen Raum vielmehr das Gegenteil des Glaubens füllen kann – nämlich der Aberglauben und die Idolatrie. Das Interesse an der Spiritualität – dieses große Zeichen der Hoffnung auf eine positive Verwandlung unserer Welt – kann eine verpasste Gelegenheit sein und bald wieder abflachen, wenn statt einer Kultur des geistlichen Lebens Esoterik angeboten wird, die eine degenerierte Gestalt der Gnosis ist und eine Banalisierung und Trivialisierung der Spiritualität darstellt.[202]

Sicher sind nicht nur im Christentum, sondern auch in den Traditionen vieler anderer Religionen sowie in der säkularen Kultur oft in Vergessenheit geratene, aber ungemein wertvolle Quellen der Spiritualität anwesend, die der zeitgenössischen Kultur eine Tiefe, einen Funken und eine therapeutische Kraft verleihen können. Wenn sich dieses Potenzial im Rahmen verschiedener Religionen entwickelt, kann sich dadurch ein Raum für das Teilen und eine gegenseitige Bereicherung öffnen. Mit großem Interesse verfolge ich Begegnungen von

Menschen quer durch die Religionen, die sich auf verantwortungsvolle Weise einer seriösen geistlichen Praxis widmen und aus den Schätzen der Mystik schöpfen. Die Kultivierung der eigenen spirituellen Seite kann dasjenige sein, was es diesen Traditionen ermöglichen wird, eine positive Alternative zum Fundamentalismus zu werden, zur Banalisierung und Kommerzialisierung der Religion und zu einem ideologischen und politischen Missbrauch der »religiösen Energie«, der Nationalismus, Vorurteile sowie Hass und Gewalt entfacht.

Die Spiritualität ist – mehr als die akademische Theologie, die Liturgie und die Gebote der Moral – die Quelle der lange unterschätzten Kraft der Religion. Trennen wir sie jedoch nicht von den anderen Dimensionen des Glaubens ab. Damit die neu erwachte Kraft der Spiritualität zum Frieden und zur Weisheit führen kann, darf man sie weder von der Rationalität noch von der moralischen Verantwortung abtrennen, und auch nicht von der heiligen Ordnung, welche die Liturgie dem Leben einhaucht.

***

Wir haben über die Beziehung der Spiritualität zur Religion und zur Kirche gesprochen. Kommen wir zu der Frage zurück, wie das Verhältnis zwischen dem Glauben und der Spiritualität ist. Als eine indirekte Antwort kann ich den Kommentar von Augustinus zum Evangelium des hl. Johannes zitieren: »Das ist zu wenig, nur aus einer freien Entscheidung des Willens [*voluntas*] zu glauben. Es muss dich auch die *voluptas* anziehen.« Augustinus benutzt hier – sicher nicht nur wegen dem Wortspiel *voluntas/voluptas* – überraschend das Wort, das wir als »Libido« (Lust, Leidenschaft, Inbrunst, Begierde, Sehnsucht) übersetzen könnten. Und er fügt hinzu: »Haben denn ihre Lust [*voluptas*] nur die körperlichen Sinne, und ist der Geist der Lust beraubt? […] Zeig mir jemanden, der verliebt ist, der wird wissen, was ich sage. Zeig mir jemanden, der voller Sehnsucht ist, der hungert, der durch die Wüste pilgert und den es nach der Quelle in der ewigen Heimat dürstet, zeig mir einen solchen, und er wird wissen, was ich sage. Wenn ich aber zu einem kalten Menschen spreche, weiß dieser nicht, wovon die Rede ist.«[203]

Meint der hl. Augustinus mit dieser Leidenschaft des Glaubens nicht gerade das, was wir heute Spiritualität nennen? Finden wir in diesen Sätzen nicht die Antwort auf die Frage, wie das Verhältnis zwischen Glauben und Spiritualität ist? Die Spiritualität verleiht dem Glauben seine Leidenschaft, seine Vitalität, seine Anziehungskraft, seine Glut. Deshalb sollte man bei der Weitergabe des Glaubens die Flamme der Spiritualität nicht vergessen, sie nicht auslöschen, sondern pflegen, wenn wir aus dem Glauben nicht eine starre und kalte Religion machen wollen. Man sollte dabei jedoch nicht vergessen, dass das Feuer auch gefährlich sein kann – wie übrigens auch das Leben selbst.

14. Der Glaube der Nichtgläubigen und das Fenster der Hoffnung

Ich nehme dieses Kapitel mit großen Bedenken in Angriff. Auf einigen der folgenden Seiten wird meine Auslegung des Glaubens und des Unglaubens (noch) persönlicher und subjektiver sein als im Rest dieses Buches. Aber haben uns denn nicht die Theologen von Augustinus bis Gerhard Ebeling oder religiöse Philosophen wie Martin Buber gelehrt, dass die authentische Sprache des Glaubens zwangsläufig persönlich ist? Augustin zeigt den hermeneutischen Zirkel zwischen der Selbsterkenntnis und der Gotteserkenntnis, und seinem einflussreichsten theologischen Buch – einem der einflussreichsten religiösen Bücher überhaupt – hat er die Form einer Autobiografie gegeben. Ebeling warnt vor der »naturwissenschaftlichen«, objektivistischen, gegenständlichen Sprache über Gott; er meint, dass die Sprache der christlichen Theologie aus dem eigenen, auf Gott hörenden Gewissen kommen, dass sie persönlich engagiert sein müsse.[204] Aus den Büchern von Martin Buber habe ich gelernt, dass wir, wenn Gott für uns kein persönliches Du ist, sondern nur »er« oder »es« – ein Gegenstand, über den wir unpersönlich, mit Abstand, ohne ein persönliches Engagement, »objektiv« sprechen können –, nicht über Gott sprechen, sondern über einen Götzen.

Ich verheimliche nicht meine Nähe zur Existenzphilosophie und Existenztheologie und meine Abneigung gegenüber der Neuscholastik. Ich habe sorgfältig geprüft, woher diese meine Allergie gegenüber dem »metaphysischen Realismus« herrührt. Spielen dabei vielleicht auch meine persönlichen traumatischen Erlebnisse mit manchen Neuscholastikern und mit der neuscholastisch geprägten Prager theologischen Fakultät zu Beginn der 90-er Jahre eine Rolle? Damals begann mich dieser Versuch einer »wissenschaftlichen, objektiven Theologie« sowohl an den »wissenschaftlichen Atheismus« des Marxismus zu erinnern als auch an den arroganten und gleichzeitig naiven Anspruch des szientistischen Positivismus auf eine »objektive Erkenntnis der Wirklichkeit«. Eine Theologie, die in die Form eines widerspruchslosen, abgeschlossenen Systems von Syllogismen gekämmt ist, in dem keine Spur des Dramas einer persönlichen Suche nach Gott oder eines Kampfes zwischen dem Glauben und dem Zweifel zu sehen ist, kam mir immer kalt und bewegungslos vor wie ein Körper ohne Seele.

Den Anspruch, die »objektive Wahrheit« zu erkennen und vorzulegen, habe ich immer des Stolzes und der Beschränktheit verdächtigt, eines naiven und zugleich anmaßenden Anspruchs, die »Position Gottes« einzunehmen, der Unfähigkeit, sich demütig die Grenzen seiner eigenen eingeschränkten Perspektive einzugestehen. Ich habe mich immer vor den »Besitzern der Wahrheit« gefürchtet, die keinen Raum mehr lassen für Zweifel, kritische Fragen und ein weiteres Suchen. Einer der Gründe, warum ich Nietzsche schätze – und mich nicht vor dem angeblichen »Relativismus« der Postmoderne fürchte –, ist seine Erkenntnis, dass unser gesamtes Sehen selbst schon eine Deutung ist. Mit dem Begriff der Objektivität in der Wissenschaftstheorie hat mich erst mein Freund, der Philosoph und Naturwissenschaftler Zdeněk Neubauer, bis zu einem gewissen Grade versöhnt, und zwar mit seinem Satz, dass »die Objektivität die Tugend der Subjektivität« sei, dass sie die Tugend der Unparteilichkeit und der Gerechtigkeit darstelle.[205] Auf dem Gebiet der Theologie verstehe ich es so, dass diese Tugend die *kenosis* ist, das »Einklammern« und die Relativierung der eigenen Erfahrung und der eigenen Meinung, weil diese »Selbstverleugnung« uns hilft, den Erfahrungen der anderen besser zuzuhören und eine Plattform für das gegenseitige Verständnis zu suchen. Auch der Relativismus darf nicht verabsolutiert werden.

Eine andere Ursache für meine äußerste Enthaltsamkeit und meinen Verdacht gegenüber dem »Positivismus in der Theologie« und seinen Ansprüchen auf Objektivität im Sinne einer »unpersönlichen Wahrheit« ist wahrscheinlich die Tatsache, dass der Schlüssel, der mir das Verständnis der Welt eröffnet hat – und auch der Welt des Glaubens –, die Kunst war. Vor allem die Literatur bietet nämlich die Möglichkeit, an den Erfahrungen der anderen zu partizipieren. Die Kunst hat mir mehr als die Wissenschaft den Weg zu einer nie endenden Suche nach der Wahrheit eröffnet. In der Geschichte der Philosophie waren mir diejenigen Denker am nächsten, die gleichzeitig großartige Literaten waren: die Existenzialisten und ihre beiden großen Vorgänger, Nietzsche und Kierkegaard. Ich bin in der Familie eines Literaturhistorikers aufgewachsen, und das Studium der Soziologie und der Psychologie habe ich offenbar auch deshalb intuitiv gewählt, weil sich die besten Autoren dieser Fachrichtungen an der Grenzlinie zwischen Wissenschaft und Literatur bewegen.

Die Welt der Religion zog mich zunächst durch ihre ästhetische Seite an; die erste Tür in die Welt des Glaubens war für mich die Kunst, die Architektur der alten Prager Kirchen, dieser Schatztruhe der Werke der bildenden Kunst, und die geistliche Musik – diese unverwischbaren Spuren des Heiligen inmitten des eintönigen Grau-in-Grau der Zeit der vom Staat aufgezwungenen primitiv-materialistischen Ideologie. Die intellektuelle Initiation in das Christentum, die erst nach der emotionalen Bezauberung folgte, boten mir weder theologische Bücher noch Katechismen, sondern die Literatur: die Essays von G. K. Chesterton und die Romane von Fjodor M. Dostojewskij, Graham Greene, Heinrich Böll, Georges

Bernanos, François Mauriac, Léon Bloy und vielen anderen sowie das Werk der tschechischen katholischen Dichter, vor allem von Jan Zahradníček und Jakub Deml. Als ich gläubig geworden war, habe ich gleich seit den ersten Jahren mit dem missionarischen Feuer eines Konvertiten viele meiner Freunde und Kollegen in die damals verbotene Welt des Katholizismus eingeführt, vor allem durch das Weitergeben dieser Art von Literatur, durch Meditationen über Werke der bildenden Kunst mit religiöser Thematik in Galerien oder durch gemeinsames Musikhören, vom Gregorianischen Choral über Johann Sebastian Bach und Georg Friedrich Händel bis zu Igor Strawinsky und Olivier Messiaen. Zur zeitgenössischen theologischen und philosophischen Literatur, die heute meine wichtigste Lektüre und meine geistige Welt ausmacht, bin ich viel später gekommen, und zwar aufgrund von Rissen im Eisernen Vorhang der kommunistischen Zensur.

Später gab ich den potenziellen Konvertiten auch den Katechismus in die Hand, fügte jedoch jeweils die Warnung hinzu, dass man weder eine vollkommene Vertrautheit mit den Glaubensartikeln noch das rationale Einverständnis mit ihnen – die Tatsache, dass wir sie für wahr halten – als Glauben ansehen könne, höchstens als den Vorraum zum Glauben. Mit einer großen intellektuellen Freude studierte ich dann die Dogmatik, diese Architektur der Kathedrale der katholischen Kultur, jedoch mithilfe der *Dogmengeschichte*, die es ermöglicht, den geschichtlichen Kontext kennenzulernen, die Konflikte, aus denen die Glaubensartikel geboren wurden. Falls aber das Studium der Dogmatik nicht von der Pflege einer starken und gesunden Spiritualität begleitet wird, falls die Arbeit des Intellekts nicht vom »Intellekt des Herzens« durchstrahlt wird, ist diese Kathedrale für uns nur ein Museum und nicht das lebendige Haus Gottes. Manche Theologiestudenten und Priesteramtskandidaten, denen ich begegnet bin, sind mir wie Menschen vorgekommen, die tagelang über Opernpartituren sitzen, aber die Musik nie gehört haben und noch nie im Theater waren.

***

In manchen postkommunistischen Ländern, die sowohl die harte Säkularisierung unter dem kommunistischen Regime als auch die weiche kulturelle Säkularisierung vor ihm und nach ihm durchlaufen haben – vor allem in Tschechien und in Ostdeutschland –, werden die Menschen nach wie vor sehr leichtfertig als Atheisten bezeichnet. Ihr Atheismus ist in der Regel aber eher ein Ausdruck der Konformität mit der Mehrheitsmentalität als einer klar profilierten Meinung und einer durchdachten Haltung. Der Satz »Ich bin Atheist« bedeutet hier am häufigsten: Ich bin doch *normal*, ich bin kein Mitglied einer obskuren Gesellschaft, ich bin wie fast alle um mich herum; gegen Religion habe ich eigentlich gar nichts, aber ich halte sie für etwas längst »Erledigtes« und Abgestandenes, was mich persönlich überhaupt nicht betrifft.

Nachdem ich vergeblich versucht hatte, interessante Atheisten für Diskussionen zu finden, schien mir, dass ich einen Atheisten in mir selbst finden musste, um ein Selbstgespräch führen zu können. Damals habe ich endlich zu begreifen begonnen, dass die Voraussetzung für einen fruchtbaren Dialog mit dem Atheismus darin besteht, zunächst einen Atheisten, einen Zweifler oder einen nonkonformen Gläubigen in sich selbst zu entdecken – und mit ihm ein ehrliches Gespräch anzufangen. Nietzsche meinte, dass er zu allem zwei Meinungen habe. Ich habe mir einen inneren Dialog von verschiedenen Perspektiven auf den Glauben angewöhnt. Der Glaube ist – ähnlich wie die Kirche, die Bibel und die Sakramente – eine Begegnung zwischen dem Göttlichen und dem Menschlichen, er hat beide Seiten. Als Soziologen und Psychologen interessierte mich eher die menschliche Seite, als Theologen dagegen seine göttliche Seite:

der Glaube als eine Gabe, als eine Gnade, als das Leben Gottes im Menschen. Der innere Dialog zwischen den beiden Perspektiven ist mir immer interessant und nützlich vorgekommen.

Das Buch von J. B. Lotz *In jedem Menschen steckt ein Atheist*[206] bestärkte mich darin, zu fragen, ob nicht auch in mir ein Atheist steckt. Einen Atheisten habe ich in mir zwar nicht gefunden, aber nachdem ich einige traumatisierende Erfahrungen mit der Kirche gemacht hatte, löste das in mir nicht nur eine Krise der Beziehung zur Kirche aus, sondern auch eine Art Glaubenskrise, die von vielen kritischen Fragen und Zweifeln begleitet war. Die Solidarität mit der verfolgten Kirche war eine der Patinnen meiner Konversion gewesen, denn die Liebe zum Glauben war bei mir mit der Liebe zur Kirche tief verbunden. Wenn also die eine Liebe verletzt wurde, traf und schmerzte es auch die andere. Die Krise führte aber meinen Glauben in die Tiefe, sie führte ihn zu einer größeren Reife sowie zu einer erwachseneren Beziehung zur »Mutter Kirche«.

Allmählich lernte ich den Glauben und den Zweifel als zwei Brüder wahrzunehmen, die sich gegenseitig brauchen und sich gegenseitig unterstützen müssen, damit man von der schmalen Brücke weder in den Abgrund des Fundamentalismus und der Bigotterie (darin hilft der Zweifel dem Glauben) noch in den Abgrund der verbitterten Skepsis, des Zynismus oder der Verzweiflung (dabei hilft uns der Glaube als ein Ur-Vertrauen) stürzt. Ich behaupte, dass ich mich zum Glauben durchgezweifelt habe; wenn wir auf dem Weg des Zweifels konsequent sind, dann wird uns dieser Weg lehren, auch an unseren Zweifeln zu zweifeln.

Als in den Regalen der Buchhandlungen (besonders in den angelsächsischen Ländern) die Bücher der »neuen Atheisten«, besonders die des Wissenschaftspopularisators Richard Dawkins aus Oxford, mit der Flut an Literatur über Religion, Spiritualität und Esoterik gleichzuziehen begannen, freute ich mich auf die lange ausgebliebene Gelegenheit zu einem interessanten Dialog. Ich wurde jedoch enttäuscht. Es scheint mir, dass der militante Atheismus einiger lauter Apostel des Neodarwinismus einen ähnlich naiven Atheismus darstellt, wie es der vulgäre wissenschaftliche Atheismus der Marxisten-Leninisten war. Er gründet sich vor allem auf ein Missverständnis, auf eine Verwechslung der jeweiligen Gegner: Diese atheistischen Kämpfer verwechseln die Religion mit dem Fundamentalismus und den Glauben an Gott als den Schöpfer mit der primitiven naturwissenschaftlichen Hypothese des vulgären Zweiges der Kreationisten. Dawkins hat seine militante Rhetorik nach einer gewissen Zeit gemäßigt und sich dann eher als einen Agnostiker dargestellt, der behauptet, dass Gott lediglich »wahrscheinlich nicht existiert«. Gegenüber Dawkins' Vorstellung von Gott wäre ich ein radikalerer Atheist, als er es selbst ist: Ich bin überzeugt, dass das Konstrukt der Aufklärung, Gott sei eine naturwissenschaftliche Hypothese, wirklich nur eine Fiktion ist, dass der Dawkins'sche Gott zum Glück wirklich »nicht existiert«. Er existiert nur in den Vorstellungen der fundamentalistischen Gläubigen und der fundamentalistischen Atheisten. Sind die Kämpfer für den »neuen Atheismus« – die jedoch dem alten Atheismus Ludwig Feuerbachs und der Materialisten der Spätmoderne nichts »Neues« hinzugefügt haben außer vielleicht einer militanten Rhetorik – jemals einem reifen christlichen Glauben und einer kompetenten zeitgenössischen Theologie begegnet?

Zum Glück habe ich einige Jahre später ein Buch eines Autors gefunden, der sich zum Atheismus und nicht zum Agnostizismus bekannte, dessen Denken und dessen persönlichen Zugang zur Religion ich jedoch schätzen konnte: das Buch *Woran glaubt ein Atheist* von André Comte-Sponville.[207]

***

André Comte-Sponville hat eine katholische Erziehung erfahren, und er ist sich bewusst und gesteht offen zu, dass er bis heute viele moralische, spirituelle und kulturelle Werte behalten hat, die aus dem Christentum geschöpft sind; er kennt die Ansichten seiner gläubigen Freunde und schildert sie unverzerrt, er respektiert und schätzt sie. Seinen Glauben an Gott und seine Bindung an die Religion hat er an der Schwelle zum Erwachsensein verloren, und obwohl seine religiöse Erziehung in keiner Weise traumatisierend war, hat er diesen Verlust des Glaubens als eine Befreiung empfunden. Er hat offenbar etwas erlebt, was viele Menschen erfahren haben, die in der Regel während des Heranwachsens ihrer Religion entwachsen sind und sie in der Schachtel mit ihren Kindheitserinnerungen abgelegt haben. (Der Dichter Jaroslav Seifert schreibt in einer ähnlichen Weise in seinen Memoiren: »Jawohl, und so klappte ich den Katechismus zu und erstand für zwei Kronen eine […] Miniaturausgabe von Máchas ›Maj‹ (Mai).«[208]) Comte-Sponville fügt hinzu, dass er von Menschen wisse, die im Gegenteil im selben Alter eine Konversion zum Glauben erlebt hätten und die diese Konversion als eine Befreiung erlebt hätten; diese Erfahrung teilt auch der Autor dieses Buches.

Comte-Sponville spricht in seinem Buch über die Überraschung, die ihm ein alter Priester bereitet habe, als er ihm nach einem Vortrag über den Atheismus gedankt und ihm gesagt habe, dass er mit dem allergrößten Teil seines Vortrags einverstanden sei. Comte-Sponville habe ihm viele Glaubensartikel genannt, an die er nicht glaubt. Der Priester habe ihm gesagt: Aber das ist doch nicht wichtig. Beim Lesen dieses Absatzes würde ich dem Autor gerne sagen, dass es mindestens noch einen weiteren alten Priester gibt, der ihm etwas Ähnliches sagen würde. Die Unterschiede und Ähnlichkeiten zwischen dem Glauben und dem Unglauben liegen woanders und viel tiefer als auf der Ebene der religiösen Ansichten.

Comte-Sponville zitiert eine Anekdote über zwei Rabbiner, die in einer langen nächtlichen Debatte zu der Ansicht gekommen sind, dass Gott nicht existiert. Einer von ihnen sieht am Morgen, wie der andere betet; voller Verwunderung fragt er ihn, warum er denn bete, wenn sie sich doch geeinigt hätten, dass Gott nicht existiert. »Und was hat das damit zu tun?«, fragt wiederum voller Verwunderung der betende Rabbiner. Ich bin mir nicht sicher, ob ich die Geschichte genauso verstehe wie Comte-Sponville. Ich sehe in ihr ein gutes Beispiel für die wichtige Unterscheidung zwischen bloßen religiösen Ansichten und der religiösen Praxis, der Glaubenserfahrung. In der intellektuellen Diskussion kann es zu einem totalen Bankrott meiner religiösen Argumente, meiner religiösen Überzeugung *(belief)* kommen. Die Gebetspraxis geht aber aus etwas viel Tieferem hervor als aus meinen religiösen Ansichten – aus dem Glauben als einem Ur-Vertrauen *(faith, basic trust)*. Ich weiß nicht, warum ich zu beten aufhören sollte, wenn mir jemand die intellektuelle Dürftigkeit meiner ganzen Theologie zeigen würde, also all dessen, was ich über Gott denke; vielleicht wäre das vielmehr ein Grund, noch mehr zu beten.

Die Feststellung, dass nicht wenige »Atheisten« beten, sollte nicht so überraschend sein. Ich meine nicht nur Gebete in der Lebensnot (in Grenzsituationen des Lebens verblasst bei vielen Atheisten schnell ihre atheistische Überzeugung, und sie beginnen flehentlich nach Gott zu rufen) oder den spontanen, bezauberten und dankbaren Seufzer angesichts einer »göttlichen Schönheit«. Viele Menschen, die aus den verschiedensten Gründen die religiöse Sprache nicht verstehen und nicht in religiösen Begriffen denken, verstehen trotzdem, was Gebet, Meditation, Anbetung ist – und sie praktizieren es, manchmal ganz spontan, wenn auch vielleicht unter einem anderen Namen. Auch viele von denen, die sich zu keiner Religion bekennen, sind in der Beziehung zu jener Dimension des spirituellen Lebens nicht »unmusikalisch«, auch sie empfinden das Bedürfnis, auf irgendeine Weise ihre Dankbarkeit für das ganz unselbstverständliche Geschenk des Lebens, für das Wunder der Liebe und die Schönheit der Welt zu artikulieren.

Auch bei den Gläubigen, deren religiöse Überzeugung durch Krisen und »finstere Täler« geht, kann ihr Glaube in der Erfahrung des Gebets weiterleben. Ich meine damit nicht die Erfahrung mit einem »erhörten Gebet«, mit dem man Zweifel überwinden könnte, das man als einen rettenden Beweis der Existenz Gottes begreifen könnte. Viel mehr als das erhörte Gebet ist für mich das unerhörte Gebet eine Schule des Glaubens. Es ist die Erfahrung, dass Gott kein Automat zur Erfüllung unserer Wünsche ist, dass seine Existenz nicht darin besteht, dass er nach unseren Vorstellungen »funktioniert«. In einer anderen jüdischen Anekdote sagt ein Rabbiner zu einer Frau, die sich beschwert, dass ihr Gott so viele Jahre auf ihre Bitten, in der Lotterie zu gewinnen, nicht geantwortet habe: Aber er hat dir doch geantwortet! Seine Antwort hieß »Nein«.

Die Tatsache, dass uns Gott nicht so antwortet, wie wir es uns wünschen würden, bedeutet nicht, dass er uns überhaupt nicht antwortet. Gerade das Gebet, das nicht erhört wird, hilft zu begreifen, worin der tatsächliche Dialog mit Gott besteht: Die Antwort Gottes liegt weder an der Oberfläche noch in den einzelnen Dingen, die wir uns aussuchen, wünschen oder »bestellen«; die Antwort Gottes ist das *Ganze der Wirklichkeit*, das Ganze unseres Lebens. Gott ist »Gott in allen Dingen«, und man muss ihn stets suchen, ihn Schritt für Schritt in diesem Ganzen und als dieses Ganze finden und immer wieder suchen: als ein Ganzes, welches die ganze Welt einschließt und gleichzeitig übersteigt.

Über dieses Ganze spricht Comte-Sponville übrigens im Schlussteil seines Buches, in dem er eine Spiritualität für Atheisten vorschlägt, mit einer fast mystischen Ekstase. Hier – wie bei der Lektüre des ganzen Buches *Woran glaubt ein Atheist?* – kann ich die Frage nicht vermeiden, welche Vorstellung von Gott (und welche persönliche Erfahrung) wohl unseren Autor so sehr stört und ihn dazu führt, dass er diesem Ganzen seinen traditionellen Namen Gott streitig macht.

Comte-Sponville spricht über das Ganze der Wirklichkeit als ein Geheimnis, das man ohne Worte kontemplieren kann – darin sind wir uns einig. Aber dadurch, dass er sich hartnäckig wehrt, dieses Geheimnis Gott zu nennen (und behauptet, dass das bedeuten würde, diesem Geheimnis der Wirklichkeit noch ein weiteres, ausgedachtes Geheimnis hinzuzufügen), gibt er zu erkennen, *dass er bereits seine Vorstellung über den Gott hat, an den er nicht glaubt* – und er glaubt an ihn wahrscheinlich deshalb nicht, weil er nicht der Vorstellung entspricht, die er sich selbst über Gott gebildet hat.

Wenn wir uns aber wirklich dem absoluten Geheimnis öffnen wollen, das wir Gläubigen mit dem Wort Gott bezeichnen, müssen wir zunächst sämtliche Vorstellungen ablegen (»einklammern«), die wir uns im Voraus über ihn gemacht haben.

Der Gott meines Glaubens ist kein gegenständliches Seiendes, also auch kein »hinzugefügtes Geheimnis«. Dadurch, dass ich das Geheimnis des Ganzen Gott nenne, also *analog* darüber spreche wie über eine »Person« (bewusst auf eine »anthropomorphe«, metaphorische Art), bringe ich meine Gebetserfahrung zum Ausdruck: Wenn ich der Wirklichkeit des Lebens zuhöre, nehme ich das Leben als ein Angesprochenwerden wahr und antworte darauf im Gebet. Dies ist sicher kein Beweis, mit dem ich einen Nichtgläubigen von der Existenz Gottes überzeugen könnte, sondern es ist eine Deutung meiner Erfahrung, die ich frei gewählt habe. Viktor Frankl gibt zu, dass er sich beim Beten manchmal die Frage stellt, ob er nicht nur mit seinem »höheren Ich« spricht; dieser Zweifel schwächt jedoch seinen Glauben im Sinne des Vertrauens nicht. Er schreibt: »Sollte es Gott geben, dann wird er es nicht weiter übel nehmen, wenn ihn jemand mit dem eigenen Selbst verwechselt und ihn daraufhin umbenennt.«[209] Ich füge hinzu: Kann denn Gott nicht so demütig sein, dass er zum Menschen mittels »seines höheren Ichs« kommt und mit ihm spricht?

***

Ein Gebet, das es dem Glauben ermöglicht, auch in der Dunkelheit der intellektuellen Unsicherheiten zu leben – in der Unsicherheit über das Wesen der Existenz Gottes und manchmal auch über diese Existenz selbst –, ist vor allem das kontemplative Gebet. Aus der Sphäre der Gedanken, die von skeptischen oder sogar atheistischen Ansichten beherrscht werden, kann der Glaube in die Tiefe umsiedeln, aus der man trotz allem die Worte des Psalms ehrlich und inbrünstig aussprechen kann: Ich will dich lieben, [...] du mein Gott, mein Fels! Die Liebe hat nämlich ihre besondere Art der Erkenntnis und der Sicherheit, deshalb kann sie auch in den Dunkelheiten von Unsicherheit und Zweifel leben und atmen. Es existiert nämlich eine Liebe, die unseren Worten, unseren Gefühlen und unseren Ansichten vorausgeht und sie auch überlebt; es ist die menschliche Liebe, die von der »Gnade« – von der Liebe Gottes – gesättigt, erneuert und geheilt wird.

Im Dialog der mystischen Theologie mit der Tiefenpsychologie können wir es folgendermaßen ausdrücken: Unsere Ansichten, auch unseren religiösen Ansichten, drehen sich immer um unser Ego, sie bewegen sich in jener schmalen und dünnen lediglich bewussten und rationalen Schicht unserer Psyche. Die Gaben der Gnade, also die Liebe, der Glaube und die Hoffnung, die im Gebet ihren Ausdruck finden, gehen aber aus jener tieferen Mitte hervor, aus dem Selbst, aus jenem göttlichen Funken, der in ihm laut des Zeugnisses der Mystiker wohnt. Der Glaube braucht, wie in jüngerer Zeit insbesondere Johannes Paul II. und Benedikt XVI. betont haben, eine rationale Dimension; die Rationalität in der Theologie ist eine wichtige Sicherung gegen den Fundamentalismus und den sentimentalen Fideismus. Allerdings hat die ganze neuzeitliche Kultur einschließlich der neuzeitlichen Theologie (und besonders der bereits erwähnten Neuscholastik) die rationale und bewusste Komponente des seelischen Lebens auch im Hinblick auf den Glauben überschätzt. Die heutige Theologie sollte beim Nachdenken über die menschliche Komponente des Glaubens zur Kenntnis nehmen, was uns die zeitgenössische Psychologie und Neurophysiologie über den Primat der außerrationalen Elemente in der menschlichen Psyche sagt, im Bereich des Wahrnehmens, der Motivation, des Entscheidens und des Handelns. Das *ego cogitans* ist kein so souveräner Herr im Haus des menschlichen Lebens, wie Descartes und die Aufklärer meinten.

Einmal hat mir die Tiefenpsychologie die Antwort auf die quälende Frage gegeben, warum ich mich oft mit manchen »Ungläubigen« besser verstehe als mit manchen Gläubigen. Wenn der Glaube als Gabe Gottes alle Schichten unserer Psyche durchdringt, dann lebt sein wesentlicher Teil in diesem ihrem viel tieferen und wichtigeren Teil, den wir das Unbewusste nennen. Zwischen der bewussten und der unbewussten Seite unserer religiösen Positionen muss das Verhältnis nicht harmonisch sein – und ist es oft auch nicht. Das ist einer der Gründe, warum wir vom »Glauben der Ungläubigen« und vom »Unglauben der Gläubigen« sprechen können. Auch wenn es sicher wahr ist, dass »nur Gott in das Herz sieht«, spürt ein erfahrener und aufmerksamer Beobachter doch, was sein Gesprächspartner jenseits seiner Worte »ausstrahlt«. Es gibt »Gläubige«, deren Bewusstsein und Mund gleichsam von Religion überquellen; Sie spüren jedoch, dass das alles – auch wenn es keineswegs bloß ein heuchlerisches, bewusstes Vortäuschen sein muss – nur von der Oberfläche kommt und nicht in einem geistlichen Leben gründet. Das ist auch bei manchen begeisterten Konvertiten der Fall, aber auch bei erfolgreichen professionellen Vertretern der Religion.

Der Widerspruch zwischen der bewussten, verbal ausgedrückten und emotional erlebten Religiosität einerseits und etwas ganz Anderem, vielleicht sogar Dämonischem, das in einem solchen Menschen schlummern mag, anderseits, ist am Beispiel der religiösen Fanatiker am besten sichtbar. (Übrigens gibt es einen ähnlichen Widerspruch auch bei atheistischen Fanatikern.) Ein Fanatiker ist selten der felsenfest überzeugte Mensch, als der er sich ausgibt und für den er sich selbst hält. Fanatiker werden häufig von starken – aber unbewussten, uneingestandenen und deshalb schwer zu bewältigenden – Zweifeln geplagt sowie von einem mangelnden Glauben an das, was sie verkünden. Sie versuchen ihre Zweifel dadurch zu beseitigen, dass sie sie in die anderen projizieren – und sie dort zum Schweigen zu bringen versuchen, am besten durch eine moralische oder eine physische Liquidierung der wirklichen oder vermeintlichen Gegner, der Häretiker und der Zweifler. Vom Fanatismus kann uns eine scheinbar leichte, in der Praxis jedoch anspruchsvolle Methode heilen, die von Jung empfohlen wird: Betrachten wir diejenigen, mit denen wir kämpfen, als einen Spiegel, der uns unsere eigenen uneingestandenen Züge, unseren Schatten, unser zweites Gesicht zeigen kann. In der Haltung des Extremismus liegt häufig ein verborgenes, unbewusstes zweites Extrem, das sich instinktiv nach einer Kompensation sehnt.

Bei vielen Menschen, die sich Atheisten nennen und im Bereich ihres bewussten Selbst mit der Religion ein Problem haben, die sie ablehnen, weil sie ihnen fremd und unannehmbar vorkommt und sie sogar regelrecht empört, können wir entdecken – irgendwann in einem unerwarteten Aufblitzen, in einem Augenblick der Wahrheit –, dass sie vom »Heiligen« stark angezogen werden. Manche wehren sich gegen diese uneingestandene Anziehungskraft – die Biografen Freuds sprechen davon, wie er sich gegen das mystische »ozeanische Gefühl« beim Musikhören wehrte und sich vor dem Schwindel fürchtete, den das intensive Erlebnis der Schönheit seinem rationalen, skeptischen Ego hätte verursachen können.

Wenn wir die Einstellung zur Religion bei vielen ihrer scharfen »atheistischen« Kritiker aufmerksam studieren, entdeckten wir darin häufig eine gewisse Ambivalenz, eine »Hassliebe« – eine Mischung von Liebe und Hass. Diese spüren wir vor allem bei dem unruhigen, manchmal sogar leidenschaftlichen Atheismus der »Kämpfer mit Gott« heraus, etwa bei Nietzsche. Ist diese Haltung nicht Gott näher als eine halbherzige Gleichgültigkeit?

Eine andere Gruppe bilden die »anonymen Christen« – Menschen, die aus irgendeinem Grund den Glauben ablehnen, aber von denen man das sagen könnte, was Pastor Oskar Pfister Freud schrieb: »Ein besserer Christ war nie.«[210] Ich habe auch Konvertiten zum Christentum kennengelernt, deren »Konversion« nur in der überraschenden Entdeckung bestand, dass das Christentum, von dem sie bisher fast nichts wussten, nur ein anderer Name für etwas ist, womit sie schon lange »anonym« lebten, was sie für wahr und richtig hielten.

***

Kommen wir zu dem Buch von Comte-Sponville zurück. An seinem »Atheismus« schätze ich vor allem die Tatsache, dass er das sucht, was man auch nach dem Ende des Christentums vom Christentum bewahren sollte. Das ist eine Haltung, die ihn in eine Reihe stellt mit vielen anderen humanistischen

Atheisten, von Ludwig Feuerbach über Ernst Bloch, Milan Machovec oder Erich Fromm bis zu Slavoj Žižek. Sie alle wehren sich gegen einen bestimmten Typ von Religion (der in Infantilismus, Fundamentalismus, Bigotterie und Fanatismus abzugleiten droht), wissen aber gleichzeitig, dass der jüdische und christliche Monotheismus vieles ungemein Wertvolle enthält, das zu verlieren naiv, unverantwortlich und sehr gefährlich wäre. *So far so good* – diese Ansicht verstehe ich und teile sie. In eine ähnliche Richtung geht der Anatheismus von Richard Kearney oder die »zweite Naivität« von Paul Ricœur – und auch die Aufforderung, die in diesem Buch artikuliert wird: aus den Ruinen des vormittäglichen Christentums hinüberzuwechseln zu seiner reiferen, zu seiner nachmittäglichen Gestalt.

Es gibt jedoch unterschiedliche Ansichten darüber, was man aufgeben sollte (oder was bereits tot ist) und was man im Gegenteil bewahren sollte. Comte-Sponville meint, dass das, was man aufgeben sollte, der Glaube (*foi*) sei und das, was man bewahren sollte, das Bekenntnis oder die Treue (*fidélité*). Beide Begriffe sind vom lateinischen Wort *fides* (Glaube) abgeleitet, sie bezeichnen etwas Verwandtes, was man aber trennen kann und sollte. »Glaube und Bekenntnis können natürlich Hand in Hand gehen: Das ist die Frömmigkeit, die Gläubige legitimerweise anstreben. Aber es gibt das eine auch ohne das andere. Darin unterscheidet sich Gottlosigkeit (fehlender Glauben) von Nihilismus (fehlendes Bekenntnis). Das sollte man nicht verwechseln! Wenn man keinen Glauben mehr hat, bleibt das Bekenntnis. Fehlen beide, bleiben nur noch das Nichts oder das Grauen.«[211] Comte-Sponville hat selbst den Glauben verloren (und er konstatiert, dass der Glaube auch in der Gesellschaft schwächer wird), aber er verteidigt das Bekenntnis. Ohne es fallen wir in die Barbarei – entweder in die gottlose Barbarei, die zum Nihilismus und einem maßlosen

Egoismus führt, oder in die fanatische Barbarei, die zur Gewalt führt.

Es scheint mir, dass der Unterschied zwischen meiner Haltung und der von Comte-Sponville nur terminologisch ist. Was ich als Glaube (*faith*) bezeichne, bezeichnet er als Bekenntnis (*fidélité*). Was er als Glaube (*foi*) bezeichnet, das nenne ich Weltanschauung, (religiöse) Überzeugung (*belief*). Unbestritten gibt es religiöse Weltanschauungen, denen die Menschheit entwachsen ist, und auch gefährliche, destruktive religiöse Überzeugungen und Ideologien. Diese muss man von dem trennen, was ich als Glaube bezeichne und unser Autor als Bekenntnis.

Wenn sich Comte-Sponville gegen den »Glauben an Gott« abgrenzt, kann ich ihm immer folgen, weil er vor allem einen »gegenständlich« aufgefassten Gott kritisiert, den auch ich für einen Götzen halte, auf den es zu verzichten gilt. Wenn er von Gottesbegriffen spricht, die mir nahestehen – Gott als das Sein selbst, Gott als ein unerkennbares Geheimnis, der Gott der Mystik und der apophatischen Theologie –, verhält er sich zu ihnen höflich ablehnend: Er weiß nicht, warum sie mit dem Wort Gott bezeichnet werden sollen oder warum wir uns mit dem Unerkennbaren überhaupt beschäftigen sollen. Comte-Sponville schreibt: »Wenn Gott unvorstellbar ist, dann ermächtigt uns nichts dazu, zu denken, ihn als Subjekt oder Person zu denken, auch nicht als Schöpfer, Gerechten, als Liebe, als Beschützer oder Wohltäter [...] ein Gott ohne Namen wäre keiner mehr. Das Unsagbare ist kein Argument. Ein Schweigen macht noch keine Religion.«[212]

Hier widerspreche ich leidenschaftlich. Vielleicht »ermächtigt uns nichts«, dieses alles zu *denken* im Sinne von: es anzunehmen, jedoch hindert uns nichts, daran zu glauben: zu wagen, ihm zu *vertrauen*. Darin besteht der Unterschied zwischen uns: Für Comte-Sponville ist der Glaube eine Vermutung, eine Meinung (*belief*), für mich ist er ein Vertrauen und eine Hoffnung. Ich glaube an den Gott der Bibel, der ein Gott ohne Namen ist beziehungsweise dessen Namen auszusprechen verboten ist; ein Gott, der einen Namen hätte, mit dem man ihn herbeirufen könnte, wäre nur einer der Götzen oder Dämonen. Das Schweigen vor einem unbegreiflichen Geheimnis ist vielleicht keine »Religion« im heidnischen Sinne dieses Wortes, aber es ist ein Akt des Glaubens, der Hoffnung und der Liebe gegenüber Gott, von dem die Bibel spricht und an den wir als Christen und als Juden glauben.

Comte-Sponville behauptet, dass er nicht nur *nichtgläubig* sei (ein »negativer Atheist«, der nur nicht an Gott glaubt), sondern er bezeichnet sich als einen »positiven«, *wirklichen Atheisten*, der *an die Nichtexistenz Gottes glaubt.*[213] Der Glaube, wie ich ihn verstehe, ist nicht eine bloße Überzeugung, sondern ein Akt, der mit der Hoffnung und mit der Liebe untrennbar verbunden ist, und er hat auch die Leidenschaft der Sehnsucht in sich. Zu lieben – ich wiederhole es mit Augustinus – bedeutet zu sagen: *Volo ut sis* – Ich will, dass du bist.[214] In einer Situation, in der die Existenz und das Wesen Gottes nicht evident sind, können wir in die Tiefe unseres Herzens schauen und fragen, ob wir *wollen*, dass Gott ist (oder dass er nicht ist), *ob es ein tiefer Wunsch unseres Herzens ist.*

Ich habe eine große Hochschätzung für diese Sehnsucht des menschlichen Herzens nach der absoluten Liebe. Comte-Sponville dagegen ist sie äußerst verdächtig: Er hält sie für ein starkes Argument gegen den Glauben; er glaubt mit Freud, dass die Sehnsucht und der Wunsch Illusionen erzeugen. Aber warum sollte der Durst die Existenz einer Quelle in Frage stellen? Warum sollte die Sehnsucht nach Gott weniger wahrheitshaltig sein als der Wunsch, dass Gott nicht ist? Comte-Sponville hat den *Glauben* an die Nichtexistenz Gottes frei gewählt und sammelt Argumente gegen die umgekehrte freie

Wahl, er lehnt die Sehnsucht und die Hoffnung des Glaubens ab.

Gleichzeitig verurteilt Comte-Sponville jedoch scharf den Agnostizismus, und zwar wegen seiner angeblichen Gleichgültigkeit gegenüber Fragen von bleibender Bedeutung, welche die Religion und der Glaube ein für alle Mal gestellt haben und weiterhin stellen. In diesem Zusammenhang hält er seine freie Wahl des Atheismus für viel näher an der freien Wahl des Glaubens als an der kalten »Neutralität« der Agnostiker.[215] (Hier unterscheiden wir uns wieder – aber wohl vorwiegend terminologisch: Ich habe immer neben dem »kalt gleichgültigen Agnostizismus« den Agnostizismus des höflichen, aufrichtigen und bescheidenen Stillwerdens vor den Toren des Geheimnisses geschätzt, während ich den Atheismus als einen darüber hinausgehenden Schritt verstanden habe, als eine unberechtigterweise dogmatische negative Antwort, die der Geduld angesichts des Geheimnisses nicht fähig ist.)

Was das *Wort* Gott betrifft, gestehe ich mit Rahner zu, dass dieses Wort so sehr mit problematischen Vorstellungen belastet ist, dass es vielleicht nützlich wäre, darauf zumindest vorläufig zu verzichten. Das unaussprechliche Geheimnis, zu dem die apophatische Theologie durch die Destruktion aller positiven und schließlich auch aller negativen Aussagen über Gott kommt, würde ich bis zum letzten Atemzug verteidigen. Ich bin überzeugt – im Unterscheid zu unserem Atheisten und insofern auch im Unterschied zu Nietzsche: Wenn wir diese transzendente Dimension ignorieren oder sie ausdrücklich ablehnen würden, würde das unsere Beziehung zu unserem irdischen Leben nicht lebendiger, voller und authentischer machen – eher umgekehrt. Mit einem anderen zeitgenössischen Atheisten, der dem Christentum nahesteht, Slavoj Žižek, behaupte ich, dass »der Humanismus nicht ausreicht«[216]; dass derjenige, dem »diese Welt« in ihrer jetzigen, durch uns korrumpierten Form wirklich vollständig ausreicht, sein Wahrnehmen und sein Erleben dieser Welt und dieses Lebens verarmen lässt und banalisiert. Viele »religiöse Vorstellungen« würde ich bestimmt fallen lassen, aber *nie würde ich die Hoffnung aufgeben*, einschließlich der Hoffnung auf ein Leben, das den Tod übersteigt.

Von den drei göttlichen Tugenden findet allein die Liebe bei Comte-Sponville Gnade. In seiner suggestiven Exegese des »Hohenlieds der Liebe« des Paulus im 1. Brief an die Korinther – in einer der stärksten Passagen seines Buches – beruft er sich auf die Aussage des hl. Paulus (aber auch des Augustinus und des Thomas von Aquin), dass der Glaube und die Hoffnung *zeitlich begrenzt* sind, während nur die Liebe ewig ist. Er geht an dieser einen Stelle mit Paulus sogar so weit, dass er zugesteht, dass die Liebe in einem gewissen Sinne auch den Tod relativiert.

Er weiß, dass für Paulus, Augustinus und Thomas von Aquin der Untergang des Glaubens und der Hoffnung und die Erfüllung der Liebe erst in der Ewigkeit erfolgt. Unser Autor macht jedoch aus dem Atheismus den »Himmel auf Erden«: Bereits hier, in diesem Leben, sieht er jenen *kairos*, in dem sich der Glaube und die Hoffnung als überflüssig erweisen und an ihre Stelle die Liebe tritt. Bereits diese Welt ist für ihn jener Himmel, in dem es nach der Apokalypse des Johannes »keinen Tempel mehr geben wird«. Comte-Sponville beruft sich auf scholastische Theologen, nach deren Meinung Jesus weder Glauben noch Hoffnung hatte – er brauchte sie nicht, weil er Gott war: Er war nur die Liebe. Soll unsere *imitatio Christi* (Nachfolge Christi) nicht darin bestehen, wie Christus zu sein – also (ich führe das zu Ende, was unser Autor zwar nicht vollständig ausspricht, was sich jedoch aus der Logik seiner Auslegung ergibt) *wie Gott zu sein*? Das ist eine sehr suggestive Frage, aber als ein fleißiger Leser des Buches Genesis beäuge ich diesen Apfel, den mir der sympathische Atheist anbietet, mit einiger Vorsicht.

***

Mit unserem Autor, aber auch mit vielen Agnostikern teile ich das demütige »Wir wissen es nicht« in Bezug auf das Leben nach dem Tod, genauer gesagt: eine kritische Distanz in Bezug auf alle unsere menschlichen oder allzu menschlichen Vorstellungen über den Himmel. Trotzdem sehe ich in dem Glauben und in der Hoffnung, dass der Tod nicht das letzte Wort haben wird, dass das Leben von jedem von uns und die Geschichte der ganzen Menschheit nicht mit dem Sturz in das Nichts enden werden, sondern dass sie irgendeine uns hier und jetzt unvorstellbare Verwandlung in etwas sehr Wichtiges durchlaufen werden – in etwas Wichtiges auch für unser Leben hier. Nicht nur die Liebe, sondern auch die Hoffnung und den Glauben, jene heilige Unruhe des Herzens, das noch nicht in Gott ruhen kann, verstehe ich als eine Offenheit gegenüber demjenigen, was unser Leben und die Welt jetzt und hier übersteigt, vertieft und erweitert. Auch die Hoffnung hat einen transzendierenden Charakter, den Charakter einer Selbstüberschreitung – wenn wir sie einschränken und in die Ausmaße dieser Welt einzwängen wollen, wenn wir ihr den unbeschränkt freien Raum für ihre vollständige Entfaltung verwehren, tun wir nicht nur ihr, sondern auch uns und unserer Welt Unrecht. Wenn wir nämlich diese in ihrem Wesen eschatologische Tugend gegen die Ideologie der Erwartung eines »Himmels auf Erden« austauschen (ob in der Form der kommunistischen Verheißung einer klassenlosen Gesellschaft oder der kapitalistischen Projekte einer Wohlstandsgesellschaft und des uneingeschränkten Konsums), belasten wir unser Leben in dieser Welt mit unrealistischen Forderungen und Erwartungen. Dadurch, dass wir den Hunger nach der Ewigkeit mit Speisen unseres gegenwärtigen Tisches sättigen wollen, liefern wir uns einem Kreislauf aus Stress und anschließendem Frust aus. Noch einmal warne ich aufgrund der teuer bezahlten geschichtlichen Erfahrung unseres Teils der Welt eindringlich vor allen, die einen Himmel auf Erden versprechen. Ich bin sicher damit einverstanden, dass wir die Hoffnung nicht mit allzu irdischen, *allzu menschlichen* Vorstellungen vom himmlischen Paradies sättigen dürfen. Kehren wir hier zu jenem »Wir wissen es nicht« zurück. Aber dieses »Wir wissen es nicht« muss die Tür zur Hoffnung und zur Sehnsucht offenlassen.

Und auch in seiner Ablehnung des Glaubens kann ich unserem Autor nicht folgen. Für mich sind – und in diesem Punkt unterscheide ich mich grundsätzlich von Comte-Sponville – die Liebe, der Glaube und die Hoffnung nicht voneinander zu trennen. Es gibt Momente, in denen der Glaube durch eine Finsternis hindurchgeht. Therese von Lisieux bekannte in der Zeit ihres schmerzhaften Sterbens, dass ihr Glaube so leer und dunkel geworden war, als wäre er gestorben; sie fügte jedoch hinzu, dass sie in solchen Momenten durch die Liebe in einer Beziehung zu Gott stehe, *nur durch die Liebe*. Sicher könnte dieses Zeugnis ein weiteres Argument für die Auffassung Comte-Sponvilles sein, dass die Liebe den Glauben bereits in diesem Leben ersetze – auch wenn es sich bei Therese um die Zeit an der Nahtstelle zwischen dem Leben und dem Tod handelte. Comte-Sponville lehnt jedoch das Konzept eines verborgenen, schweigenden Gottes ab. Er selbst hat vermutlich in einem solchem Moment des Schweigens Gottes im eigenen Leben den Glauben »verloren«. Aber kann man den Glauben verlieren wie einen Hausschlüssel?

Wer wirklich aus dem Glauben und im Glauben gelebt hat, kann »religiöse Illusionen« und Vorstellungen (also das, was er *foi* nennt) verlieren. So kann manch ein aufrichtiger

»ehemaliger Gläubiger« auf seinem weiteren Lebensweg den Glauben wieder »finden« – wenn auch in einer stark veränderten Form. Übrigens bleibt Comte-Sponville dem treu, was er »Treue (Bekenntnis)« (*fidélité*) nennt – und ich habe bereits die Hypothese aufgestellt, dass seine *fidélité* sehr nah an dem ist, was ich in diesem Buch »Glaube« nenne und was ich in meiner eigenen Lebensgeschichte als Glauben erfahre und bekenne. Für die von mir behauptete Nähe zwischen uns beiden habe ich ein starkes Argument: Eine wesentliche Komponente des Glaubens, wie ich ihn verstehe, ist die *Spiritualität*; ich bezeichnete sie als die Lebenskraft und die Leidenschaft des Glaubens, als das, was ihn nährt und immer von Neuem lebendig macht, was jene Offenheit ausmacht, durch die in meinen persönlichen Glauben die Gnade, das göttliche Leben selbst hineinströmen kann.

Comte-Sponville lehnt den Glauben und die Hoffnung ab, er will aber die Spiritualität bewahren, er nimmt die Spiritualität auch für die »Gottlosen« in Anspruch, für jene sympathisch frommen (in seiner Terminologie *treuen*) Atheisten, die undogmatischen Atheisten; für diejenigen, die *wissen, dass sie nicht wissen*, dass Gott nicht ist, genauso wie sie nicht wissen, ob Gott ist. Ihr Atheismus ist – wie er ehrlich zugesteht, ein *Glaube*, nicht ein *Wissen*; darin ähnelt er dem Glauben der undogmatischen Gläubigen, zu denen ich mich auch selbst zähle. Auch wir »wissen nicht«, haben keine *Evidenz*, dass Gott »ist«, auch wir »wissen nicht«, was »Sein« in Bezug auf Gott bedeutet. Wenn Gott ist, dann ist er unbestritten »anders«, als es die Dinge sind und auch wir, die Sterblichen. Auch unser Glaube ist »nur« ein Glaube – auch wenn ich mit dieser göttlichen Tugend nie das Wort »nur« verbinden würde.

Wir sind uns darin einig, dass wir alle in der Situation der Pascal'schen Wette sind, uns beide überzeugen die traditionellen »Beweise für die Existenz Gottes« nicht. Unser Glaube und unser Nichtglaube sind eine freie Wahl. Aber hier gehen unsere Ansichten auseinander: Comte-Sponville wagt es, auf den Atheismus zu setzen, ich auf den Glauben. Wir sind uns darin einig, dass wir »nicht wissen«; mein »Wir wissen es nicht« ist trotzdem ganz anders als sein »Wir wissen es nicht«. Für uns beide bedeutet das »Wir wissen es nicht« eine Verteidigung gegen den Fanatismus und Fundamentalismus sowie gegen den Nihilismus, gegen das illusorische billige »Wissen« (dort, wo wir nicht »wissen« können) und auch gegen die Resignation.

Ich wohne jedoch in einem »Wir wissen es nicht«, das das offene Fenster des Wortes »vielleicht« hat. Dadurch strömt auch in meine Fragen und Dunkelheiten die frische Luft der Hoffnung hinein. Ich wiederhole: Nie und unter keinen Umständen würde ich dieses Fenster schließen. Ich fürchte, dass ein Atheist durch seine freie Wahl, also durch seine Ablehnung Gottes, des Glaubens und der Hoffnung, sein »Wir wissen es nicht« verschließt. Ich bin überzeugt, dass die Ablehnung der Hoffnung die Welt der Nichtgläubigen ärmer und enger macht. Ich fürchte, dass es in diesem abgeschlossenen Raum bald auch für die Spiritualität keinen Sauerstoff mehr geben wird, dass ohne den Glauben und die Hoffnung die atheistische Spiritualität früher oder später ersticken muss: Ihr geht die Luft aus.

Comte-Sponville lehnt mit einer merkwürdigen Sparsamkeit die Hoffnung ausdrücklich und wiederholt ab. Er beruft sich auf den Buddhismus, für den die Hoffnung eine Form des Begehrens, des Durstes ist, der Ausdruck und Ursache des Unglücks ist. Er beruft sich auf Nietzsche, für den die Hoffnung Untreue gegenüber der Erde, dem irdischen Leben hier und jetzt, ist. Meine Hoffnung ist aber keine Flucht in eine »Hinterweltlichkeit«. Ich störe nicht unser ehrliches gemeinsames »Wir wissen es nicht« mit einem unehrlichen Schmuggel von mutmaßlichen Sicherheiten oder Behauptungen darüber, wann, wo und wie meine Hoffnung erfüllt werden wird. Tatsächlich »weiß ich nicht«, in welchem Raum und in welcher Zeit das Reich existiert, von dem Jesus spricht, *ich vertraue* nur seinem Wort und bete um sein Kommen. Ich identifiziere dieses verheißene Königreich nicht einfach mit dem überirdischen Leben, mit dem Leben nach dem Tod; das Evangelium sagt uns, dass das Reich Gottes »mitten unter uns«[217] ist, dass es mit Jesus gekommen ist und dass der Mensch dann in es eintritt, wenn er sein Leben durch den Glauben, die Liebe und die Hoffnung mit Christus verbindet. Ich vertraue dem Wort Jesu, dass er die Auferstehung und das Leben ist, ich glaube, dass er die Mensch gewordene Liebe Gottes ist, die stärker ist als der Tod. Auch Comte-Sponville spricht davon, dass das Leben, das durch die Liebe verwandelt wird, den Tod relativiert; dieser Atheist wagt es nicht, über das Absolute zu sprechen. Er behauptet, dass er dieses Absolute lediglich von anthropomorphen Zügen befreien will – dabei spenden wir alle, die wir von der mystischen apophatischen Theologie belehrt wurden, ihm Beifall. Aber ich frage noch einmal: Warum sollte das von anthropomorphen Zügen befreite Absolute aufhören, Gott zu sein?

Ich bin mir sicher, dass mein Glaube und meine Hoffnung meine Liebe nicht von der Treue zur Welt, zum Heute und zur Gegenwart dispensieren, dass sie der Welt nicht ihre Schönheit und dem Leben hier nicht seine Würde und seine Verantwortung nehmen. Wenn das Absolute durch das demütige »vielleicht« unserem Leben die Hoffnung einhaucht, dann stärkt es mehr, als dass es schwächen würde. Wenn der Strahl des Heiligen durch unseren Alltag hindurchscheint, dann verleiht er ihm Schönheit, Freude, Freiheit und Tiefe. Der Gott, an den ich glaube – antworte ich Nietzsche –, hat seine moralische Haut bereits ausgezogen, er riecht nicht übel nach »Moralin«, und er kann tanzen.[218] Die Freunde Gottes, die über die Grenze des Todes hinweg meine Freunde geworden sind, »sehen schon wie Erlöste aus« und bringen mir diesen Tanz der Freiheit bei.[219] Trotz aller meiner kritischen Worte an die Adresse der Kirchen bekenne ich, dass ich Christen kenne, die im Feuer großer Prüfungen standgehalten haben; einige nennt auch Comte-Sponville und fügt hinzu, dass er aufgrund ihrer Zeugnisse auch ihren christlichen Glauben nicht verachten kann. Auch Nietzsche hat ja verkündet, dass das Christentum, das der Hochachtung würdig sei, bereits in der Freiheit Jesu vom »Geist der Schwere« auf der Erde gewesen und dass es auch heute möglich sei.[220]

***

Ernst Bloch behauptet einmal, dass nur ein wirklicher Christ ein Atheist sein könne und nur ein wirklicher Atheist ein wirklicher Christ.[221] Ich denke, dass ich jetzt verstehe, was er damit sagen wollte, auch wenn ich es anders auffasse: Atheismus kann für gläubige Christen nützlich sein, aber gefährlich für die Atheisten. Der Atheismus ist wie das Feuer: Er kann ein guter Diener sein, ist aber ein schlechter Herr. Ein gläubiger Christ ist gegenüber vielen Arten des problematischen Theismus ein »Atheist«; die Christen wurden einige Jahrhunderte lang wegen ihres Widerstandes gegen die Staatsreligion des heidnischen Rom als Atheisten angesehen, und auch heute gibt es viele Arten des Theismus, die der christliche Glaube zu Recht ablehnt. Wenn der Glaube eines Gläubigen das Fegefeuer der atheistischen Kritik durchläuft, kann er als ein tieferer, reinerer und reiferer Glaube in einen frei gewordenen Raum eintreten.

Der kritische Atheismus ist relativ, er bezieht sich auf einem bestimmten Typ von Theismus. Wenn der Atheismus jedoch seine Position verabsolutiert und mehr sein will als nur die Kritik eines bestimmten Typs von Religion, dann wird er selbst zu einer »Religion«, die oft eine dogmatische und eine intolerante Religion ist. Eine solche atheistische Religion habe ich schon einmal aus der Nähe erlebt, und dieses Paradies kann ich niemandem empfehlen.

Ich bin bisher nie einem Atheismus begegnet, der den durch den Untergang eines bestimmten Typus der Religiosität und des Theismus freigewordenen Raum mit etwas gefüllt hätte, was man für inspirierender halten könnte als einen reifen Glauben. Den christlichen Glauben würde ich weder gegen die Vergöttlichung des Menschen im humanistischen Atheismus Feuerbachs noch gegen das marxistische irdische Paradies einer klassenlosen Gesellschaft eintauschen noch gegen die »anonym christliche« Spiritualität Comte-Sponvilles, der das Wort »Gott« durch »das Unendliche« oder »das Absolute« ersetzt. Es scheint mir, dass auch atheistische Utopien einer gründlichen »Entmythologisierung« bedürfen.

In dem engen Raum der dogmatischen Religion, in dem ein freies Denken nur schwer Luft bekommen kann, öffnet der kritische Atheismus ein erlösendes Fenster der Skepsis. Falls ein Atheismus, welcher der Versuchung, dogmatisch zu werden, widersteht, das Fenster des »vielleicht«, das Fenster der Hoffnung, offen lässt, kann durch beide Fenster – durch den demütigen Glauben und durch den selbstkritischen Atheismus – derselbe Geist wehen, der in die Tiefe des Geheimnisses einführt, in den Schatz, der jedem Dogmatismus und jeglicher Rigidität unzugänglich ist.

15. Weggemeinschaft

Die deutsche Dichterin Gertrud von Le Fort schrieb in den 20-er Jahren des letzten Jahrhunderts die Gedichtsammlung *Hymnen an die Kirche*, die von der Bezauberung der Konvertitin über die neu entdeckte geistige Welt durchdrungen ist.[222] Würde heute irgendjemand es wagen, ein Buch mit einem solchen Titel herauszugeben?

In einem meiner Bücher habe ich die Kirche mit Dulcinea von Toboso verglichen. Dieser Figur begegnen wir in dem berühmten Roman von Cervantes aus dem Blickwinkel einer doppelten Perspektive. Don Quijote sieht in ihr eine erhabene Dame, sein Diener Sancho Pansa dagegen eine schmuddelige Dorfmagd. Bei einem oberflächlichen Zugang identifiziert sich der Leser sofort mit dem Realismus Sanchos: Der Diener weiß das, was wirklich ist, und der verwirrte Don Quijote versinkt in seinen Halluzinationen. Jedoch hat zum Beispiel Miguel de Unamuno Don Quijote, diesen Narren Gottes, nicht zu Unrecht einen wahrhaft christlichen Ritter genannt.[223] Seine Sicht auf die Welt ist in der Welt des platten Realismus Sanchos wirklich eine Torheit. Sancho spricht das aus, was er mit seinen Augen sieht und mit dem gesunden Menschenverstand begreift. Don Quijote jedoch sieht in diesem Mädchen das, *was sie sein könnte*, durch ihre Armseligkeit schimmert für ihn das »ewig Weibliche« hindurch, das auch sie in sich trägt.[224]

Der Blick der Medien und der »Öffentlichkeit« auf die Kirche und ihre wenig verlockende heutige Gestalt ist der Blick Sanchos, der realistische, auf das Nachweisbare schauende Blick: Dies ist die Kirche, die durch so viele Skandale und Sünden diskreditiert ist. Für mich ist jedoch der Schlüssel zu allen Überlegungen über die Kirche das Paradoxon, das der Apostel Paulus folgendermaßen zum Ausdruck bringt: »Wir haben aber diesen Schatz in Tongefäßen …«[225] Deshalb analysiere ich in diesem Buch mit der Torheit der Hoffnung nicht nur viele Aspekte der gegenwärtigen Krise der Kirche, sondern suche auch jene verborgene Gestalt, zu der die Kirche berufen wurde und die nach unserem Glauben am Ende der Zeiten erblühen wird – jenen Schatz, der in den zerbrechlichen, verstaubten und beschädigten Tongefäßen verborgen liegt, die wir sind, die wir die Kirche bilden.

Der Fluss des Glaubens hat sein ursprüngliches Bett verlassen; die Kirche hat das Monopol auf den Glauben verloren. Die kirchlichen Institutionen haben keine Macht mehr, ihn zu kontrollieren und zu disziplinieren; wenn sie das versuchen würden, würden sie einen weiteren Verlust ihres Einflusses und ihrer moralischen Autorität riskieren. Die Kirche als eine Gemeinschaft der Gläubigen, als eine Gemeinschaft des Gedächtnisses, des Erzählens und des Feierns hat jedoch auch die immerwährende Berufung, *dem Glauben zu dienen*, und das sowohl mit ihren geschichtlichen Erfahrungen als auch vor allem mit der Macht des Geistes, der »in Tongefäßen« wohnt und wirkt.

Ich glaube an den *marianischen* Charakter der Kirche – die Kirche ist *christotokos* und *theotokos*, die Mutter, die das Mensch gewordene Wort Gottes gebiert und in die Welt bringt.[226] Aber kann die Kirche diese Berufung immerfort erfüllen, oder ist die Zeit angebrochen, in der der Glaube erwachsen geworden ist und sich vom mütterlichen Schoß befreit hat? Die Mutterrolle kann viele verschiedene Gestalten annehmen, die Beziehung zwischen der Mutter und dem Kind verändert sich im Verlauf des Lebens. Welche Gestalt der Kirche kann heute nützlich, ja sogar für das Glaubensleben unverzichtbar sein? Und welche Gestalt erstickt vielmehr den Glauben und hält ihn in einem kindlichen Zustand? Welche Form der Kirche kann auf die heutigen Bedürfnisse des Glaubens und gleichzeitig auf die Zeichen der gegenwärtigen Zeit antworten?

Heutzutage sehe ich vor allem vier ekklesiologische Konzepte, an die man anknüpfen könnte und sollte, die man theologisch tiefer durchdenken und Schritt für Schritt in gelebtes Leben überführen sollte. Erstens ist es die Auffassung der Kirche als eines Volkes Gottes, das durch die Geschichte pilgert, zweitens die Auffassung der Kirche als einer Schule der christlichen Weisheit, drittens die Auffassung der Kirche als eines Feldlazaretts und viertens die Auffassung der Kirche als eines Ortes der Begegnung und des Gesprächs, des Dienstes der Begleitung und der Versöhnung.

***

Die erste Definition der Kirche als des *Volkes Gottes, das durch die Geschichte pilgert,* ist das grundlegende Element der Ekklesiologie des Zweiten Vatikanischen Konzils. Dieses Bild ist aus der Hebräischen Bibel genommen, wo es Israel bezeichnet, das auserwählte Volk, dessen Selbstverständnis durch die Erfahrung des Exodus – des Auszugs aus dem Land der Sklaverei in das gelobte Land der Freiheit – geformt worden ist. Die Kirche ist in dieser Auffassung ein Teil des Flusses, der in Israel strömt; mit den Worten des Apostels Paulus gesagt ist sie ein Zweig, der in den Olivenbaum des auserwählten Volkes eingepfropft wurde.

Dieses Bild beschreibt die Beziehung zwischen der Kirche und Israel so, dass es nicht in ein gefährliches Modell der Substitution des jüdischen Volkes und der jüdischen Religion umschlagen könnte. Es war notwendig, klar zu sagen, dass das Christentum dem Judentum nicht seine Legitimität und sein Existenzrecht bestreitet. Dieser frühere christliche Antijudaismus hatte tragische Folgen, er hat dem neuheidnischen Antisemitismus den Weg bereitet.[227] Als die Kirche sich bereits in den ersten Jahrhunderten entschloss, die Hebräische Bibel, die Bibel Jesu, als das verbindliche Wort Gottes anzunehmen, bedeutete das, dass sie das Gedächtnis des Volkes Israel zum Bestandteil ihres eigenen geschichtliches Gedächtnisses erklärte. Das Gedächtnis Israels, die Hebräische Bibel, ist ein Bestandteil des Gedächtnisses der Kirche. Die christlichen Autoren einer Theologie nach Auschwitz betonen, dass die Kirche gegenüber der *ganzen* Geschichte der Juden, einschließlich der Tragödie des Holocaust, nicht gleichgültig sein darf.

Wir Christen dürfen nie die gemeinsamen Wurzeln vergessen, die uns mit den Juden verbinden; wenn wir die Hochachtung für das Judentum verlieren würden, würden wir den Herrn und die Abstammung Jesu verleugnen. Auch durch die Eucharistie, das Zeichen des neuen Bundes, durch das *jüdische* Blut Christi, das für *alle* vergossen wird, sind wir mit dem Volk des ursprünglichen Bundes »blutsverwandt«. Das Judentum Jesu und sein jüdischer Glaube gehören untrennbar zu seinem Menschsein, zu seiner »menschlichen Natur«, die nach der berühmten Definition des Konzils von Chalzedon unvermischt und ungesondert mit seiner »göttlichen Natur«, mit seiner Einheit mit dem Vater, verbunden ist. Vielleicht könnten wir analog sagen, dass zumindest für uns Christen das Judentum, der Glaube Jesu und die »Religion Jesu« unvermischt und ungesondert mit unserem Christentum und mit unserem christlichen Glauben verbunden sind. Dieser ist sowohl der Glaube Jesu als auch unser »Glaube an Jesus« – nämlich das Vertrauen, dass sich in Jesus Christus das Göttliche und das Menschliche (unvermischt und ungesondert) zu einem verbinden. Deshalb kann er auch »Beschnittene und Unbeschnittene« verbinden: »Denn er ist unser Friede; er hat aus den beiden Teilen eins geschaffen und die trennende Scheidewand niedergerissen, die Feindschaft zerstört durch sein Fleisch.«[228]

Diese von Gott sicherlich gewollte unauflösliche Verbindung setzt jedoch auch jene »Unvermischtheit« voraus – den Respekt vor der jeweiligen Andersheit ohne den Versuch, das eine durch das andere zu ersetzen, es sich anzueignen oder es zu kolonisieren. Übrigens gilt das, was ich hier über das Verhältnis zwischen dem Christentum und dem Judentum sage, analog auch für das Verhältnis zwischen dem traditionellen Christentum und seinem ungewollten Kind, der modernen Säkularität. Sowohl das Verhältnis zwischen dem Judentum und dem Christentum als auch das zwischen dem Christentum und der säkularen Moderne ähneln in ihrer Schicksalhaftigkeit und gleichzeitig einer gewissen Ambivalenz und Spannung den dynamischen Beziehungen in den Familien. Gemeinsame Gene und gemeinsame Territorien bieten große positive Möglichkeiten, sie gewährleisten aber keine problemlose Harmonie.

Kommen wir jedoch zurück zu der Definition der Kirche als des Volkes Gottes, das durch die Geschichte pilgert. Dieses Bild stellt die Kirche in Bewegung und im Prozess ständiger Veränderung dar. Gott formt die Gestalt der Kirche in der Geschichte, und durch die Geschichte offenbart er sich ihr und lehrt sie durch geschichtliche Ereignisse. Gott geschieht in der Geschichte. Diese dynamische Auffassung von Gott in der Perspektive der Prozesstheologie ist ein Anstoß zu einem dynamischen Konzept der Kirche. Sowohl die institutionelle Gestalt der Kirche als auch die theologische Erkenntnis entwickelt sich in der Geschichte. In Bezug auf keinen geschichtlichen Augenblick und auf keine geschichtliche Gestalt der Kirche und der Theologie können wir mit Goethes *Faust* sagen: »Verweile doch, du bist so schön!«[229] Die Kirche ist während ihrer ganzen Geschichte auf dem Weg, nicht am Ziel. Das Ziel ihrer Geschichte ist eschatologisch; die erwartete Begegnung mit Christus, »die Hochzeit des Lammes«, wird erst jenseits des Horizonts der geschichtlichen Zeit stattfinden. Wenn unsere Theologie, unser beständiges Durchdenken des Glaubens, ihren offenen, pilgerschaftlichen Charakter verlieren würde, würde sie zur Ideologie werden, zum falschen Bewusstsein.[230]

Über die Kirche als über das pilgernde Gottesvolk kann man das sagen, was Papst Franziskus über das Volk im allgemeinen Sinne des Wortes sagt: »Ein lebendiges, dynamisches Volk mit Zukunft ist jenes, das beständig offen für neue Synthesen bleibt, indem es in sich das aufnimmt, was verschieden ist. Dazu muss es sich nicht selbst verleugnen, sondern bereit sein, in Bewegung gesetzt zu werden und sich der Diskussion zu stellen, erweitert zu werden, von anderen bereichert. Auf diese Weise kann es sich weiterentwickeln.«[231]

Auch die wesentlichen Attribute der Kirche – die Einheit, die Heiligkeit, die Katholizität und die Apostolizität – können in der Geschichte nie ganz vollkommen verwirklicht werden; in ihrer vollkommenen Gestalt sind sie Gegenstand der eschatologischen Hoffnung. Die Kirchengeschichte ist ein Reifungsprozess, jedoch keine Einbahnstraße des Fortschritts zu etwas Höheren und Besseren. In ihr verbindet sich die Einheit mit der Verschiedenheit, die Eintracht mit der Zwietracht, die Heiligkeit mit der Sünde, die katholische Universalität mit dem engherzigen und kulturell eingeschränkten »Katholizismus«, die Treue zur apostolischen Tradition mit dem Irrgarten der Häresien und Apostasien. Wir sollen durch unser Gebet und unsere Arbeit die Welt, unsere Herzen, unsere Geschichte und unsere Beziehungen dem Licht des Reiches Gottes öffnen, dem endgültigen Triumph von Gottes Willen (»wie im Himmel so auf Erden«); und dennoch müssen wir uns wachsam und demütig dessen bewusst sein, dass die Geschichte nicht der Himmel ist, dass die Geschichte nicht Gott ist. Auf der geschichtlichen Reise der Suche nach Gott können wir der ständigen Spannung zwischen dem »Schon« und dem »Noch-Nicht« flüchten. Wir dürfen unsere Erfahrung aus der Geschichte des 20. Jahrhunderts nicht vergessen und leugnen: dass nämlich die Ideologien, die den Himmel auf Erden versprochen haben, die Erde in eine Hölle verwandelt haben.

Die kirchliche Tradition unterscheidet drei Erscheinungsweisen der Kirche – nämlich die *ecclesia militans*, die irdische kämpfende Kirche, dann die *ecclesia poenitens*, die leidende und büßende Kirche der Seelen im Fegefeuer, und die *ecclesia triumphans*, die siegreiche Kirche der Heiligen im Himmel. Wenn man die eschatologische Differenz nicht beachtet und die irdische Kirche mit der siegreichen und triumphierenden himmlischen Kirche verwechselt, führt das zum Triumphalismus. Die *ecclesia militans*, die irdische Kirche, soll vor allem mit ihren eigenen Versuchungen, Schwächen und Sünden kämpfen – einschließlich der Versuchung des Triumphalismus. Wenn sie der Versuchung des Triumphalismus erliegt, wird sie zu einer Institution der militanten Religion, die dann vor allem mit den anderen, mit den Andersartigen und auch mit den Unbequemen in den eigenen Reihen kämpft.[232] Der Triumphalismus, diese Mischung aus Stolz und Blindheit, ist eine Krankheit der Kirche – Jesus bezeichnet sie als den Sauerteig der Pharisäer und Papst Franziskus als den Klerikalismus.

***

Gemäß der zweiten Sichtweise ist die Kirche eine Schule – *eine Schule des Lebens und eine Schule der Weisheit.* Wir leben in einer Zeit, in der im öffentlichen Raum vieler europäischen Länder weder die traditionelle Religion noch der Atheismus dominiert – vielmehr überwiegen der Agnostizismus, der »Apatheismus« und der religiöse Analphabetismus. Zahlenmäßig schwächer, jedoch sehr laut sind zwei Minderheiten, der religiöse Fundamentalismus und der dogmatische Atheismus. In vielem ähneln diese arroganten Wahrheitsbesitzer einander; sie teilen auch praktisch die gleiche primitive Vorstellung von Gott, Glauben und Religion. Sie unterscheiden sich lediglich darin, dass die einen diese Karikatur Gottes ernst nehmen und sie verteidigen, während die anderen sie ablehnen, jedoch ohne dass sie eine andere, tiefere Beziehung zu dem anbieten könnten, was die gläubigen Menschen mit dem Wort Gott meinen. Die einen ebenso wie die anderen sind mit Gott fertig, sie hören und begreifen nicht die beständige Aufforderung: »*Sucht* Gott!« Der Glaube ist ein Weg, ein Weg der Suche; der religiöse und der atheistische Dogmatismus und Fundamentalismus sind eine Sackgasse oder sogar ein Gefängnis.

In dieser Zeit ist es dringend notwendig, dass sich die christlichen Gemeinschaften in »Schulen« gemäß dem ursprünglichen Ideal der mittelalterlichen Universitäten verwandeln.[233] Die Universitäten sind entstanden als Gemeinschaften von Lehrern und Schülern, als Gemeinschaften des Lebens, des Gebets und des Studiums. Hier galt: *contemplata aliis tradere* – wir können den anderen nur das weitergeben, worüber wir zunächst selbst meditiert haben, was wir innerlich verdaut und verkostet haben. (Nicht zufällig ist der lateinische Ausdruck für die Weisheit – *sapientia* – von dem Verb *sapere* abgeleitet, das auch »schmecken« und »kosten« bedeutet.)

Ein nicht wegzudenkender Bestandteil der Universitäten waren von Anfang an die Disputationen, manchmal auch in Form von öffentlichen intellektuellen Turnieren; es herrschte hier die Überzeugung, dass man zur Wahrheit auf dem Weg eines freien Gesprächs nach logischen Regeln gelangt. Auch in den heutigen kirchlichen Gemeinschaften, Pfarrgemeinden, Ordenskommunitäten und kirchlichen Bewegungen sollte diese Kultur des Dialogs mit Gott und auch der Christen untereinander erneuert werden, die Verbindung der Theologie mit der Spiritualität, der religiösen Bildung mit der Pflege des geistlichen Lebens.

Was sollte heute der hauptsächliche Gegenstand des Studiums und des Gebetes sein? Ich vermute, dass wir inmitten der vielen Themen, die man durchstudieren und durchdenken und über die man meditieren und diskutieren sollte, nie das Herz des Christentums selbst vergessen sollten, die drei

»göttlichen Tugenden« – den Glauben, die Hoffnung und die Liebe. Sie sind die Weise, wie Gott in unserer Welt gegenwärtig ist. Und es ist notwendig, sie neu zu entdecken: den Glauben von der religiösen Überzeugung, die Hoffnung vom Optimismus und die Liebe von der bloßen Emotion zu unterscheiden. Die Erziehung zu einem durchdachten und reifen Glauben hat nicht nur einen intellektuellen und moralischen, sondern auch einen therapeutischen Aspekt; ein solcher Glaube schützt vor den ansteckenden Krankheiten der Intoleranz, des Fundamentalismus und des Fanatismus.

Alle großen religiösen Traditionen sind auf ihre Art Schulen; sie bieten verschiedene Methoden, wie sich der Egoismus überwinden und wie sich unsere Triebhaftigkeit (vor allem der Aggressionstrieb) kultivieren lässt, und sie lehren die Kunst eines gerechten und friedlichen Zusammenlebens in der Gesellschaft. Vor allem bieten sie aber aus dem Schatz ihrer Traditionen neue ebenso wie alte Erfahrungen an, wie man sich dem Geheimnis, das wir Gott nennen, öffnen kann. Mit Sicherheit können sie sich in vielem gegenseitig inspirieren.

***

Auf die dritte Sicht der Kirche zielt das Gleichnis, das Papst Franziskus häufig verwendet: Die Kirche ist wie ein Feldlazarett. Der Papst meint das Ideal einer Kirche, die nicht hinter den Mauern ihrer Sicherheiten in einer *splendid isolation* von der sie umgebenden Welt verharrt, sondern sich opferbereit und mutig an die Orte begibt, wo die Menschen physisch, sozial, psychisch und geistig verletzt werden, und versucht, ihre Wunden zu verbinden und zu heilen.

Das Feldlazarett braucht die Infrastruktur eines soliden modernen Krankenhauses, das seine Forschungsabteilung hat, eine Diagnostik von hoher Qualität bietet und sich der Prävention, der Therapie sowie der Rehabilitation widmet. Die

Kirche als ein Lazarett sollte nicht nur das Leid der einzelnen Menschen vor Augen haben, sondern auch die kollektiven Krankheiten unserer Gesellschaften und Kulturen. Die Kirche hat angesichts der Krankheiten der Gesellschaften zu lange vor allem moralisiert; nun steht sie vor der Aufgabe, das therapeutische Potenzial des Glaubens zu entdecken und zur Geltung zu bringen.

Die diagnostische Aufgabe soll die bereits erwähnte Disziplin erfüllen, für die ich den Terminus »Kairologie« prägt habe – die Kunst, die Zeichen der Zeit zu lesen und zu deuten, die theologische Hermeneutik des Geschehens in der Gesellschaft und der Kultur. Die Kairologie sollte den Krisenzeiten und den Veränderungen in den kulturellen Paradigmen besondere Aufmerksamkeit widmen. Sie sollte sie als ein Element der »göttlichen Pädagogik« wahrnehmen, als eine Gelegenheit zur Vertiefung der denkerischen Durchdringung des Glaubens und zur Erneuerung der Glaubenspraxis. Die Kairologie entwickelt in einem gewissen Sinne die Methode der geistlichen Unterscheidung weiter, die ein wichtiges Element der Spiritualität des hl. Ignatius und seiner Schüler ist; sie bringt sie zur Geltung, indem sie den gegenwärtigen Zustand der Welt und unsere Aufgaben in ihr durchdenkt und bewertet.

Die Aufgabe der Prävention ist nah an dem, was manchmal als »Präevangelisierung« bezeichnet wird: die Pflege des kulturellen und moralischen Bodens, in den der Samen des Glaubens eingesät werden kann, damit er Wurzeln schlägt. Auf die Frage, warum der Glaube zu manchen Zeiten und an manchen Orten vital ist und ein anderes Mal verdorrt und keine reiche Frucht trägt, antwortet das bereits erwähnte Gleichnis Jesu vom Sämann: Es hängt in hohem Maße davon ab, wohin der Samen fällt. Der Samen des Glaubens braucht ein geeignetes Umfeld. Dieses Umfeld ist die Gesamtheit des Lebens des Gläubigen, aber auch der kulturelle und gesellschaftliche Kontext seiner Lebensgeschichte. Sowohl das Herz der einzelnen Menschen als auch die verschiedenen Kulturen und gesellschaftlichen Atmosphären können wir als den fruchtbaren oder aber als den steinigen oder dornigen Boden betrachten, von dem das Gleichnis spricht.

Auch der Respekt vor den Menschenrechten, der Kampf für soziale Gerechtigkeit oder die Pflege der Stabilität des Familienlebens gehören zur »Präevangelisierung« und bilden die nicht wegzudenkende »irdische Seite des Glaubens«. Wenn die Kirche ihre Mitverantwortung für die Welt nicht übernehmen würde, wenn sie sich nicht bemühen würde, die Gesellschaft zu kultivieren, und sich nur »explizit religiösen Aktivitäten« widmen würde, würde sie diese ihre Aktivitäten unglaubwürdig und unfruchtbar machen. *Vita activa* und *vita contemplativa* gehören zusammen; wenn ich die Ausdrucksweise des christologischen Dogmas des Konzils von Chalzedon ausleihen darf, gehören sie unvermischt und ungesondert zusammen – das eine von dem anderen loszureißen bedeutet, beide zu beschädigen.

Es geht hier um die Prävention der geistigen und moralischen Krankheiten der Gesellschaft, um die Stärkung ihres Immunsystems – des geeigneten Klimas für eine gesunde Entwicklung der menschlichen Person und der Gesellschaft, um eine *integrale* Ökologie. Auf diesem Gebiet müssen die Christen mit vielen weltlichen Institutionen und Initiativen solidarisch zusammenarbeiten, sie dürfen nicht das Monopol auf die Heilung der Welt beanspruchen.

Als *Rehabilitationspflege* können wir vor allem das Wirken der Gläubigen in denjenigen Gesellschaften bezeichnen, die über lange Zeit durch soziale und politische Konflikte, Kriege oder diktatorische Regime verwundet wurden, in denen das sozialen Kapital des Vertrauens und der Solidarität erschöpft war. Wo Traumata, nicht vergebene Schuld sowie gestörte Beziehungen zwischen Menschen und Gruppen von Menschen über längere Zeit bestehen bleiben, sollten die Christen ihre Erfahrungen mit der Praxis der Buße, der Versöhnung und der Vergebung einbringen.[234]

In den postkommunistischen Ländern liegen noch Jahrzehnte nach dem Einsturz des babylonischen Turms des Kommunismus seine unaufgeräumten Trümmer herum, und auf ihnen gedeiht das Unkraut sehr gut. Die harten Lektionen der jüngeren Geschichte werden sträflich schnell vergessen, und viele Menschen laufen wieder wie Ratten der Flöte demagogischer politischer Verführer hinterher. Einen Teil der Schuld tragen hier ohne Zweifel auch die Kirchen, die sich im Raum der Freiheit zu sehr ihren institutionellen Interessen gewidmet und ihre therapeutische Berufung gegenüber der Gesamtheit der Gesellschaft vernachlässigt haben. Die Kirchen in den postkommunistischen Ländern wälzen die Schuld für die Gleichgültigkeit oder Feindschaft gegenüber der Religion in ihrer kirchlichen Form gerne auf den »Tsunami des Liberalismus« und auf den rauen Ton in der Medienlandschaft. Größere Schuld daran tragen jedoch diejenigen Repräsentanten der Kirche, die sich durch die Versprechen der Politiker und ihr vorgetäuschtes Wohlwollen haben korrumpieren lassen. Manche Repräsentanten der Kirche flüchteten sich in eine unkritische Loyalität gegenüber der bestehenden Macht und in ein feiges Schweigen dort, wo mit dem scharfen Blick des Propheten und dem Mut des echten Hirten das Böse als Böses hätte beim Namen genannt werden müssen. Die Nostalgie mancher kirchlichen Würdenträger nach den Zeiten der Einheit von Thron und Altar lähmte ihre Fähigkeit, die neue Zeit und ihre Herausforderungen zu verstehen. Als kirchliche Repräsentanten begannen, mit populistischen Repräsentanten der staatlichen Macht eine unheilige Allianz zu schließen, begannen sie ihnen allmählich ähnlich zu werden. Manchmal erinnerte es mich an die berühmte Szene am Ende von Orwells *Farm der Tiere*: Man hat die einen und die anderen angeschaut, und man ist nicht mehr in der Lage, sie voneinander zu unterscheiden.

Schade, dass der sogenannte *Katakomben-Pakt* so schnell in Vergessenheit geraten ist, mit dem sich gegen Ende des Zweiten Vatikanischen Konzils eine Gruppe von Konzilvätern dazu verpflichtet hat, auf die feudalen Ornamente in ihrem Lebensstil, bei Wohnung, Kleidung und Titulatur zu verzichten, und dazu auch ihre übrigen Mitbrüder im Bischofsamt aufgefordert hat. Als sich Papst Franziskus entschloss, statt im Apostolischen Palast in einer bescheidenen Wohnung zu wohnen, hat er dadurch ein deutliches Signal ins Innere der Kirche und auch an die sie umgebende Welt gesandt: Auch der äußere Lebensstil und die Lebensumwelt, die sich die Menschen auswählen und um sich herum gestalten, drückt den Stil ihres Denkens und ihre moralischen Einstellungen aus und wirkt darauf zurück. Wenn die Kirche dabei helfen will, die Narben der Vergangenheit zu heilen und die pathologischen Phänomene der gegenwärtigen Gesellschaft zu überwinden, deren Teil sie ist, darf sie es nicht nur mit moralisierenden Ansprachen tun, sondern vor allem durch ihr praktisches Vorbild.

***

Das vierte Modell der Kirche, das ich für die heutige Zeit und vor allem für die Zukunft für notwendig halte, hängt mit den beiden zuletzt erwähnten Modellen eng zusammen, mit der Schule und mit dem Lazarett, und gleichzeitig schöpft es aus den Anregungen von Papst Franziskus. Die Kirche muss geistliche Zentren schaffen, die Orte der Anbetung und der Kontemplation sind, aber auch einen Raum für Begegnungen und Gespräche bieten, in denen man die eigene Glaubenserfahrung teilen kann.

Viele Christen beunruhigt es, dass in vielen Ländern das Netz der Pfarrgemeinden, das vor einigen Jahrhunderten in einer ganz anderen gesellschaftlich-kulturellen und pastoralen Situation und im Rahmen eines anderen theologischen Selbstverständnisses der Kirche geschaffen wurde, immer offensichtlicher reißt. Es ist nicht im Ernst zu erwarten, dass dieser Prozess (zum Beispiel mithilfe des Imports von Priestern aus dem Ausland) gestoppt wird. Auch wenn die römisch-katholische Kirche es wagt, verheiratete Männer (*viri probati*) zu Priestern zu weihen, den Laien noch mehr Raum zu geben und vor allem die Charismen der Frauen in der Liturgie, in der Predigt und in der Leitung der kirchlichen Gemeinden zu nutzen – was Schritte sind, zu denen es offensichtlich früher oder später kommen wird –, ist nicht wirklich zu erwarten, dass es dadurch möglich sein wird, dieses Netz der territorialen Seelsorge in der Form wiederherzustellen, die sie in der vormodernen Gesellschaft hatte.

Die Kirchenleitung sollte sich schon heute nicht nur über eine alternative Seelsorge in einer veränderten Welt Gedanken machen, sondern im Hinblick darauf auch die Erziehung und Ausbildung derer reformieren, die sie für den Dienst in der Kirche auswählt und vorbereitet. Ich bin überzeugt, dass nicht die territorialen Pfarrgemeinden, sondern vor allem die Zentren der Spiritualität und der geistlichen Begleitung die wichtigsten Brennpunkte des Christentums in der nachmittäglichen Epoche seiner Geschichte sein werden.

Vor einigen Jahren hat das Buch von Rod Dreher *Die Benedikt-Option* ein lebhaftes Echo hervorgerufen.[235] Der Autor, ein konservativer Christ, der von der katholischen Kirche zur russischen Orthodoxie übergetreten ist, empfiehlt den Christen, sich aus der zeitgenössischen säkularen Gesellschaft zurückzuziehen und Kommunitäten nach Art der frühen Benediktinerklöster zu bilden. Im Unterschied zu vielen konservativen christlichen Autoren, die auf Hunderten von Seiten empört und weinerlich einen einzigen Gedanken äußern, nämlich dass der gestrige Tag vergangen und der heutige Tag ihm nicht mehr ähnlich ist, was sicher eine unzweifelhafte, aber auch etwas banale Wahrheit ist, bleibt Dreher nicht dabei stehen, dies zu konstatieren, sondern er bemüht sich, einen Ausweg anzubieten. Er fordert die Christen dazu auf, eine parallele *polis* zu gründen, und zitiert Václav Havel und Václav Benda, die diesen Begriff seinerzeit benutzt haben, um die Aktivitäten der Kirche und der politischen Opposition in der Zeit der kommunistischen Verfolgung zu bezeichnen. Hier zeigt sich jedoch anschaulich das Elend des Traditionalismus, der die Veränderungen im geschichtlichen Kontext ignoriert: Was bei einem repressiven Polizeiregime eine Notwendigkeit war, hätte in einer freien pluralen Gesellschaft verheerende Folgen. Wenn die katholische Kirche auf diesen Rat hören würde, würde sie zu einer Sekte werden mit all den Merkmalen, die eine solche Verwandlung begleiten.[236]

Der Traditionalismus ist die Leugnung des Wesens der Tradition selbst, des lebendigen Stroms der schöpferischen Weitergabe, er ist eine *Häresie* im wahren und ursprünglichen Sinne dieses Wortes: Willkürlich nimmt er aus dem Schatz der Tradition ein Element heraus (zum Beispiel die Gestalt der Kirche und der Theologie in einer bestimmten Zeit), reißt es aus dem Gesamtkontext heraus und fixiert sich darauf. Die Idealisierung der Vergangenheit und eine apokalyptische Wahrnehmung der Gegenwart sind weitere häufige Begleiterscheinungen der traditionalistischen Taubheit gegenüber dem fortwährenden Sprechen Gottes in der Geschichte.

Das gut gemeinte Buch Drehers, das im Detail auch manche wertvolle Beobachtungen und Vorschläge enthält, ist jedoch im Hinblick auf seine grundlegende Botschaft wirklich *häretisch*: Das, wozu es auffordert, bedeutet die Leugnung des

Sinnes der Katholizität selbst. Im Hinblick auf die Katholizität der Kirche lautete die grundsätzliche Entscheidung: Als sie die radikale monastische Form des Christentums integrierte, verpflichtete sie die Gesamtheit der Kirche (die Mehrheit der Christen) nicht zu dieser Lebensform. Das Angebot, vor der Notwendigkeit ständigen Entscheidens unter den anstrengenden Bedingungen der Freiheit in ein Ghetto, in ein künstliches Freilichtmuseum der Vergangenheit zu flüchten, zu fliehen vor der von Gott anvertrauten Aufgabe, in der Gegenwart zu leben, ist vor allem heute eine lockende Verführung, und sie erhöht die Anziehungskraft der Sekten. Der Wirbelsturm der Angst bedroht die Flamme des Glaubens, des Mutes, ununterbrochen immer wieder und tiefer *Gott zu suchen*.

Wie jede Häresie enthält auch die »Benedikt-Option« Drehers einen Teil der Wahrheit, der leider tatsächlich vergessen wird: Die heutige Kirche braucht wirklich dringend geistliche Zentren, die an die spirituelle und kulturelle Berufung der Benediktinerklöster des frühen Mittelalters anknüpfen. Die Kirche braucht spirituelle Oasen und Menschen, die ihr Leben dieser Aufgabe widmen. Das ist ein notwendiger Dienst für jene Mehrheit der Christen, die sich von der Gesellschaft und ihrer Kultur nicht isolieren kann und soll, obwohl diese Kultur vielfältig ist und eher die Horizontale des Lebens als die steile Vertikale der radikalen Spiritualität zum Ausdruck bringt und widerspiegelt. Die Kirche als Ganzes kann und soll in der Gesellschaft keine Insel der Gegenkultur bilden.

Es gibt sicher geschichtliche Augenblicke, in denen sich die Kirche in die Katakomben zurückziehen muss. Aber die Unfähigkeit, zur rechten Zeit aus den Katakomben hinauszugehen auf den Aeropag der gegenwärtigen Kultur und Gesellschaft, macht eine solche Kirche muffig und schimmelig – sich verbarrikadierende Christen können kaum Salz und Sauerteig der Gesellschaft sein. Die Christen sollen keine Ghettos bilden, ihr Platz ist mitten in der Welt; sie sollen keine Parallelgesellschaften anstreben und keine Kulturkriege führen.

Bevor die Jünger Jesu in Antiochien den Namen »Christen« bekamen, wurden sie »Menschen des Weges« genannt. Heute, an der Schwelle des Nachmittags des Christentums, muss die Kirche wieder zu einer *Weggemeinschaft* werden und den Charakter des Glaubens als Pilgerschaft entwickeln, um diese neue Schwelle überschreiten zu können. Sie sollte jedoch auch lebendige geistliche Zentren aufbauen, aus denen sie für den weiteren Weg Mut und Inspiration schöpfen wird. Es ist notwendig, dass die Christen aus diesen Zentren Kraft schöpfen, aber sie dürfen sich nicht auf die Dauer dorthin zurückziehen und sich hoch über den Alltagssorgen des Lebens und der Welt »drei Hütten« bauen, wie es sich die Apostel auf dem Berg Tabor wünschten.

16. Eine Gemeinschaft des Zuhörens und des Verstehens

Nach einer alten tschechischen Legende hat der Baumeister einer gotischen Kirche in Prag das hölzerne Baugerüst nach dem Ende des Baus anzünden lassen. Als das Feuer aufloderte und das brennende Gerüst in den Flammen mit Getöse zu Boden stürzte, geriet der Baumeister in Panik und beging Selbstmord, weil er dachte, sein Bau sei eingestürzt. Mir scheint, dass viele Christen, die in der heutigen Zeit des Wandels in Panik verfallen, einem ähnlichen Irrtum erliegen. Das, was am Einstürzen ist, ist vielleicht nur das hölzerne Gerüst; wenn es verbrannt ist, wird das Gebäude der Kirche zwar Spuren des Feuers aufweisen, aber das Wesentliche, das lange Zeit verdeckt war, wird sich erst dann zeigen.

***

Wenn die Kirche die Kirche sein soll, wenn sie nicht zu einer abgeschotteten Sekte werden soll, muss sie eine radikale Wende in ihrem Selbstverständnis, in ihrer Auffassung von ihrem Dienst an Gott und an den Menschen in dieser Welt vollbringen. Sie muss ihre *Katholizität*, die Universalität ihrer Berufung, neu begreifen und voller entwickeln, sie muss sich wirklich bemühen, »allen alles zu sein«.[237] Ich wiederhole: Es ist die Zeit der *Selbsttranszendenz des Christentums* angebrochen.

Wenn die Kirche ihre Grenzen überschreiten und allen dienen will, dann muss dieser ihr Dienst mit dem Respekt vor der Andersheit und Freiheit derer verbunden sein, denen sie sich zuwendet. Sie muss frei von der Absicht sein, alle in ihre Reihen hineinzuzwängen und Kontrolle über sie zu gewinnen, sie zu »kolonisieren«. Sie muss der Macht Gottes vertrauen und die Tatsache ernst nehmen, dass der Geist auch jenseits der sichtbaren Grenzen der Kirche wirkt.

Bisher hat die Kirche vor allem die Seelsorge für die Gläubigen entwickelt sowie die Mission im Sinne des Bemühens, ihre Reihen zu erweitern. Ein weiterer Bereich war von den Anfängen des Christentums an die Diakonie, die Caritas; vor allem auf diesem Gebiet lernten die Christen, *allen* Menschen zu dienen, die Schmerzen litten oder in Not waren, und so die Aufforderung Jesu zu einer universalen Liebe, zu einer Barmherzigkeit ohne Grenzen und ohne Bekehrungsabsichten zu erfüllen. Hier legten und legen die Christen ein Zeugnis der Werke ohne Worte ab – durch solidarische Liebe und indem sie Nähe zeigen. Im Geiste der Erzählung Jesu vom barmherzigen Samariter fragen sie nicht: »Wer ist mein Nächster?« (Und wer ist nicht mehr mein Nächster?), wie der Pharisäer fragte, der sich »rechtfertigen wollte«[238], der die engen Grenzen seiner Bereitschaft, zu lieben und zu helfen, rechtfertigen wollte. Sie wissen, dass sie sich selbst »zu Nächsten machen« sollen – dass sie den anderen nahe sein sollen, besonders denen, die Hilfe brauchen. Diese therapeutische Nähe und Solidarität hatte und hat verschiedenste Formen; und sie hat auch eine politische Dimension.

Wie schon gesagt, soll die Kirche wie ein Krankenhaus auch die Gesundheit der Gesellschaft pflegen, sie soll für die Prävention und die Diagnostik von Krankheiten, die ganze Gesellschaften befallen, sowie für die anschließende Therapie und für die Rehabilitation sorgen; sie soll sich bemühen, »gesellschaftliche Sünden« und deviante Strukturen innerhalb der gesellschaftlichen Systeme zu überwinden. Die Soziallehre der Kirche weist seit ein paar Jahrzehnten darauf hin, dass die Sünde nicht nur eine Angelegenheit der Einzelnen ist; wir sind alle immer mehr in ein unübersichtliches Netz von ökonomischen und politischen Beziehungen eingeflochten, wo das Böse häufig eine überpersönliche, anonyme Form annimmt.

Eine der vielen Ursachen, warum sich die Beichtstühle und Beichträume geleert haben, ist die Tatsache, dass sich das Bewusstsein der persönlichen Verantwortung getrübt hat vor dem Hintergrund dessen, was wir über die vielen biologischen, psychologischen und sozialen Faktoren wissen, die unser Handeln stark beeinflussen. Wir können uns immer im Gebüsch der Entschuldigungen und Ausreden verstecken. »Wie kann denn ein Mensch überhaupt schuldig sein. Wir sind hier doch alle Menschen, einer wie der andere«, sagt Josef K. in dem Roman *Der Prozess* von Franz Kafka.[239] Aber auch die Konformität und die Oberflächlichkeit des Lebens ist eine Schuld, die vielleicht schwerer wiegt als vieles von dem, was die Menschen früher im Halbdunkel der Beichtstühle geflüstert haben. Nicht wenige Christen ahnen, dass das, was sie von Gott trennt, viel tiefere und gleichzeitig subtilere Wirklichkeiten sind als das, was die traditionellen »Beichtspiegel« aufzählen, jene Listen von Sünden, in denen die »Todsünden« mit einem Sternchen gekennzeichnet sind.

Während der 43 Jahre meines priesterlichen Dienstes habe ich Zehntausende von Beichten gehört. Seit vielen Jahren biete ich neben dem Sakrament der Buße auch geistliche Gespräche an, die länger und tiefer sind, als es die geläufige Gestalt des Sakraments erlaubt, und die einen weiteren Kontext des geistlichen Lebens betreffen. Zu diesen Gesprächen kommen oftmals auch ungetaufte Menschen und viele, die sich nicht als religiöse, aber nichtsdestoweniger als spirituell verankerte oder suchende Menschen bezeichnen würden oder als solche bezeichnet werden könnten. Für diesen Dienst habe ich das Team meiner Mitarbeiter um Laien mit einer theologischen und psychotherapeutischen Ausbildung erweitert. Ich bin fest davon überzeugt, dass der *Dienst der persönlichen geistlichen*

Begleitung die wichtigste und gefragteste pastorale Aufgabe der Kirche in der bevorstehenden Nachmittagsepoche der christlichen Geschichte sein wird.

Es ist gleichzeitig ein Dienst, bei dem ich selbst am meisten gelernt habe, bei dem es zu gewissen Verschiebungen in meiner Theologie und Spiritualität sowie in meinem Verständnis des Glaubens und der Kirche gekommen ist. Als mein Bischof, Dominik Kardinal Duka, es entschieden ablehnte, die Opfer des sexuellen Missbrauchs durch Priester (einschließlich von Angehörigen des Klosters, dessen Vorsteher er seinerzeit war) zum Gespräch zu empfangen, und sie an die Polizei verwies, habe ich mit vielen von ihnen lange nächtliche Gespräche geführt, nach denen ich häufig bis zum Morgen nicht einschlafen konnte. Ich habe nicht viel mehr erfahren, als was bereits öffentlich bekannt gewesen war, aber ich habe diesen Menschen in die Augen geschaut und ihnen die Hand gehalten, als sie geweint haben. Und es war etwas ganz anderes, als die Protokolle mit den Aussagen bei der Polizei oder vor Gericht zu lesen.

Jahrelang habe ich als Psychotherapeut gearbeitet und weiß darum, dass seelische und geistige Schmerzen nahe beieinanderliegen und einander durchdringen, aber das hier war etwas anderes als bloße Psychotherapie. Hier habe ich mit dem ganzen Herzen die Anwesenheit Christi gespürt, und zwar auf beiden Seiten: In jenen »Kleinen, Kranken, Verhafteten und Verfolgten« und gleichzeitig auch im Dienst des Zuhörens, des Trosts, der Versöhnung, den ich ihnen bieten sollte.

Einige meiner Kollegen an der Universität, die ich persönlich schätze und deren Frömmigkeit und guten Willen ich keineswegs anzweifle, haben das pharisäische Dokument *Correctio filialis* unterschrieben, das Papst Franziskus dafür rügt, dass er in der apostolischen Exhortation *Amoris laetitia* zu einem barmherzigen, individuellen, differenzierenden pastoralen

Zugang zu Menschen in sogenannten irregulären Situationen aufgefordert hat, zum Beispiel zu Homosexuellen und zu geschiedenen und zivil verheirateten Menschen. Es hat mich nicht überrascht, dass Menschen, die nie in einem Beichtstuhl gesessen und sich die Geschichten dieser Menschen angehört haben, rigorose Urteile fällen. Wenn ich die Welt durch die Brille der neuthomistischen Lehrbücher der Moral anschauen würde, in denen einzelne Argumente wie in einer kalten Maschine glatt und logisch ineinanderfallen, aber die komplizierte Lebensrealität völlig verfehlen, würde ich vielleicht an die Probleme der Menschen mit ähnlich einfachen, schwarz-weißen und unmenschlichen Urteilen herantreten. Dann würde ich mich wahrscheinlich auch über einen Papst empören, der daran erinnert, dass die Eucharistie keine Belohnung für die vollkommenen Katholiken ist, sondern *panis viatorum*, das Brot für den Weg des Reifens, eine Nahrung und ein Heilmittel für Schwache und Versagende.[240]

Ich habe unzählige Geschichten von Frauen gehört, die von leichtsinnigen Männern verlassen worden waren und die – nachdem sie nach vielen Jahren eine Unterstützung für sich und ihre Kinder in einer neuen, gut funktionierenden Ehe gefunden hatten – nach dem bestehenden Kirchenrecht für immer vom Tisch Christi abgewiesen wurden: von dem Tisch, zu dem Jesus zur Entrüstung der Pharisäer Menschen in »irregulären Situationen« eingeladen hat, ohne ihnen von vornherein harte Bedingungen in den Weg zu stellen. Er sagt über sie, dass gerade sie, weil sie das umsonst gegebene bedingungslose Geschenk der Vergebung und der Annahme zu schätzen wissen, ihren hochmütigen Kritikern, die sie verurteilen, in das himmlische Reich vorausgehen werden. Jesus wusste, dass erst die Erfahrung einer bedingungslosen Annahme und Beschenkung eine Verwandlung des Lebens, eine Umkehr bewirken kann. Selten dürfte etwas Jesus so fremd gewesen sein wie das legalistische Denken seiner größten Gegner aus den Reihen der Pharisäer. Wer sich auf die Worte Jesu über die Unauflöslichkeit der Ehe beruft, sollte sich bewusst sein, dass Jesus mit diesen Worten die Ehefrauen vor der Leichtfertigkeit ihrer Männer schützen wollte, die sie aus geringfügigen Gründen durch die bloße Ausstellung eines »Scheidungsbriefes« einfach aus der Ehe entlassen konnten, und damit bestimmt nicht den Opfern eines solchen Verhaltens, den geschiedenen Frauen, zusätzliche Bürden auferlegen wollte.[241]

Als einmal ein Geistlicher in einer feurigen Predigt in der Prager Kathedrale das Gespenst einer Weltherrschaft der Homosexuellen und der Anhänger der Gendertheorie an die Wand malte, die angeblich den anständigen Familien mit Gewalt die Kinder abnehmen und sie in die Sklaverei verkaufen sowie fromme Katholiken in Vernichtungslager schicken würden, wurde mir bewusst, dass dieses *Dys-angelium* der Angst wirklich nicht meine Religion ist – und vor allem, dass es nicht das *euangelion*, die Religion Jesu, ist. Ich habe Dutzende von Erzählungen von Christen gehört, die ihre nicht selbst gewählte homosexuelle Orientierung erkannten und nach ihrem Coming-out ein psychologisches Lynchen seitens ihrer frommen Umwelt und oft auch ihrer eigenen Eltern und Verwandten erleben mussten. Manche haben sich in ihrer Verzweiflung, von ihrem Umfeld verdammt zu werden, einen Selbstmordversuch unternommen. Darf ich diese Menschen, wenn sie endlich einen Lebenspartner gefunden haben, dazu nötigen, dass sie sich verpflichten, der Sehnsucht nach Intimität lebenslang zu entsagen, oder ihre Liebe höchstens »großzügig« als das »kleinere Übel« im Vergleich zu Einsamkeit oder Promiskuität ansehen?

Auch mir selbst haben die Lehrbücher der katholischen Moral zu lange den Blick auf die individuellen Probleme der Menschen verstellt, und heute schäme ich mich dafür. Wie groß ist die Versuchung für uns, die Beichtväter, die Inhaber kirchlicher Autorität, zu solchen Pharisäern und Gesetzeslehrern zu werden, vor denen Jesus so eindringlich warnt – zu solchen, die den Menschen unerträgliche Lasten aufbürden und selbst die Lasten mit keinem Finger anrühren![242] Es ist sicher viel einfacher und schneller, die Menschen unter Verweis auf die Paragrafen des Kirchenrechts pauschal zu verurteilen, als das zu tun, wozu Papst Franziskus auffordert: die Einmaligkeit jedes einzelnen Menschen wahrzunehmen und ihm zu helfen – unter Berücksichtigung eben dieser Einmaligkeit seiner Lebenssituation und des Grades seiner persönlichen Reife –, einen verantwortungsvollen Ausweg im Rahmen der realen Möglichkeiten zu finden, die ihm zur Verfügung stehen.[243]

Wann tritt in unserer Kirche endlich die Wende von einem »Katholizismus ohne Christentum« und von der Gerechtigkeit ohne Barmherzigkeit zu jenem »neuen Lesen des Evangeliums« ein, zu dem Papst Franziskus auffordert und das er lehrt?[244]

***

Häufig komme ich auf eine kurze Geschichte zurück, die gewissermaßen ein »Miniaturevangelium« im Evangelium nach Matthäus darstellt, zu der Erzählung von einer Frau, die seit zwölf Jahren an Blutungen leidet, bei vielen Ärzten vieles ausprobiert und ihr gesamtes Vermögen für die Heilung ausgegeben hat, ohne dass es ihr geholfen hat. Die Frau ist wahrscheinlich im Innersten ihrer Weiblichkeit selbst verletzt worden, sie trägt in sich ein schweres Trauma im intimen Bereich, in ihrer Sexualität. Nach den jüdischen Vorschriften ist eine blutende Frau rituell unrein, sie darf nicht am Gottesdienst teilnehmen, sie darf niemanden berühren, und niemand darf sie berühren. Die brennende Sehnsucht nach menschlicher Liebe bringt sie zu einer Tat, mit der sie die befohlene Isolation durchbricht: Sie berührt Jesus.

Sie berührt ihn geheim, anonym, von hinten, verborgen in einer Menschenmenge. Jesus will aber nicht, dass sie sich ihre Heilung auf diese Art nimmt. Er sucht ihr Gesicht – auf die ihm eigene Art ruft er sie »beim Namen«, wie er auch den überraschten Zachäus gerufen hatte, und durchbricht so ihre Anonymität. Die Frau tritt vor – und nach der jahrelangen Isolation »sagte sie ihm« vor allen »die ganze Wahrheit«. Und in diesem Moment der Wahrheit wird sie von ihrem Leiden befreit.[245]

Ein Ausdruck ihres Glaubens – eines Glaubens, der ihr nach den Worten Jesu Heilung gebracht hat – war jedoch bereits ihre Berührung, jene törichte Geste voller Sehnsucht und Vertrauen. Es war eine Tat, mit der sie das Gesetz verletzt hat – denn mit ihrer Berührung hat sie Jesus rituell unrein gemacht, was nach einer strengen Auslegung des Gesetzes eine Sünde ist. Und doch versteht Jesus, was sie mit dieser Berührung zum Ausdruck gebracht hat, und verleiht dieser Tat durch seine Auslegung eine erlösende Bedeutung. Das, was sie in der Sprache des Körpers – der bisher nur in der Sprache des Blutes und des Schmerzes gesprochen hatte – ausgedrückt hatte, konnte sie jetzt wirklich aussprechen, indem sie vor ihm niederfiel und »ihm die ganze Wahrheit sagte«.[246]

Genau dasselbe habe ich in den Gesprächen mit Opfern des sexuellen und psychischen Missbrauchs in der Kirche erfahren: ihr unterdrückter Schmerz, ihre Enttäuschung über die Kirche und ihre häufig uneingestandenen Vorwürfe gegenüber Gott, die sich oftmals in Selbstbeschuldigungen oder in psychosomatische Beschwerden verwandelt hatten, mussten ausgesprochen werden; dazu bedurfte es eines sicheren Raumes der bedingungslosen Annahme. Dort zeigt sich die Wahrheit – und dies ist ein ganz anderes Wahrheitsverständnis als das, von dem die »Wahrheitsbesitzer« sprechen. Ich träume von einer Kirche, die ein solcher sicherer Raum wäre – ein Raum für die Wahrheit, die heilt und befreit.

***

Für die Avantgarde dieses Dienstes der Kirche – des Dienstes der *geistlichen Begleitung* – halte ich die sogenannte kategoriale Seelsorge: den Dienst der Seelsorger in Krankenhäusern und Gefängnissen, in der Armee und im Bildungswesen und vielleicht auch in der geistlichen Begleitung von Menschen in den unterschiedlichsten schwierigen Lebenssituationen oder bei der Unterstützung derer, die einen ähnlich aufreibenden Dienst an anderen verrichten und denen ein Burnout droht.

Der Dienst der Seelsorger gilt *allen*, nicht nur den Gläubigen. Er unterscheidet sich sowohl vom traditionellen seelsorgerlichen Dienst der Geistlichen, zum Beispiel der Pfarrer, die die Mitglieder ihrer Pfarrgemeinde etwa im Krankenhaus besuchen und ihnen die Sakramente spenden, als auch von der Mission im Sinne einer »Bekehrung der Ungläubigen« und der Gewinnung weiterer Kirchenmitglieder. Er unterscheidet sich auch von der Arbeit von Psychologen und Sozialarbeitern. Es handelt sich um einen *geistlichen Dienst*, um eine geistliche Begleitung. Die Voraussetzung für einen geistlichen Dienst ist, dass die Sphäre des Spirituellen eine anthropologische Konstante ist, dass sie wesenhaft zum Menschen gehört und sein Menschsein mit ausmacht. Spirituell ist das, was den *Sinn* betrifft, sowohl den »Sinn des Lebens« als auch den Sinn einer bestimmten Lebenssituation. Für den Menschen ist es notwendig, nicht nur theoretisch zu wissen, sondern wirklich zu erleben und zu erfahren, dass das eigene Leben mit all seinen Freuden und Schmerzen einen Sinn hat. Das Bedürfnis nach Sinn und nach dem Wissen um eine Sinnhaftigkeit gehört zu den grundlegenden existenziellen Bedürfnissen des Menschen. Das Wissen um Sinnhaftigkeit wird jedoch in schwierigen Lebenssituationen oftmals erschüttert und muss dann wieder neu zum Leben erweckt werden.

Das Schlimmste, was uns in den Momenten schwerer Lebensprüfungen und Krisen droht, wenn wir Angst und Verlassenheit erleben, in Zeiten des Schmerzes, tiefer Trauer, von Bedrohung und von Leid aller Art, ist das, was Kierkegaard die »Krankheit zum Tode« genannt hat: die Verzweiflung, der Verlust der Hoffnung, der Verlust des Lebenssinns. Das Wissen um einen Lebenssinn brauchen wir genauso wie die Luft, wie Essen und Trinken; wir sind nicht in der Lage, auf Dauer in innerer Dunkelheit und Desorientierung zu leben. Seit jeher haben die Menschen der Religion und der Philosophie die Aufgabe zugewiesen, die Kontingenz, das »Aus-der-Bahn-geworfen-Werden« zu bewältigen und bei der Verarbeitung und Integration neuer, umwälzender Ereignisse zu helfen. Für den Menschen ist es wichtig, ihnen einen Namen und einen Platz in seinem Weltbild und in seinem Verständnis des Lebens zu geben.

Der Dienst der geistlichen Begleitung bewegt sich an der Grenze zwischen der religiösen und der säkularen Sphäre: Er kann aus den spirituellen Schätzen der Religion schöpfen, nichtsdestoweniger lebt er aber in einem nichtkirchlichen, säkularen Raum und muss sich in einer Weise artikulieren, die für dieses Umfeld verständlich ist. Insofern hat dieser spezifische geistliche Dienst eine ähnliche Stellung und eine ähnliche Aufgabe wie die öffentliche Theologie (*public theology*), die ich im zweiten Kapitel dieses Buches erwähnt habe. Sie muss die Grenzen des kirchlichen Sprachspiels überschreiten.

Die Kirche sendet für diesen Dienst ihre Priester und Laientheologen – nach einer speziellen Vorbereitung, die auch eine gewisse Kompetenz in der Psychotherapie einschließt – auch zu Menschen, die sich zu keiner Kirche bekennen und sich nicht zu den »Gläubigen« zählen. Sie sollen ihnen zuhören und mit ihnen sprechen, sie zum Vertrauen und zur Hoffnung sowie zu einer eigenen Sinnsuche ermutigen; sie haben nicht die Aufgabe, diese Menschen »zum Glauben zu bekehren« und sie in die Reihen der Mitglieder ihrer Kirche einzugliedern. Die Begleitenden müssen eine stark entwickelte Fähigkeit zur Empathie und Respekt vor den Werten ihres Klienten haben.

Es gibt Momente, in denen auch ein »Ungläubiger« um ein Gebet bittet und in denen es angebracht ist, auch beim Dienst an Menschen, die im geistig-geistlichen Raum der traditionellen Religion nicht ganz »heimisch geworden sind«, die therapeutische Macht der religiösen Sprache, der religiösen Symbole und Zeremonien einschließlich der Sakramente zu nutzen; manchmal müssen die Begleitenden aber auch auf alles verzichten, was zu dieser Sphäre gehört. Seelsorger im Krankenhaus, in Gefängniszellen, in Militärlagern oder im Studentenmilieu können nicht viele typische traditionelle Ausdrucksmittel des Glaubens anwenden, und das nicht nur aus Gründen der politischen Korrektheit, sondern vor allem deshalb, weil die Mehrheit ihrer Klienten diese Sprache nicht verstehen würde. Im partnerschaftlichen Dialog mit »Andersgläubigen« müssen sie mit den traditionellen Begriffen und Symbolen des Glaubens sehr asketisch umgehen. Die Seelsorger sprechen in diesen Situationen mit denen, die sich nicht zu ihrer Konfession bekennen, kaum explizit über Gott und Jesus Christus. Sie befinden sich im Raum eines anderen Sprachspiels. Das bedeutet aber nicht, dass Gott hier nicht anwesend wäre.

Dieser Dienst der Nähe hat im Unterschied zur traditionellen Mission und zur traditionellen Therapie einen dialogischen, wechselseitigen Charakter. Diejenigen, »die uns nicht nachfolgen«[247], dürfen wir Christen nicht nur als Objekt der Bekehrung oder als potenzielle Gegner oder Feinde ansehen.

Jesus hat uns befohlen, alle Menschen zu lieben, ihnen zu Nächsten zu werden. Eines der Gesichter der Liebe ist der Respekt vor der Andersartigkeit des anderen: Die Liebe ist ein Raum der Freiheit, den wir einem anderen Menschen öffnen, damit er in ihm wahrhaftig und vollkommen er selbst sein kann und sich nicht irgendwie stilisieren oder sich ununterbrochen unsere Gunst verdienen muss. Die Liebe ist ein Raum des Vertrauens, der Geborgenheit, der Annahme, ein Raum, in dem der andere allererst das entwickeln kann, was in ihm das Kostbarste ist, und er selbst werden kann. Erst die Erfahrung, dass wir angenommen und geliebt werden, und zwar so, wie wir sind, ermöglicht es uns, andere anzunehmen und zu lieben.

Der Königsweg der geistlichen Begleitung, sein Alpha und sein Omega, ist die Pflege eines kontemplativen Zugangs zur Welt und zum eigenen Leben. Ein geistlich Begleitender kann keinem Menschen helfen, wenn er ihm nicht die Praxis der inneren Besinnung beibringt, die Kunst, sich vom Leben an der Oberfläche loszulösen und »hinaus ins tiefe Wasser zu fahren«, einen befreienden Abstand und eine Perspektive von oben zu gewinnen, sein Leben in einem weiteren Horizont wahrzunehmen und zu erleben. Seine Berufung besteht darin, seinen Klienten das zu sagen, was Jesus zu seinen künftigen Jüngern gesagt hat, als er sie zum ersten Mal anredete: Fahrt ins tiefe Wasser und wartet in Stille. Er muss ihnen aber auch beibringen, wie man es macht – sie in die Kunst der Kontemplation einweihen. Nur so können sie nämlich den Kontakt mit dem *Sinn* finden und in Grenz- und Krisensituationen Gleichgewicht und Orientierung für ihr Leben wiedergewinnen. Der Dienst eines geistlich Begleitenden an seinen Klienten und der jeweiligen Gesellschaft kann nur dann fruchtbar sein, wenn er selbst ein kontemplativer, das heißt ein regelmäßig meditierender Mensch ist. Seine Aufgabe besteht darin, in die Kunst der geistlichen Unterscheidung einzuführen, ohne die der heutige Mensch auf dem lärmenden und übersättigten globalen Markt vollkommen verloren ist. Ein geistlich Begleitender muss nicht ein »Geistlicher« sein im Sinne eines »ordinierten Dieners der Kirche«, er muss aber ein *geistlicher Mensch* sein – ein Mensch, der nicht nur an der Oberfläche des Lebens lebt, sondern aus der Tiefe schöpft.

***

Mit diesen Überlegungen nähern wir uns der Antwort auf die Frage, die im Titel dieses Buches verborgen liegt. Was ist die Aufgabe des Nachmittags – des Nachmittags des individuellen Lebens eines Menschen, des Nachmittags der menschlichen Geschichte, des Nachmittags des Christentums, des Nachmittags der Glaubensgeschichte? Was sollte in dieser langen geschichtlichen Krise der Sicherheiten, in dieser Mittagskrise absterben, deren Erschütterungen wir auch in vielen Krisen unserer Zeit wahrnehmen? Wozu sollen wir reifen, und was soll die Erfüllung dieses Nachmittags sein?

Wenn wir die Erfahrung der Mystiker zum Ausdruck bringen wollen – denn vor allem sie können auf diesem Gebiet unsere kompetenten Ratgeber sein –, können wir die Sprache der Tiefenpsychologie benutzen: Es geht um einen Übergang von der Egozentrik, von der Selbstzentriertheit des »kleinen Ich« zu einer neuen Identität, zu jenem tieferen, aber gleichzeitig viel weiteren »neuen Ich«. Diese Verwandlung – die Verlagerung des Gewichts vom Ego zum Selbst – wird häufig in räumliche Metaphern gefasst wie »der Weg in die Tiefe«, »der Weg in das Innere«. Die Wörter »Tiefe« und »Inneres« bezeichnen hier das Gegenteil von Oberflächlichkeit und Seichtheit. »Ins tiefe Wasser hinauszufahren« bedeutet nicht, sich von der Welt unseres Alltags und von unseren Beziehungen zu den anderen abzuwenden. In dem Maße, wie wir den Schwerpunkt unseres Lebens in jenes innere Zentrum verlagern, begegnen wir Gott neu und vollkommener, aber auch den anderen Menschen und dem ganzen Orchester der Schöpfung! Gott als die Tiefe der Wirklichkeit ist »Gott in allen Dingen«.

Von dieser Verwandlung des Menschen sprechen die mystischen Wege und auch die Metapher vom Nachmittag des Lebens im Werk C. G. Jungs. Ich habe mich bemüht, zu zeigen, dass diese Verwandlung heute nicht nur in individuellen Geschichten geschieht (wie sie übrigens während der ganzen Geschichte geschah), sondern auch in den Ereignissen unserer Geschichte, einschließlich der Geschichte des Christentums. Die Krise der Kirche ist ein *kairos*, eine gesegnete Zeit des Übergangs von der kirchlichen Selbstzentriertheit zu einer bewussten Teilnahme am fortwährenden Sich-Ereignen des Geheimnisses von Weihnachten und von Ostern, an der *incarnatio continua*, der *crucifixio continua* und der *resurrectio continua*.[248]

Auch die Kirche muss die Fixierung auf ihr »kleines Ich« verlassen, die Fixierung lediglich auf ihre institutionelle Form in einer bestimmten Zeit und auf ihre institutionellen Interessen. Die Ausdrücke Klerikalismus, Fundamentalismus, Integrismus, Traditionalismus und Triumphalismus bezeichnen verschiedene Ausdrucksformen der Selbstzentriertheit der Kirche, ihrer Fixierung auf das Oberflächliche und Äußerliche. Sich der Nostalgie nach einer idealisierten Vergangenheit hinzugeben, nach dem Vormittag der christlichen Geschichte, bedeutet, in einer allzu engen (und oftmals ängstlichen) Form des Christentums zu erstarren; es ist ein Ausdruck von Unreife. Wenn die Kirche nicht fähig ist, eine andere Gestalt anzubieten als die Gestalt des Vormittags des Christentums, genauer gesagt: das Heimweh nach ihr oder verschiedene Versuche ihrer Rekonstruktion oder Imitation, dann ist es kein Wunder, dass viele Menschen vermuten, dass die einzige verbleibende Alternative darin besteht, dem Christentum und dem Glauben den Rücken zu kehren.

Vielerorts herrscht nach wie vor die Vermutung, dass die einzige Alternative zur Religion, die ihre Vitalität und Überzeugungskraft verloren habe, der Atheismus dieses oder jenes Typs sei. Hegel hatte aber offensichtlich recht, als er den Atheismus für einen bloßen Augenblick des Übergangs in der Geschichte des Geistes hielt. Den Raum, den die Religion, die abstirbt, freilässt, sollten wir weder dem dogmatischen Atheismus noch der Religion im Sinne einer identitären politischen Ideologie überlassen noch der vagen Esoterik. Es ist der Ort und die Zeit für einen reifen, aber gleichzeitig demütigen Glauben.

***

Wie wird die Zukunft des Christentums aussehen? Wenn in der Geschichte des Christentums das Geheimnis der Menschwerdung fortgesetzt wird, dann müssen wir darauf vorbereitet sein, dass Christus weiterhin schöpferisch in den Leib unserer Geschichte, in die verschiedenen Kulturen eintritt – und dass er dies oft mit derselben Unauffälligkeit und Anonymität tut wie damals im Stall von Betlehem. Wenn in der Geschichte das Drama der Kreuzigung fortgesetzt wird, dann sollten wir lernen, die Tatsache anzunehmen, dass viele Formen des Christentums schmerzhaft sterben und dass zu diesem Sterben auch dunkle Stunden der Verlassenheit gehören, sogar der »Abstieg in die Hölle«. Soll unser Glaube inmitten der geschichtlichen Verwandlungen stets ein *christlicher* Glaube bleiben, dann ist das Kennzeichen seiner Identität die *kenosis*, die Selbstauslieferung, die Selbsthingabe, die Selbstüberschreitung.

Wenn in der Geschichte das Geheimnis der Auferstehung fortgesetzt wird, dann sollten wir darauf vorbereitet sein, Christus nicht bei den Toten, im leeren Grab der Vergangenheit zu suchen, sondern jenes Galiläa von heute zu entdecken (»das heidnische Galiläa«), wo wir ihn überraschend verwandelt vorfinden werden. Er wird wieder durch die verschlossene Tür unserer Angst hindurchgehen, und er wird an seinen Wunden zu erkennen sein. Ich bin mir sicher, dass das Galiläa von heute die Welt der *nones* jenseits der sichtbaren Grenzen der Kirche ist.

Wenn die Kirche aus dem Ereignis von Pfingsten geboren wurde und dieses Ereignis sich in ihrer Geschichte fortsetzt, dann sollte sie sich bemühen, so zu sprechen, dass die Menschen der verschiedenen Kulturen, Nationen und Sprachen sie verstehen; sie selbst muss ständig lernen, fremde Kulturen und verschiedene Sprachen des Glaubens zu verstehen; sie sollte den Menschen beibringen, sich gegenseitig zu verstehen. Sie sollte verständlich sprechen, jedoch nicht vereinfachend, und sie sollte vor allem glaubwürdig sprechen – wie »das Herz zum Herzen«.[249] Sie sollte ein Ort der Begegnung und des Gesprächs sein, eine Quelle der Versöhnung und des Friedens.[250]

Viele unserer Begriffe, Vorstellungen und Erwartungen, viele Formen unseres Glaubens, viele Gestalten der Kirche und der Theologie müssen sterben – sie waren zu klein. Unser Glaube muss die Mauern überwinden, die von unserer Angst, unserem Mangel an Mut aufgerichtet wurden; er muss wie Abraham auf unbekannten Wegen hinausziehen in eine unbekannte Zukunft. Auf den neuen Wegen begegnen wir vermutlich Menschen, die ihre eigenen, für uns überraschend unbekannten Vorstellungen über die Richtung und das Ziel des Weges haben, und auch diese Begegnungen werden für uns ein Geschenk sein; wir müssen lernen, in ihnen unsere Nächsten zu erkennen und uns zu ihren Nächsten zu machen.

Der Respekt vor der Verschiedenheit und die Annahme der anderen in ihrem Anderssein, diese Dimension der Liebe, die das Kriterium ihrer Echtheit ist, ist nicht nur in den Beziehungen zwischen den Einzelnen unerlässlich, sondern auch in den Beziehungen zwischen den Nationen, Kulturen und Religionen. Der wichtige Satz der gemeinsamen Erklärung von Papst Franziskus mit Imam Ahmed al-Tajib,[251] dass *die Pluralität und die Verschiedenheit der Religionen der weise Wille Gottes ist*, ist die Frucht einer tausendjährigen Erfahrung, die mit einer Unzahl an Opfern in den Religionskriegen bezahlt worden ist. – Dieser Satz hat in gewissen Kreisen religiöser Menschen Widerspruch hervorgerufen: Ist er nicht ein Verrat am Anspruch unserer Religion auf die Wahrheit?

Nein: Er ist die Sprache eines reifen, erwachsenen Glaubens, der frei ist von dem kollektiven Narzissmus und der Selbstzentriertheit derjenigen religiösen Kommunitäten, die nicht fähig sind, ihren Status als Pilger einzugestehen. Für die Muslime bedeutet er die Rückkehr zu einer wichtigen und weisen Passage aus dem Koran, in der ausdrücklich gesagt wird, dass Gott sich eine Verschiedenheit der Religionen wünsche und dass diese Verschiedenheit eine Gelegenheit zu einem Wettbewerb im Guten sei;[252] für die Christen wiederum ist er die Anknüpfung an die Einsicht von Nikolaus von Kues, dass die einzige Wahrheit sich uns in der Verschiedenheit gibt (*una religio in rituum varietate*[253]). Haben wir keine Angst: Die höchste Form der Wahrheit ist für das Christentum die Liebe zu Gott und zum Menschen; wo auch immer sie verwirklicht wird, dort sind Gott, Christus und der christliche Glaube anwesend. Wenn die Kirche heute dieses Vertrauen auf Gott bezeugt, der größer ist als alle unsere Vorstellungen, Definitionen und Institutionen, bricht etwas Neues und Bedeutendes an: der Schritt hinüber in den Nachmittag des Glaubens.

Der Ökumenismus ist eine der unverzichtbaren Formen der christlichen Liebe. Er ist eines der glaubwürdigsten und überzeugendsten Gesichter des Christentums. Soll die katholische Kirche tatsächlich katholisch sein, muss sie jene Wende vollenden, die auf dem Zweiten Vatikanischen Konzil begonnen wurde: die Wende vom Katholizismus zur Katholizität. Alle Kirchen und alle Christen, die das Apostolische oder das Nizäno-Konstantinopolitanische Glaubensbekenntnis rezitieren, bekennen sich dadurch zu der Pflicht, die Katholizität des Christentums zu entwickeln: eine solche Offenheit der Kirche, wie sie die weit ausgestreckten Arme Jesu am Kreuz widerspiegeln. Niemand steht außerhalb der Liebe Christi.

***

In diesem Buch haben wir uns mit verschiedenen Gestalten beschäftigt, die der christliche Glaube im Laufe der Geschichte angenommen hat. Wir haben uns vor allem zwei religiösen Versionen des Christentums gewidmet: der christlichen Religion als *religio*, als Integrationskraft der Gesellschaft, konkret des vormodernen »christlichen Reiches«, der *christianitas*, und des Christentums als *confessio*, einer Weltanschauung, der von der institutionellen Kirche bzw. den Kirchen vorgelegt wird. Wir haben auch das Bemühen um ein religionsloses Christentum erwähnt.

Die Antwort auf die Frage, welche Form das Christentum der Zukunft haben kann, habe ich schon am Ende des fünften Kapitels angedeutet: Das Wort »Religion«, *religio*, dürfen wir nicht nur von dem Verb *religare* (wieder verbinden) ableiten und somit die Religion vor allem als eine integrative Kraft für die Gesellschaft begreifen, sondern auch von dem Verb *relegere* (wieder lesen). Die Kirche von morgen kann die Gemeinschaft einer *neuen Hermeneutik* sein, eines neuen und tieferen Lesens und Interpretierens, und zwar sowohl der Schrift als auch der Tradition (der beiden Quellen der Offenbarung Gottes nach der Lehre des Konzils von Trient) als auch der *Zeichen der Zeit*. Dazu ist die Kunst der Kontemplation notwendig. Durch die Kontemplation lernt der Mensch, neu, tiefer, gründlicher zu lesen und zuzuhören: dem zuzuhören, was in ihm und um ihn herum geschieht – durch beides kann Gott zu ihm sprechen.

Ich halte es für sehr nützlich, wenn Gläubige verschiedener Religionen (aber auch Menschen »ohne Religionszugehörigkeit«) gemeinsam heilige Bücher lesen und darüber sprechen, wie sie sie verstehen.[254] Eigene grundlegende Texte mit den Augen der anderen anzuschauen kann zu ihrem tiefen Verständnis und zu einem besseren gegenseitigen Begreifen beitragen. Ein billiger Synkretismus oder der Versuch, ein für alle annehmbares künstliches »religiöses Esperanto« zu schaffen, sind eine Sackgasse. Man soll die Andersheit der anderen verstehen lernen und respektieren, sie aber nicht verschleiern, bagatellisieren oder ignorieren.

Vor einigen Jahren war ich Mitautor einer Fernsehserie, die wir auf einigen Kontinenten gedreht haben: Wir haben »gewöhnliche Gläubige« der fünf großen Weltreligionen gefragt, mit welchen Ritualen sie die Schlüsselereignisse und die Schlüsselphänomene des Lebens begleiten: die Geburt eines Kindes, den Übergang zum Erwachsensein, die Hochzeit, Krankheit und Leid, das Begräbnis; was für sie das Gotteshaus, das Wallfahren, das Gebet, das Essen bedeutet, wie sie die Rolle der Frau verstehen, welches Verhältnis sie zur Schönheit oder zur Gewalt haben. Mir ist dabei bewusst geworden, wie wichtig es ist, »nicht für andere zu sprechen«, sie nicht von außen zu beurteilen, sondern *mit ihnen* zu sprechen, ihnen das Wort zu geben und ihnen zuzuhören. In unserer bunten Welt, in der sich die Ethnien und Kulturen vermischen, ist eine persönliche Begegnung mit den anderen nicht das Privileg von Menschen, die in weit entfernte Gefilde reisen.

Eine nicht weniger wichtige Aufgabe ist das Bemühen, die Zeichen der Zeit zu verstehen, die ignatianische Kunst der geistlichen Unterscheidung zu lernen. Was ist das, was uns im Hinblick auf die Ereignisse unserer Zeit aufregt, fasziniert, was uns irritiert und erschreckt – und warum? Wir brauchen die Kunst, »unsere Herzen zu stillen«, unmittelbare Kurzschlussreaktionen der Begeisterung oder des Hasses zu bewältigen, damit wir die geschichtlichen Ereignisse, an denen wir teilhaben, in das Innerste unseres Gewissens eintreten lassen können, um sie dort »noch einmal zu lesen« und *intelligent* unterscheidend in ihnen die Chiffren der Mitteilungen Gottes zu erkennen.[255]

Wenn in einem Großteil der Welt das Netz der lokalen Pfarrgemeinden zusammenbrechen wird, ähnlich wie in der zu Beginn des Kapitels erwähnten Legende das Gerüst der Kirche in den Flammen eingestürzt ist, wird es notwendig sein, spirituelle Kraft aus Zentren des gemeinsamen Gebetes und der Meditation, des Feierns und auch des Nachdenkens und des Teilens von Glaubenserfahrungen zu schöpfen. Schon jetzt ist es notwendig, solche offenen Zentren aufzubauen. Dort können wir zu unterscheiden lernen zwischen stützenden Hilfskonstruktionen, die im Verlauf der Geschichte einstürzen können, und dem, worauf man wieder bauen kann.

Vielleicht sollten nicht nur die katholische Kirche, sondern auch die anderen christlichen Kirchen und die anderen Religionen einen »synodalen Prozess« durchlaufen, zu dem Papst Franziskus im Rahmen der katholischen Kirche aufgefordert hat: einen Prozess des gegenseitigen Zuhörens und der gemeinsamen Suche nach einem Weg in die Zukunft. Ich glaube, dass dieser Prozess einer »allgemeinen Beratung über die Verbesserung der menschlichen Verhältnisse«, einer *consultatio catholica de rerum humanarum emendatione* – wenn ich die Formulierung von Johann Amos Comenius, einem großen tschechischen Denker des 17. Jahrhunderts, benutzen darf – ein wichtiger Schritt auf dem Weg zu jener universalen Geschwisterlichkeit wäre, von der Papst Franziskus in seiner Enzyklika *Fratelli tutti* spricht.

Diese Enzyklika halte ich für das wichtigste Dokument unserer Zeit, dessen Bedeutung mit der der Allgemeinen Erklärung der Menschenrechte vergleichbar ist. Wenn wir für die Verwandlung des Globalisierungsprozesses in einen Prozess der humanen Kommunikation eine spirituelle Inspiration suchen, dann finden wir darin Inspirationen und Intuitionen, die man weiter durchdenken und entwickeln sollte.

In der Bibel lautet der erste Satz, den der Herr zu denjenigen sagt, die er angesprochen hat, meistens: Fürchte dich nicht! Die Angst verzerrt die Sicht auf unsere Welt. Viele »religiöse Professionelle« waren und sind oftmals Händler mit der Angst; sie vermuten, dass sie den Menschen ihre religiöse Ware besser verkaufen können, wenn sie sie zunächst ordentlich erschrecken. Legen wir an der Schwelle zu einem neuen Kapitel der christlichen Geschichte die Religion der Angst ab. Kaufen wir nicht bei den Verkäufern von billigen Sicherheiten ein. Fürchten wir uns an der Schwelle der Zukunft auch nicht vor einem aufrichtigen und demütigen »Wir wissen es nicht«, von dem uns nicht einmal der Glaube befreien kann. Der Glaube ist der Mut, mit Vertrauen und Hoffnung in die Wolke des Geheimnisses einzutreten.

***

In den Überlegungen dieses Buches habe ich über eine *neue Reformation* nachgedacht, die sich immer deutlicher als die notwendige Antwort auf den zeitgenössischen Zustand der Kirche herausschält – und das Maß, in dem die Familie der Gläubigen in die Gesamtheit der menschlichen Gesellschaft eingewoben ist, hängt mit den Veränderungen der Menschheitsfamilie als ganzer zusammen. Ich stelle mir die Frage, wie sich verhindern lässt, dass eine neue Reformation ein schmerzhaftes Schisma zur Folge hat, und vor allem, dass sie auf halbem Wege stehen bleibt und die Hoffnung enttäuscht, die sie erweckt hat. Bis zu einem gewissen Grade kann die katholische Reform des 16. Jahrhunderts, die von Mystikern wie Teresa von Ávila, Johannes vom Kreuz und Ignatius von Loyola und von Reformbischöfen wie Karl Borromäus getragen wurde, für uns eine Inspiration sein.

Ignatius beschreibt in seinen geistlichen Übungen vier Etappen der *metanoia.*[256] Zuerst *deformata reformare*: verbessern, was fehlerhaft ist. Zweitens *reformata conformare*: sich auf den Weg der Nachfolge Christi begeben, sich durch das Beispiel des Handelns Jesu inspirieren lassen. Drittens *conformata confirmare*: aus dem Kreuz Jesu die Kraft schöpfen, die dunkle Nacht des Leidens zu durchzustehen. Und viertens *confirmata transformare*: das Gefestigte *verwandeln*, es vom Licht der Auferstehung Jesu, der Anwesenheit des Auferstandenen durchstrahlen lassen – Gott in allen Dingen finden. Lassen wir nicht zu, dass unser Bemühen um eine Reform der Kirche und der Gesellschaft auf der ersten Stufe erstarrt, auf der der bloßen Veränderung der deformierten und deformierenden Strukturen. Die wirkliche Reform muss eine Form der Nachfolge Christi sein: Das setzt die stets neue Suche nach dem Auferstandenen voraus.

Diese Aufgabe erfüllen weder die traditionellen Formen der Seelsorge an den Gläubigen noch die traditionellen Formen der Mission, der »Bekehrung der Ungläubigen«. Eine tatsächlich *neue Evangelisierung*, die dieses Namens würdig ist, hat heute eine anspruchsvolle Aufgabe: den *universalen Christus* zu suchen, dessen Größe oft durch die Begrenztheit unserer Sicht, durch unsere allzu engen Perspektiven und Gedankenkategorien verborgen gehalten wird.

Den *universalen Christus* zu suchen ist die Aufgabe und das Zeichen dieser Zeit. Es ist notwendig, die Teilhard'sche Vision eines universalen Christus, der in der kosmischen Evolution anwesend ist, zu ergänzen durch ein Finden des Auferstandenen, der (oft anonym) im geschichtlichen Wandel und in der Entwicklung der Gesellschaft anwesend ist. Suchen wir ihn »anhand seiner Stimme« wie Maria Magdalena, suchen wir ihn in den Fremden auf dem Weg wie die Jünger, die nach Emmaus gingen, suchen wir ihn in den Wunden der Welt wie der Apostel Thomas, suchen wir ihn überall dort, wo er durch die verschlossene Tür der Angst hindurchgeht; suchen wir ihn dort, wo er das Geschenk der Vergebung und eines neuen Anfangs bringt.

Die Reformation des Deformierten müssen wir bis zur Transformation des gesamten Gefestigten vollenden; vieles, in dem wir uns befestigt und verschanzt hatten, ist erschüttert worden. Dadurch wird aber ein Raum frei für das Finden eines »größeren Christus«, eines Christus, der die Vorstellungen übersteigt, die wir bisher von ihm hatten, und für das Sich-Entwickeln eines Christentums, das seine bisherigen institutionellen und mentalen Grenzen überschreitet. In einem dynamischen, sich selbst übersteigenden Christentum begegnen wir durch Christus dem stets größeren (*semper maior*) Gott, der in allen Dingen, in allen Ereignissen unseres Lebens und in den Verwandlungen unserer Welt anwesend ist.

Ich habe dieses Buch *Der Nachmittag des Christentums* genannt. Suggeriert der Begriff Nachmittag nicht die Nähe des Abends, des Untergangs und des Todes? Darauf antworte ich: Im biblischen Verständnis der Zeit beginnt der neue Tag mit dem Abend. Übersehen wir nicht den Augenblick, wenn am Abendhimmel der erste Stern erscheint.

Geschrieben in den Jahren 2015–2021 in den USA, in der Tschechischen Republik und in Kroatien; abgeschlossen am Ufer der Adria am 7. September 2021.

Danksagung

Ich möchte mich vor allem bei der amerikanischen Notre Dame University und bei der Templeton Foundation bedanken, dass sie mir während zwei akademischen Aufenthalten am Institute for Advenced Study in den Jahren 2015 und 2017 die Gelegenheit zu einem intensiven Gedankenaustausch mit vielen amerikanischen Theologen, Soziologen und Philosophen geboten haben. Ich bedanke mich bei der Universität Oxford für die Einladung zur aktiven Teilnahme an der anregenden Konferenz über die Religion im öffentlichen Leben im Jahre 2017. Ich danke der Jesuitenuniversität Boston College, wo ich am Anfang des Jahres 2020 als Gastprofessor tätig war, und den Professoren der Harvard University für inspirierende Gespräche in den Jahren 2018 und 2020. Und ich bin auch anderen Theologen, Philosophen und Repräsentanten der Kirchen dankbar, die mir in den letzten Jahren während meiner Studien- und Vortragsreisen in Europa, Australien, in den USA, in Asien und Afrika geholfen haben, meinen Blickwinkel zu erweitern.

Für kritische Anmerkungen danke ich den Freunden, die so freundlich waren, mein Manuskript zu lesen, und der verantwortlichen Lektorin Barbora Čiháková für ihre Hilfe bei der finalen Bearbeitung des Textes.

Empfohlene Literatur

Päpstliche Dokumente

Papst Franziskus, Apostolisches Schreiben *Evangelii Gaudium*, hrsg. vom Sekretariat der Deutschen Bischofskonferenz (Verlautbarungen des Heiligen Stuhls 194), Bonn 2013.

Papst Franziskus, *Enzyklika Laudato si' über die Sorge für das gemeinsame Haus*, hrsg. vom Sekretariat der Deutschen Bischofskonferenz (Verlautbarungen des Heiligen Stuhls 202), Bonn 2015.

Papst Franziskus, *Nachsynodales Apostolisches Schreiben Amoris Laetitia über die Liebe in der Familie*, hrsg. vom Sekretariat der Deutschen Bischofskonferenz (Verlautbarungen des Heiligen Stuhls 204), Bonn 2016.

Papst Franziskus, *Apostolisches Schreiben Gaudete et Exsultate über den Ruf zur Heiligkeit in der Welt von heute*, hrsg. vom Sekretariat der Deutschen Bischofskonferenz (Verlautbarungen des Heiligen Stuhls 213), Bonn 2018.

Papst Franziskus, *Enzyklika Fratelli tutti über die Geschwisterlichkeit und die soziale Freundschaft*, hrsg. vom Sekretariat der Deutschen Bischofskonferenz (Verlautbarungen des Heiligen Stuhls 227), Bonn 2020.

Ausgewählte Literatur

Theodor W. Adorno / Max Horkheimer, *Dialektik der Aufklärung. Philosophische Fragmente*, Frankfurt am Main: Fischer 1969.

John L. Allen, *Das neue Gesicht der Kirche. Die Zukunft des Katholizismus*, Gütersloh: Gütersloher Verlagshaus 2010.

Gordon Allport, *The Individual and His Religion. A Psychological Interpretation*, Oxford: Macmillan 1967.

Hannah Arendt, *Eichmann in Jerusalem. Ein Bericht von der Banalität des Bösen*, München: Piper 2004.

William A. Barbieri (Hrsg.), *At the Limits of the Secular. Reflections on Faith and Public Life*, Grand Rapids (MI): Eerdmans 2014.

Jean Baudrillard, *Die Konsumgesellschaft. Ihre Mythen, ihre Strukturen*, Wiesbaden: Springer VS 2015.

Tom Beaudoin, *Virtual Faith. The Irreverent Spiritual Quest of Generation X*, San Francisco: Jossey-Bass 1998.

Ulrich Beck, *Risikogesellschaft. Auf dem Weg in eine andere Moderne*, Frankfurt am Main: Suhrkamp 1986.

ders., *Der eigene Gott. Von der Friedensfähigkeit und dem Gewaltpotential der Religionen*, Frankfurt am Main/Leipzig: Verlag der Weltreligionen (Insel) 2008.

ders., *Zur Dialektik von Religion und Gesellschaft. Elemente einer soziologischen Theorie*, Frankfurt am Main: S. Fischer 1973.

ders., *Der Zwang zur Häresie. Religion in der pluralistischen Gesellschaft*, Frankfurt am Main: S. Fischer 1980.

ders., *Altäre der Moderne. Religion in pluralistischen Gesellschaften*, Frankfurt am Main: Campus 2015.

Peter L. Berger (Hrsg.), *The Desecularization of the world, Resurgent Religious and World Politics*, Grand Rapids (MI): Eerdmans 1999.

Peter L. Berger / Thomas Luckmann, *Die gesellschaftliche Konstruktion der Wirklichkeit. Eine Theorie der Wissenssoziologie*, Frankfurt am Main: S. Fischer 1969.

Eugen Biser, *Theologie als Therapie. Zur Wiedergewinnung einer verlorenen Dimension*, Heidelberg: Fischer 1985.

Ernst Bloch, *Atheismus im Christentum. Zur Religion des Exodus und des Reichs*, Frankfurt am Main: Suhrkamp 1973.

Steve Bruce, *God is Dead. Secularization in the West*, Hoboken: Wiley-Blackwell 2002.

John D. Caputo (Hrsg.), *The Religious*, Oxford: Blackwell 2020.

José Casanova, *Public religions in the Modern World*, Chicago (IL): Chicago University Press 1994.

ders., *Chancen und Gefahren öffentlicher Religion. Ost- und Westeuropa im Vergleich*, in: Otto Kallscheuer (Hrsg.), *Das Europa der Religionen. Ein Kontinent zwischen Säkularisierung und Fundamentalismus*, Frankfurt am Main: Suhrkamp 1996, S. 181–210.

ders., *Europas Angst vor der Religion*, Wiesbaden: Berlin University Press 2009.

ders., *Die Erschließung des Postsäkularen. Drei Bedeutungen von »säkular« und deren mögliche Transzendenz*, in: Matthias Lutz-Bachmann (Hrsg.), *Postsäkularismus. Zur Diskussion eines umstrittenen Begriffs*, Frankfurt am Main: Campus 2015, S. 9–39.

André Comte-Sponville, *Woran glaubt ein Atheist? Spiritualität ohne Gott*, Zürich: Diogenes 2008.

Harvey Cox, *Stadt ohne Gott?*, Stuttgart/Berlin: Kreuz 1965.

Denisa Červenková, *Katolický pohled na náboženskou pluralitu*, Praha: Karolinum 2016.

dies., *Etika mezikulturního a mezináboženského dialogu*, Praha: Karolinum 2018.

Grace Davie, *Religion in Britain Since 1945. Believing Without Belonging*, Oxford: Blackwell 1994.

dies., *Religion in Modern Europe. A Memory Mutates*, Oxford: Oxford University Press 2000.

Madeleine Delbrêl, *Auftrag des Christen in einer Welt ohne Gott*, Einsiedeln: Johannes 2000.

Jacques Derrida / Gianni Vattimo, *Die Religion*, Frankfurt am Main: Suhrkamp 2001.

Karel Dobbelaere, *Secularization. An Analysis at Three Levels*, Bruxelles: Peter Lang 2002.

Rod Dreher, *Die Benedikt-Option. Eine Strategie für Christen in einer nachchristlichen Gesellschaft*, Kißlegg: fe-medienverlag, 2018.

Ronald Dworkin, *Religion ohne Gott*, Frankfurt am Main: Suhrkamp 2014.

Gerhard Ebeling, *Das Wesen des christlichen Glaubens*, Freiburg: Herder 1993 (zuerst 1959).

Michael N. Ebertz, *Erosion der Gnadenanstalt. Zum Wandel der Sozialgestalt von Kirche*, Frankfurt am Main: Knecht 1998.

Michael N. Ebertz / Monika Eberhardt / Anna Lang, *Kirchenaustritt als Prozess: gehen oder bleiben? Eine empirisch gewonnene Typologie*, Berlin: Berlin Münster 2012.

Michel Foucault, *Überwachen und Strafen. Die Geburt des Gefängnisses*, Frankfurt am Main: Suhrkamp 1976.

Viktor E. Frankl / Pinchas Lapide, *Gottsuche und Sinnfrage. Ein Gespräch*, Gütersloh: Gütersloher Verlagshaus 2005.

Richard Elliott Friedman, *The Disappearance of God. A Divine Mystery*, New York: Little, Brown & Co 1995.

Ottmar Fuchs, *Der zerrissene Gott. Das trinitarische Gottesbild in den Brüchen der Welt*, Ostfildern: Matthias Grünewald 2014.

ders., *Die andere Reformation. Ökumenisch für eine solidarische Welt*, Würzburg: Echter 2016.

Francis Fukuyama, *Das Ende der Geschichte. Wo stehen wir?*, München: Kindler, 1992.

Marcel Gauchet, *Le désenchantement du monde. Une histoire politique de la religion*, Paris: Gallimard 1985.

ders., *La condition historique. Entretiens avec François Azouvi et Sylvain Piron*, Paris: Gallimard 1986.

René Girard, *Les origines de la culture. Entretiens avec Pierpaolo Antonello et João Cezar de Castro Rocha*, Paris: Pluriel 2011.

Friedrich Wilhelm Graf, *Die Wiederkehr der Götter. Religion in der modernen Kultur*, München: Beck 2004.

Gisbert Greshake, *Der Wandel der Erlösungsvorstellungen in der Theologiegeschichte*, in: ders., *Gottes Heil, Glück des Menschen. Theologische Perspektiven*, Freiburg/Basel/Wien: Herder 1983, S. 50–79.

Jürgen Habermas, *Theorie des kommunikativen Handelns*, Bd. 1: *Handlungsrationalität und gesellschaftliche Rationalisierung*, Frankfurt am Main: Suhrkamp 1981.

Jürgen Habermas / Joseph Ratzinger, *Dialektik der Säkularisierung. Über Vernunft und Religion*, Freiburg: Herder 2018.

Hubertus Halbfas, *Glaubensverlust. Warum sich das Christentum neu erfinden muss*, Ostfildern: Patmos 2013.

Tomáš Halík, *Nachtgedanken eines Beichtvaters. Glaube in Zeiten der Ungewissheit.* Freiburg: Herder 2012.

ders., *Geduld mit Gott. Die Geschichte von Zachäus heute.* Freiburg: Herder 2010.

ders., *Berühre die Wunden. Über Leid, Vertrauen und die Kunst der Verwandlung*, Freiburg: Herder 2013.

ders., *Ich will, dass du bist. Über den Gott der Liebe.* Freiburg: Herder 2015.

Staf Hellemans / Peter Jonkers (Hrsg.), *Envisioning Futures for the Catholic Church*, Washington: Council for Research in Values and Philosophy 2018.

Gregor Maria Hoff, *Die prekäre Identität des Christlichen. Die Herausforderung postmodernen Differenzdenkens für eine theologische Hermeneutik*, Paderborn: Schöningh 2001.

ders., *Ein anderer Atheismus. Spiritualität ohne Gott?*, Kevelaer: Verlags-Gemeinschaft topos plus 2015.

Pavel Hošek, *Na cestě k dialogu. Křesťanská víra v pluralitě náboženství*, Praha: Návrat domů 2005.

Samuel Huntington, *The Clash of Civilizations and the Remaking of World Order*, New York: Simon & Schuster 1996 (dt. Ausgabe: *Der Kampf der Kulturen. Die Neugestaltung der Weltpolitik im 21. Jahrhundert*, München/Wien: Europaverlag 1996).

Laurence Iannaccone, *Religious Market and Economics of Religion*, in: *Social Compass* 39 (1992), S. 123–131.

Ronald Inglehart, *Culture Shift in Advanced Industrial Society*, Princeton: Princeton University Press 1990.

Aniela Jaffé (Hrsg.), *Erinnerungen, Träume, Gedanken von C. G. Jung*, Düsseldorf/Zürich: Walter 1971 (zuerst 1962).

Franz Jalics, *Der kontemplative Weg*, Würzburg: Echter 2012.

Karl Jaspers, *Die Schuldfrage*, Heidelberg: Lambert Schneider 1946.

Hans Joas, *Braucht der Mensch Religion? Über Erfahrungen der Selbsttranszendenz*, Freiburg: Herder 2004.

ders., *Glaube als Option. Zukunftsmöglichkeiten des Christentums*, Freiburg: Herder 2012.

ders., *Die Macht des Heiligen. Eine Alternative zur Geschichte von der Entzauberung*, Berlin: Suhrkamp 2017.

Philip Jenkins, *Gottes Kontinent? Über die religiöse Krise Europas und die Zukunft von Islam und Christentum*, Freiburg: Herder 2008

Franz-Xaver Kaufmann, *Kirchenkrise. Wie überlebt das Christentum?*, Freiburg: Herder 2011.

ders., *Religion und Modernität. Sozialwissenschaftliche Perspektiven*, Tübingen: Mohr 1989.

Richard Kearney, *Strangers, Gods and Monsters. Interpreting Otherness*, London/New York: Routledge 2003.

ders., *Anatheism: Returning to God after God*, New York: Columbia University Press 2010.

ders., *The God Who May Be. A Hermeneutics of Religion*, Bloomington (IN): Indiana University Press 2010.

Richard Kearney / Jens Zimmermann (Hrsg.), *Reimagining the Sacred*, New York: Columbia University Press 2016.

Medard Kehl, *Wohin geht die Kirche? Eine Zeitdiagnose*. Freiburg: Herder1996.

Fergus Kerr, *Theology after Wittgenstein*, Oxford: Blackwell 1986.

Fergus Kirwan, *Discovering Girard*, London: Darton Longman & Todd 2004.

Julia Knop (Hrsg.), *Gott – oder nicht. Theologie angesichts des Nicht-Glaubens ihrer Zeit: ein Paradigmenwechsel*, in: *Theologie der Gegenwart* 60 (2017) S. 141–154.

dies., *Die Gottesfrage zwischen Umbruch und Abbruch. Theologie und Pastoral unter säkularen Bedingungen*, Freiburg: Herder 2019.

Boris Krause, *Religion und die Vielfalt der Moderne. Erkundungen im Zeichen neuer Sichtbarkeit von Kontingenz*, Paderborn u. a.: Schöningh 2012.

Hans Küng, *Wozu Priester? Eine Hilfe*, Zürich/Einsiedeln/Köln: Benziger 1971.

Nicholas Lash, *Holiness, Speech and Silence: Reflections on the Question of God*, Aldershot (UK)/Burlington (VT): Ashgate 2004.

ders., *The Beginning and the End of Religion*, Cambridge: Cambridge University Press 1996.

ders., *Easter in Ordinary. Reflections on Human Experience and the Knowledge of God*, Notre Dame: University of Notre Dame Press 1988.

Johannes Baptist Lotz, *In jedem Menschen steckt ein Atheist*, Frankfurt am Main: Knecht 1981.

Thomas Luckmann, *The Invisible Religion. The Problem of Religion in Modern Society*, New York: MacMillan 1967.

Niklas Luhmann, *Die Funktion der Religion*, Frankfurt am Main: Suhrkamp 1972.

ders., *Die Religion der Gesellschaft*, Frankfurt am Main: Suhrkamp 2000.

Marshall McLuhan, *Die magischen Kanäle*, Düsseldorf/Wien: Econ 1968.

Jean-Luc Marion, *L'idole et la distance*, Paris: Grasset 1977.

ders., *Gott ohne Sein*, Paderborn u. a.: Schöningh 2014.

Johann Baptist Metz, *Glaube in Geschichte und Gesellschaft. Studien zu einer praktischen Fundamentaltheologie*, Mainz: Matthias-Grünewald-Verlag 1991.

ders., *Mystik der offenen Augen. Wenn Spiritualität aufbricht*, Freiburg: Herder 2011.

John Micklethwait / Adrian Wooldridge, *God Is Back. How the Global Revival of Faith Is Changing the World*, New York: Penguin 2009.

Thomas Nagel, *Der Blick von nirgendwo*, Frankfurt am Main: Suhrkamp 1992.

Jean-Luc Nancy, *Dekonstruktion des Christentums*, Zürich: Diaphanes 2008.

Zdeněk Neubauer, *O počátku, cestě a znamení časů: úvahy o vědě a vědění*, Praha: Malvern 2007.

Friedrich Nietzsche, *Die fröhliche Wissenschaft*, in: *Kritische Studienausgabe*, hrsg. von Giorgio Colli und Mazzino Montinari, München/Berlin/New York: dtv/De Gruyter 1967–1977, Bd. 3, S. 343–561.

ders., *Also sprach Zarathustra*, in: *Kritische Studienausgabe*, hrsg. von Giorgio Colli und Mazzino Montinari, München/Berlin/New York: dtv/De Gruyter 1967–1977, Bd. 4.

ders., *Der Antichrist*, in: *Kritische Studienausgabe*, hrsg. von Giorgio Colli und Mazzino Montinari, München/Berlin/New York: dtv/De Gruyter 1967–1977, Bd. 6, S. 165–254.

Ľubomír Martin Ondrášek, *Úvahy verejného teológa o viere, spoločnosti a politike*, Trnava: Dobrá kniha 2021.

Jan Patočka, *Ketzerische Essays zur Philosophie der Geschichte*, Berlin: Suhrkamp 2010.

ders., *Europa und Nach-Europa*, Freiburg: Alber 2016.

Tomáš Petráček, *Bible a moderní kritika. Česká a světová progresivní exegeze ve víru (anti-)modernistické krize*, Praha: Vyšehrad 2011.

ders., *Církev, tradice, reforma. Odkaz Druhého vatikánského koncilu*, Praha: Vyšehrad 2011.

Detlef Pollack, *Was ist Religion? Probleme der Definition*, in: *Zeitschrift für Religionswissenschaft* 3 (1995), S. 163–190.

ders., *Säkularisierung – ein moderner Mythos? Studien zum religiösen Wandel in Deutschland*, Tübingen: Mohr Siebeck 2003.

ders., *Religion und Moderne: Versuch einer Bestimmung ihres Verhältnisses*, in: Peter Walter (Hrsg.): *Gottesrede in postsäkularer Kultur*, Freiburg: Herder 2007, S. 19–52.

ders., *Rückkehr des Religiösen? Studien zum religiösen Wandel in Deutschland und Europa II*, Tübingen: Mohr Siebeck 2009.

Hans-Hermann Pompe / Daniel Hörsch (Hrsg.), *Indifferent? Ich bin normal: Indifferenz als Irritation für kirchliches Denken und Handeln*, Leipzig: Evangelische Verlagsanstalt 2017.

Karl Rahner, *Zur Frage der Dogmenentwicklung*, in: *Schriften zur Theologie I*, Einsiedeln: Benziger 1954, S. 49–90.

ders., *Alltägliche Dinge*, Einsiedeln: Benziger 1969.

Karl Rahner / Heinrich Fries (Hrsg.), *Theologie in Freiheit und Verantwortung*, München: Kösel 1981.

Joseph Ratzinger, *Zur Lage des Glaubens. Ein Gespräch mit Vittorio Messori*, München/Zürich/Wien: Neue Stadt 1985.

Émile Rideau, *La pensée du père Teilhard de Chardin*, Paris: Seuil 1965.

Ana-María Rizzuto, *The Birth of the Living God*, Chicago u. a.: University of Chicago Press 1979.

Richard Rohr, *Alles trägt den einen Namen. Die Wiederentdeckung des universalen Christus*, Gütersloh: Gütersloher Verlagshaus 2019.

Richard Rorty / Gianni Vattimo, *Die Zukunft der Religion*, hrsg. von Santiago Zabala, Frankfurt am Main: Suhrkamp 2006.

Olivier Roy, *Heilige Einfalt. Über die politischen Gefahren entwurzelter Religionen*, München: Siedler 2010.

Karlheinz Ruhstorfer, *Glaube im Aufbruch. Katholische Perspektiven*, Paderborn: Schöningh 2013.

Thomas Ruster, *Der verwechselbare Gott. Theologie nach der Entflechtung von Christentum und Religion*, Freiburg: Herder 2000.

Andrew Shanks, *God and Modernity. A New and Better Way To Do Theology*, London/New York: Routledge 2000.

Norbert Scholl, *Religiös ohne Gott. Warum wir heute anders glauben*, Darmstadt: Lambert Schneider 2010.

Peter Sloterdijk, *Nach Gott*, Berlin: Suhrkamp 2017.

Rupert Shortt, *God is no Thing. Coherent Christianity*, London: C. Hurst & Co. 2016.

Edward Schillebeeckx, *Menschen. Die Geschichte von Gott*, Freiburg: Herder 1990.

Peter Schellenbaum, *Stichwort: Gottesbild*, Stuttgart/Berlin: Kreuz 1981.

Wilfred Cantwell Smith, *Patterns of Faith around the World*, Oxford: Oneworld 1998.

Dorothee Sölle, *Stellvertretung. Ein Kapitel Theologie nach dem »Tode Gottes«*, Stuttgart/Berlin: Kreuz 1965.

dies., *Atheistisch an Gott glauben. Beiträge zur Theologie*, Olten: Walter 1968.

Charles Taylor, *The Explanation of Behaviour*, London/New York: Routledge & Kegan Paul 1964.

ders., *Das Unbehagen an der Moderne*, Frankfurt am Main: Suhrkamp 1995.

ders., *Quellen des Selbst*, Frankfurt am Main: Suhrkamp 1996.

ders., *Catholic Modernity? Charles Taylor's Marianist Award Lecture*, Oxford: Oxford University Press 1999.

ders., *Die Formen des Religiösen in der Gegenwart*, Frankfurt am Main: Suhrkamp 2002.

ders., *Ein Ort für die Transzendenz?*, in: *Information Philosophie* 2003, Nr. 2, S. 7–16.
ders., *Ein säkulares Zeitalter*, Frankfurt am Main: Suhrkamp 2009.
Pierre Teilhard de Chardin, *Das göttliche Milieu. Ein Entwurf des inneren Lebens*, Olten/Freiburg: Walter 1969.
ders., *Der Mensch im Kosmos*, München: C. H. Beck 1959.
Eberhard Tiefensee, *Anerkennung der Alterität. Ökumene mit den Religionslosen*, in: *Herder-Korrespondenz Spezial: Versöhnt verschieden? Perspektiven der Ökumene* 2010, Nr. 1, S. 39–43.
ders., *Der homo areligiosus und die Entkonfessionalisierung in der ehemaligen DDR*, in: Hahn, Matthias (Hrsg.), *Bildung als Mission? Kirchliche Bildungsarbeit im Kontext einer konfessionslosen Gesellschaft*, Jena: Garamond 2014, S. 15–30.
ders., *Theologie im Kontext religiöser Indifferenz*, in: Julia Knop (Hrsg.), *Die Gottesfrage zwischen Umbruch und Abbruch. Theologie und Pastoral unter säkularen Bedingungen*, Freiburg: Herder 2019, S. 130–144.
Paul Tillich, *Der Mut zum Sein*, Stuttgart: Steingrüben 1953.
Robert Traer, *Faith, Belief and Religion*, Aurora (CO): Davies Group 2001.
Gianni Vattimo, *Jenseits des Christentums. Gibt es eine Welt ohne Gott?*, München: Hanser 2004.
Miroslav Volf, *Von der Ausgrenzung zur Umarmung. Versöhnendes Handeln als Ausdruck christlicher Identität*, Marburg: Francke 2005.
Hubert Wolf, *Krypta. Unterdrückte Traditionen der Kirchengeschichte*, München: C. H. Beck 2015.
Paul M. Zulehner, *Ein Obdach der Seele. Geistliche Übungen – nicht nur für fromme Zeitgenossen*, Düsseldorf: Patmos 1994.
Žižek, Slavoj, *Das fragile Absolute. Warum es sich lohnt, das christliche Erbe zu verteidigen*, Berlin: Volk & Welt 2000.
ders., *Das reale Christentum*, Frankfurt am Main: Suhrkamp 2006.
ders., *Die Puppe und der Zwerg. Das Christentum zwischen Perversion und Subversion*, Frankfurt am Main: Suhrkamp 2003.

Anmerkungen

1 Das Tschechische hat für »geistig« und »geistlich« dasselbe Wort (duchovní). An Stellen, wo eine eindeutige Festlegung auf eine der beiden Bedeutungen nicht möglich schien, wurde das Wort »doppelt« (»geistig-geistlich«) übersetzt (Anm. d. Übers.).

2 Vgl. Lk 5.

3 Der Begriff der »Achsenzeit« ist von Karl Jaspers geprägt worden; er meinte damit die Zeit vom 8. bis zum 2. Jahrhundert v. Chr., als unabhängig voneinander viele bis heute existierende Religionen entstanden und ältere verwandelt wurden, wobei der Akzent auf der Transzendenz und der ethischen Dimension lag. Vgl. Karl Jaspers, *Vom Ursprung und Ziel der Geschichte*, München 1949.

4 Auf eine gewissen Art ist sie auch im säkularen Humanismus enthalten, diesem ungewollten Kind des traditionellen Christentums, und wahrscheinlich auch in verschiedenen Formen der zeitgenössischen nichttraditionellen Spiritualitäten; in ihnen vermischt sich jedoch oft der Glaube mit der Gnosis – mit der geistigen Orientierung, die jahrhundertelang seine Konkurrenz war.

5 Vgl. Jes 1,17; Ps 82,3; Jak 1,27.

6 Hebr 11,8.

7 Martin Buber, *Zwei Glaubensweisen*, in: ders. *Schriften zum Christentum* (= Martin Buber Werkausgabe 9), Gütersloh 2011, S. 202–312, bes. S. 202f.

8 Diese Auffassung Christi findet sich in der Offenbarung des Johannes, in der Theologie der antiken Kirchenväter, in der Spiritualität des christlichen Ostens und in der mittelalterlichen Tradition der Franziskaner, und sie wird wieder lebendig bei Teilhard de Chardin in seiner Auffassung Christi als des Punktes Omega der Entwicklung des Kosmos sowie in der Spiritualität des kosmischen Christus, die heute vor allem der amerikanische Franziskaner Richard Rohr entwickelt. Vgl. Pierre Teilhard de Chardin, *Das göttliche Milieu. Ein Entwurf des inneren Lebens*, Olten/Freiburg 1969; Richard Rohr, *Alles trägt den einen Namen. Die Wiederentdeckung des universalen Christus*, Gütersloh 2019.

9 Vgl. Gal 3,28.

10 Vgl. Jak 2,18.

11 Vgl. Mt 25, 31–46.

12 Vgl. Theophilus von Antiochien, *Ad Autolycum* 1,2,1.

13 Der Begründer der Tiefenpsychologie Carl Gustav Jung, dessen Werk eine der Inspirationsquellen dieses Buches ist, ließ über der Tür seines Hauses den Satz einmeißeln: *Vocatus atque non vocatus, Deus aderit* (»Gerufen oder nicht gerufen, Gott wird da sein«). Der Glaube hat seine manifesten und seine latenten Formen, er lebt im Bewusstsein und im Unbewussten des Menschen. Die offenkundige und die verborgene, die bewusste und die unbewusste, die explizite und die implizite (»anonyme«) Form des Glaubens (und Unglaubens) können manchmal in einer Spannung zueinander stehen; deshalb können wir in manchen Fällen auch vom »Glauben der Ungläubigen« und vom »Unglauben der Gläubigen« sprechen.

[14] Dieses Motiv durchzieht fast alle Schriften Kierkegaards über den Glauben (vgl. z. B. Søren Kierkegaard, *Furcht und Zittern* [Gesammelte Werke und Tagebücher 3], Simmerath 2004 und *Die Krankheit zum Tode* [Gesammelte Werke und Tagebücher 17], Simmerath 2004)

[15] *Die Wolke des Nichtwissens* ist eine mittelalterliche mystische Schrift eines unbekannten englischen Autors.

[16] Vgl. Hebr 11,8.

[17] Vgl. 2 Tim 1,12.

[18] Vgl. Apg 17,22–23.

[19] Die traditionelle thomistische Theologie lehrt, dass Gott die Grenzen der menschlichen Erkenntnis Gottes respektiert, aber zwischen den menschlichen Begriffen und dem geheimnisvollen Wesen Gottes eine Beziehung der Ähnlichkeit, der Analogie, besteht. Das 4. Laterankonzil fügt hinzu, dass die Unähnlichkeit in diesem Verhältnis diese Ähnlichkeit jedoch unendlich übersteigt.

[20] Vgl. Mt 17, 1–8.

[21] Der Begriff *peak experience* (Gipfelerlebnis) für sich wandelnde mystische Erfahrungen wird von der existenziellen Psychologie verwendet, vor allem von Abraham H. Maslow (vgl. Abraham H. Maslow, *Religions, Values and Peak-Experiences*, New York/London 1967; deutsche Ausgabe: *Jeder Mensch ist ein Mystiker. Impulse für die seelische Ganzwerdung*, Wuppertal 2014).

[22] Vgl. 1 Kor 13,12.

[23] Vgl. Nikolaus von Kues, *Vom Nichtanderen / De li non-aliud*, hrsg. von Paul Wilpert, Hamburg [2]1976.

[24] Vgl. Phil 2,6–11.

[25] Vgl. Mt 7,21.

[26] Apg 17,28.

[27] Im Nachhinein habe ich festgestellt, dass dieser Begriff bereits in den 80er-Jahren von dem Wiener Pastoraltheologen Paul Zulehner verwendet worden ist (Paul M. Zulehner, *Pastoraltheologie*, Bd. 1: *Fundamentalpastoral*, Düsseldorf 1989).

[28] Vgl. Koh 3,1–8.

[29] Vgl. Lk 12,54–56.

[30] Als einen der Wegbereiter dieser Sozio-Theologie könnten wir vielleicht Peter L. Berger ansehen, der seinen bedeutendsten Werken über die gegenwärtigen Wandlungen der Religion die Form von Essays gegeben hat, in denen sich soziologische Analysen mit theologischen Überlegungen durchdringen. Ich denke dabei vor allem an seine freie Trilogie: *Auf den Spuren der Engel. Die moderne Gesellschaft und die Wiederentdeckung der Transzendenz*, Frankfurt am Main 1970 (Neuausgabe Freiburg 1991) (engl. Original: *A Rumor of Angels: Modern Society and the Rediscovery of the Supernatural*, New York 1969); *Der Zwang zur Häresie. Religion in der pluralistischen Gesellschaft*, Frankfurt am Main 1980 (Neuausgabe Freiburg 1992) (engl. Original: *The Heretical Imperative: Contemporary Possibilities of Religious Affirmation*, New York 1979); *Sehnsucht nach Sinn. Glauben in einer Zeit der Leichtgläubigkeit*, Frankfurt am Main 1992 (Neuausgabe Gütersloh 1999) (engl. Original: *A Far Glory: The Quest for Faith in an Age of Credulity*, New York 1992).

31 Michel de Certeau, *Note sur l'expérience religieuse*, Paris 1956.

32 Z. B. Tomáš Halík, *Nicht ohne Hoffnung*, Freiburg im Br. 2014, S. 206. Auf diesen Gedanken komme ich im Kapitel 14 noch einmal zurück.

33 Die Übersetzung »öffentliche Theologie« ist inspiriert von Ľubomír Martin Ondrášek, welcher der Wegbereiter der *public theology* in der Slowakei ist (vgl. Ľubomír Martin Ondrášek, *Verejná teológia na Slovensku*, Trnava 2019).

34 Erinnern wir uns an die Teilnehmer des Widerstandes gegen den Nationalsozialismus wie Dietrich Bonhoeffer und Alfred Delp, an Martin Luther King, an die Bischöfe Desmond Tutu und Óscar Romero, an den Theologen der polnischen Bewegung Solidarność Józef Tischner oder an die tschechischen Dissidenten aus der Zeit der kommunistischen Herrschaft Josef Zvěřina und Jakub S. Trojan.

35 Vgl. Kol 2,9.

36 Vgl. Hebr 12,2.

37 Ich greife auf den Kulturbegriff von Johannes Paul II. zurück, so wie er ihn in der Enzyklika *Centesimus annus* verwendet: Kultur, »das heißt, wie sich der Mensch durch die Sprache, die eigene Geschichte und durch die Grundhaltungen in den entscheidenden Ereignissen des Lebens, in der Geburt, in der Liebe, im Tod, darstellt. Im Mittelpunkt jeder Kultur steht die Haltung, die der Mensch dem größten Geheimnis gegenüber einnimmt: dem Geheimnis Gottes« (CA, 24).

38 Den Ausdruck »das, was uns unbedingt angeht« (*ultimate concern*) benutzt vor allem Paul Tillich.

39 Der Begriff »Tiefentheologie« ist vor allem von dem jüdischen Religionsphilosophen Abraham Heschel geprägt worden. Er bezeichnet damit eine bestimmte vor-theologische gemeinsame Basis der Religion, zu welcher der interreligiöse Dialog zurückkehren solle. Er vergleicht die Theologie mit der Tiefentheologie auf eine Weise, die an unsere Unterscheidung zwischen dem Akt des Glaubens (*fides qua*) und dem Inhalt oder dem Gegenstand des Glaubens (*fides quae*) erinnert: »Theologie könnte man mit Bildhauerei vergleichen, Tiefentheologie mit Musik. Theologie steht in Büchern, Tiefentheologie in den Herzen. Jene ist Lehre, diese Ereignis. Theologien trennen uns, Tiefentheologie eint uns« (Abraham J. Heschel, *Tiefentheologie*, in: *Die ungesicherte Freiheit. Essays zur menschlichen Existenz*, Neukirchen-Vluyn 1985, S. 97–105, hier S. 100). Meine Auffassung und meine Verwendung dieses Begriffs ist jedoch eine andere und betrifft einerseits die Berücksichtigung der unbewussten Dimension der individuellen Religiosität (also auch einen ständigen Dialog mit dem Werk C. G. Jungs) und andererseits eine Nähe zu Tillichs Auffassung Gottes als der Tiefe der Wirklichkeit.

40 Nikolaus von Kues, *De visione dei* 7.

41 Dieser Ausdruck (tschech. *vědotechnika*) für die Verbindung von Wissenschaft und Technik in der Zeit der Spätmoderne wird von Jan Patočka verwendet (vgl. Jan Patočka, *Kacířské eseje o filozofii dějin*, Praha 1990; dt.: *Ketzerische Essays zur Philosophie der Geschichte*, Berlin 2010).

42 Friedrich Nietzsche, *Die fröhliche Wissenschaft*, in: *Kritische Studienausgabe (KSA)*, hrsg. von Giorgio Colli und Mazzino Montinari, München/Berlin/New York 1967–1977, Bd. 3, S. 343–651.

43 Vgl. Northrop Frye, *Die doppelte Vision. Sprache und Bedeutung in der Religion*, Toronto 1991, S. 69.

44 Der Begriff Persona (*prosopon*) ist aus dem Theater der Antike genommen: ein Schauspieler, der verschiedene Rollen spielte und sich zur Unterscheidung der jeweiligen Identität der einzelnen Personen immer eine andere Maske aufsetzte.

45 Ps 91,5.

46 2 Petr 3,8.

47 Als den bekanntesten unter den »Revisionisten« – denen, die die Säkularisierungstheologie ursprünglich selbst vertreten haben und später zu deren scharfen Kritikern wurden – kann man den bedeutenden amerikanischen Soziologen Peter L. Berger nennen.

48 Vgl. Friedrich Nietzsche, *Die fröhliche Wissenschaft*, in: *Kritische Studienausgabe (KSA)*, hrsg. von Giorgio Colli und Mazzino Montinari, München/Berlin/New York 1967–1977, Bd. 3, S. 343–651.

49 Vgl. Eric J. Sharpe, *Understanding Religion*, London 1997.

50 Die Bezeichnung *New Age* schöpfte aus der von C. G. Jung popularisierten astrologischen Symbolik: »Das neue Zeitalter im Zeichen des Wassermanns« hat das Zeitalter des Christentums, das Zeitalter der Fische, abgelöst.

51 Vgl. Mt 15,24 und Mt 28,17–20.

52 Vgl. 1 Kor 13,8–10.

53 Vgl. Gal. 3,28.

54 Vgl. Gal 2,6–10.

55 Vgl. Denisa Červenková, *Jak se křesťanství stalo náboženstvím*, Praha 2012, S. 25.

56 Vgl. Mk 1,21–28.

57 Vor allem im ersten Jahrtausend gab es im Christentum eine große Pluralität in der Liturgie, der Spiritualität und den theologischen Akzenten; erst nach der Trennung vom byzantinischen Christentum wurde die lateinische Kirche stark »romanisiert«.

58 Vgl. Charles Taylor, *A Catholic Modernity? Charles Taylor's Marianist Award Lecture*, Oxford 1999.

59 Vgl. Marcel Gauchet, *Le désenchantement du monde. Une histoire politique de la religion*, Paris 1985.

60 Ich unterscheide zwischen der *Säkularisierung* (einem gesellschaftlich-kulturellen Prozess), dem *Säkularismus* (der ideologischen Deutung der Säkularisierung) und dem *säkularen Zeitalter* (einer bestimmten geschichtlichen Epoche). Mehr darüber am Anfang von Kapitel 7.

61 Über die pseudoreligiöse Rolle des Kapitalismus vgl. z. B.: Thomas Ruster, *Der verwechselbare Gott. Theologie nach der Entflechtung von Christentum und Religion*, Freiburg 2000.

62 Vgl. Ulrich Beck, *Der eigene Gott*, Frankfurt am Main/Leipzig 2008.

63 Vgl. Émile Durkheim, *Die elementaren Formen des religiösen Lebens*, Berlin 2007, S. 76.

64 Diese Briefe Bonhoeffers wurden nach seinem Tod in einem Buch mit dem Titel *Widerstand und Ergebung* publiziert.

65 Ähnliche Eckhart'sche Motive hallen später in der existenzialistischen Theologie Paul Tillichs nach, in seinem Glauben an einen »Gott über dem Gott des Theismus« (vgl. Paul Tillich, *Der Mut zum Sein*, Stuttgart 1953, S. 134–137).

66 Ich denke vor allem an Antonín Mandl (1917–1972), Josef Zvěřina (1913–1990) und Oto Mádr (1917–2011).

67 Arthur Koestler, *Darkness at Noon*, London 1940. [Der deutsche Titel des Romans lautet *Sonnenfinsternis*, zuerst Zürich 1946 – Anm. d. Übers.]

68 Vgl. Tomáš Halík, *Die Zeit der leeren Kirchen*, Freiburg 2021.

69 Alain Clément Amiézi: »En Afrique, on produit des baptisés et non des chrétiens, on leur donne les sacrements, sans évangéliser«: https://africa.la-croix.com/pere-alain-clement-amiezi%E2%80%89-en-afrique-on-produit-des-baptises-et-non-des-chretiens-on-leur-donne-les-sacrements-sans-evangeliser/ [abgerufen am 6. 10. 2021].

70 Eugen Drewermann, *Kleriker. Psychogramm eines Ideals*, Olten/Freiburg 1989; Frédéric Martel, *Sodom. Macht, Homosexualität und Doppelmoral im Vatikan*, Frankfurt am Main 2019 (frz. Original: *Sodoma. Enquête au coeur du Vatican*, Paris 2019).

71 Vgl. Mt 23,27.

72 Vgl. Karl Jaspers, *Die Schuldfrage*, Heidelberg 1946.

73 Zur heutigen Attraktivität traditionalistischer Priesterseminare für einen bestimmten Typ von Kandidaten trägt auch die Tatsache bei, dass sie häufig der Zufluchtsort von Menschen werden, welche nicht die Fähigkeit und den Mut haben, in der gegenwärtigen Zeit und der zeitgenössischen Gesellschaft zu leben und der Kirche zu dienen; sie suchen eher ein geschütztes Freilichtmuseum der Vergangenheit. Leider hat die katholische Kirche bisher nicht in einem ausreichenden Ausmaß die notwendige Reform des Stils der Priesterausbildung durchgeführt.

74 Dorothee Sölle unterscheidet zwischen Stellvertretung und Ersatz. Die Stellvertretung übernimmt vorläufig die Aufgabe des zu Vertretenden, verweist jedoch auf ihn. Der Ersatz bemüht sich, den Ersetzten überflüssig zu machen (vgl. Dorothee Sölle, *Stellvertretung. Ein Kapitel Theologie nach dem »Tode Gottes«*, Stuttgart/Berlin 1965.)

75 Jean-Luc Marion, *L'idole et la distance*, Paris 1989.

76 Die Wörter, mit denen viele europäische Sprachen den Priester bezeichnen (priest, Priester, prete u. a.), sind vom griechischen *presbyter* (älter) abgeleitet und weisen auf die neutestamentliche Herkunft dieses Dienstes (eines von dem der Opferpriester im Judentum und in den heidnischen Religionen ganz klar unterschiedenen) hin.

77 Vgl. Charles Taylor, *Ein säkulares Zeitalter*, Frankfurt am Main 2009 (engl. Original: *A Secular Age*, Cambridge [MA] 2007).

78 Vgl. 1 Kor 13,1.

79 Beck zitiert: »So stimmten in einer landesweiten Umfrage zu den religiösen Überzeugungen von Katholiken und Protestanten in der Schweiz nur zwei Prozent der Befragten der folgenden Aussage zu: ›Alle Religionen sind zu achten, aber nur meine ist wahr.‹ […] Laut einer 1998 in Frankreich durchgeführten Umfrage halten sechs Prozent aller Befragten und nur vier Prozent der 18- bis 29-jährigen ihre Religion für die einzig wahre« (Ulrich Beck, *Der eigene Gott*, Frankfurt am Main/Leipzig 2008, S. 117).

80 Jes 1,5b–6.

81 Röm 8,9.

82 Tomáš Halík, *Pseudoreligion F,* in: *Münsteraner Forum für Theologie und Kirche*, 14.11.2020.

83 Mit den Worten *mysterium tremendum et fascinans* (furchterregendes und anziehendes Geheimnis) charakterisiert der Religionsphänomenologe Rudolf Otto das Heilige (Numinose), das er für die wesentliche Dimension der Religion hält (vgl. Rudolf Otto, *Das Heilige*, München 2014).

84 Vgl. z. B. Tomáš Halík, *Geduld mit Gott*, Freiburg 2010; ders., *Berühre die Wunden*, Freiburg 2013.

85 Das »Geheimnis der Gesetzlosigkeit« (2 Thess 2,7).

86 Ich denke vor allem an Autoren wie Paul Ricœur, Jean-Luc Marion, Jean-Luc Nancy, Michel Henry oder den Iren William Desmond und in Amerika an John D. Caputo, Merold Westphal und insbesondere an den mir am nächsten stehenden Richard Kearney, einen Iren, der seit Langem in den USA wirkt.

87 Vgl. Richard Kearney, *The God Who May Be. A Hermeneutics of Religon*, Bloomington (IN) 2001.

88 Johannes vom Kreuz, *Die dunkle Nacht*, Freiburg 1995.

89 Jan Patočka, *Die Kriege des 20. Jahrhunderts und das 20. Jahrhundert als Krieg*, in: ders., *Ketzerische Essais zur Philosophie der Geschichte*, Berlin 2010, S. 141–160.

90 Vgl. Hans Jonas, *Der Gottesbegriff nach Auschwitz. Eine jüdische Stimme*, Frankfurt am Main 1987.

91 Die Natur hat in der Bibel keinen göttlichen Charakter, sie ist nicht »voll von Göttern und Dämonen«, sondern eine Schöpfung Gottes, die der menschlichen Fürsorge anvertraut ist. Auch die politischen Herrscher sind weder Götter noch Göttersöhne – Mose lehnt es ab, auf den Pharao zu hören, und Natan kritisiert König David hart.

92 Ich meine insbesondere das Buch John Micklethwait / Adrian Wooldridge, *God is back. How the global revival of faith is changing the world*, London 2009.

93 Ferdinand Tönnies, *Gemeinschaft und Gesellschaft*, Berlin/Boston 2019.

94 Erinnern wir uns an das »ikonische Beispiel« der Verurteilung Galileo Galileis und seiner Rehabilitierung durch Papst Johannes Paul II. oder die Disproportion zwischen dem »Verzeichnis der Irrtümer« (*Syllabus errorum modernorum*) Papst Pius' IX. und den Dokumenten des Zweiten Vatikanischen Konzils, insbesondere *Gaudium et spes, Nostra aetate* und *Dignitatis humanae.*

95 Große Verdienste kamen dabei dem amerikanischen Jesuiten John Courtney Murray und dem französischen Philosophen Jacques Maritain zu, der lange an amerikanischen Universitäten tätig war.

96 Vgl. Hans Blumenberg, *Die Legitimität der Neuzeit*, Berlin 1966.

97 Vgl. z. B. Karl Gabriel, *Christentum zwischen Tradition und Postmoderne*, Freiburg 1992.

98 Vgl. Joseph Kardinal Ratzinger, *Zur Lage des Glaubens. Ein Gespräch mit Vittorio Messori*, München 1985.

99 1 Thess 5,2.

100 Vgl. Lk 17,23.

101 Ulrich Beck, *Der eigene Gott*, Frankfurt am Main/Leipzig 2008, S. 116.

102 Ein Beispiel ist das Pseudonym Madonna, das von einer populären Sängerin benutzt wird, die bestimmt nicht die traditionellen marianischen Attribute symbolisiert.

103 Ich bin selbst mehrfach Zeuge geworden, wie manche Filme und Theaterstücke, auf die konservative Christen mit Empörung reagierten (zum Beispiel die Filme *Die letzte Versuchung Christi* oder *Jesus Christ Superstar*), junge Menschen aus dem »Apatheismus« aufgerüttelt und ihr Interesse an der Religion geweckt haben – oder sie sogar zur Konversion zum Christentum inspiriert haben. Das Gleichnis Jesu vom Weizen und vom Unkraut sollte die Repräsentanten der Kirche vor dem Versuch einer Zensur der Kunst warnen.

104 Gilles Kepel, *Die Rache Gottes. Radikale Moslems, Christen und Juden auf dem Vormarsch*, München 1991.

105 Vgl. Gordon Allport, *The Individual and His Religion. A Psychological Interpretation*, Oxford 1967.

106 Vgl. C. Daniel Batson / Patricia A. Schoenrade, *Measuring Religion as Quest: 1) Validity Concerns*, in: *Journal for the Scientific Study of Religion* 30 (1991), Nr. 4, S. 416–429.

107 Darauf weist unter anderen der amerikanische Theologe Massimo Fagiolli hin; vgl. https://www.commonwealmagazine.org/wake-call-liberal-theologians [abgerufen am 30.9.2021].

108 Das ist bestimmt auch deshalb so, weil die Gläubigen in der Tschechischen Republik keine Kirchensteuer bezahlen.

109 Eine lediglich formelle Zugehörigkeit zur Kirche, eher wegen der Beharrungskraft der familiären oder kulturellen Tradition, die nicht auf einer persönlichen Glaubenserfahrung gründet.

110 Offb 3,20.

111 Robert Traer, *Faith, Belief and Religion*, Aurora 2001.

112 Vgl. Charles Taylor, *A Catholic modernity?*, Oxford 1999; ders., *Ein säkulares Zeitalter*, Frankfurt am Main 2009.

113 Vgl. Hans Küng, *Wozu Priester? Eine Hilfe*, Köln 1971.

114 Den Begriff des dritten Ökumenismus hat der Erfurter Theologe und Philosoph Eberhard Tiefensee geprägt (vgl. *Kirche hat eine Stellvertreterfunktion*, in: *Herder Korrespondenz* 51 [2016], Nr. 12, S. 17–21).

115 Vgl. Jan Patočka, *Europa und Nach-Europa*, Freiburg 2016.

116 Diesen Begriff habe ich in meinem Buch *Nachtgedanken eines Beichtvaters*, Freiburg 2012, benutzt. Milan Petrusek zählt ihn zu den zeitgenössischen soziologischen Diagnosen unserer Zeit (vgl. Milan Petrusek, *Společnosti pozdní doby*, Praha 2006, S. 303–304).

117 Marshall McLuhan, *Die magischen Kanäle*, Düsseldorf/Wien 1968 (engl. Original: *Understanding media*, London 1964).

118 Vgl. Martin Heidegger, *Das Ding*, in: ders., *Vorträge und Aufsätze*, Pfullingen 1954, S. 157–175, hier S. 157–158.

119 Samuel Huntington, *The Clash of Civilizations and the Remaking of World Order*, New York 1996, S. 184 (dt. Ausgabe: *Der Kampf der Kulturen. Die Neugestaltung der Weltpolitik im 21. Jahrhundert*, München/Wien 1996, hier S. 292: »Was für den Westen Universalismus ist, ist für den Rest der Welt Imperialismus.«).

120 Hierher gehört die Fantasie von den »Illuminaten« oder die Dämonisierung von Persönlichkeiten wie George Soros oder Bill Gates, welche die frühere Angst vor weltweiten Verschwörungen der »Juden und Freimauer« ersetzen oder ergänzen. Eine extreme Form ist der paranoide Wahn, der QAnon genannt wird, eine Konspirationstheorie, die im Oktober 2017 entstanden ist und die auch von Präsident Trump und seinen Anhängern gefördert wurde.

121 Vgl. Joh 14,2.

122 Pierre Teilhard de Chardin, *Der Mensch im Kosmos*, München 1959, S. 259.

123 »Ist ihm alles unterworfen, dann wird auch der Sohn selbst sich dem unterworfen, der ihm alles unterworfen hat, damit Gott alles in allem ist« (1 Kor 15,28).

124 Augustinus, *De civitate Dei* (*Vom Gottesstaat*) IV,4.

125 Siehe die Ansprache von Papst Franziskus anlässlich des 5. Nationalen Kongresses der Kirche in Italien (10. November 2015): https://www.vatican.va/content/francesco/de/speeches/2015/november/documents/papa-francesco_20151110_firenze-convegno-chiesa-italiana.html [abgerufen am 7.1.2022]

126 Röm 12,2.

127 Offb 2,11.

128 Wenn ich in diesem Buch den Begriff der Aufklärung ohne eine nähere Bestimmung benutze, meine ich damit jene erste Aufklärung im 17. und im 18. Jahrhundert.

129 Vgl. z. B. Theodor W. Adorno / Max Horkheimer, *Dialektik der Aufklärung. Philosophische Fragmente*, Frankfurt am Main 2013; Zygmunt Bauman, *Dialektik der Ordnung. Die Moderne und der Holocaust*, Hamburg 1992; Hannah Arendt, *Eichmann in Jerusalem. Ein Bericht von der Banalität des Bösen*, München 2004; Michel Foucault, *Überwachen und Strafen. Die Geburt des Gefängnisses*, Frankfurt am Main 2019.

130 Diese Motive erschienen aber auch schon im Rahmen der zweiten Aufklärung der 60-er Jahre.

131 In der Zeit, in der ich dieses Buch schreibe, ist noch nicht klar, ob die durch die Coronapandemie erzwungene Verlegung der zwischenmenschlichen Kommunikation im Bildungsbereich, im beruflichen und im kirchlichen Sektor ins Internet dazu führen wird, dass sich die Menschen immer mehr an den neuen Typ der Kommunikation gewöhnen, oder dazu, dass sie sich vielmehr der Unersetzlichkeit einer direkten persönlichen Begegnung bewusst werden.

132 Mk 11,22 (nach der *Kralitzer Bibel.* Sie ist die bedeutendste Bibelübersetzung des tschechischen Humanismus und die erste vollständige Übersetzung der Bibel aus dem Hebräischen und Griechischen ins Tschechische – Anm. d. Übers.).

133 Hebr 12,2 (nach der *Kralitzer Bibel*).

134 2 Tim 2,13.

135 Vgl. Jan Zahradníček, *Der Häftling Gottes. Gedichte 1945/1960*, Würzburg 1984, S. 53.

136 Friedrich Nietzsche, *Also sprach Zarathustra* (»Von den Priestern«), in: *Kritische Studienausgabe (KSA)*, hrsg. von Giorgio Colli und Mazzino Montinari, München/Berlin/New York 1967–1977, Bd. 4, S. 118.

137 Joh 20,28.

138 Vgl. Tomáš Halík, *Berühre die Wunden*, Freiburg 2013, S. 19–25.

139 Vgl. 1 Joh 4,20.
140 Vgl. Mt 25,31–46.
141 Vgl. Mt 7,21.
142 Vgl. Joh 10,7–10.
143 Phil 2,6–11.
144 Joh 10,7–10.
145 Vgl. Jak 2,17–18.
146 Vgl. Mk 9,38–40.
147 Vgl. Joh 1,10.
148 Joh 10,30.
149 Vgl. Gal 2,20.
150 Vgl. Richard Rohr, *Alles trägt den einen Namen. Die Wiederentdeckung des universalen Christus*, Gütersloh 2019.
151 Die nun folgenden Überlegungen schließen an die tschechische Fassung des Apostolischen Glaubensbekenntnisses an, in der die Übersetzung (wörtlich übertragen) lautet »hinabgestiegen in die Hölle« statt wie in der deutschen Fassung »hinabgestiegen in das Reich des Todes« (Anm. d. Übers.).
152 Vgl. Joh 3,1–21.
153 Vgl. Mk 1,27.
154 Vgl. Röm 6,3–11.
155 Vgl. Apg 10,41.
156 Eine Auffassung der Religion als eines kollektiven Gedächtnisses vertritt vor allem die französische Soziologin Danièle Hervieu-Léger (vgl. Danièle Hervieu-Léger, *Religion as a Chain of Memory*, Oxford 2000).
157 Vgl. David M. Knight, *Should Protestants receive Communion at Mass? (Theologian takes a critical look at the Catholic Church's Communion line policies)*, in: *La Croix International*, 23. Juli 2020: https://international.la-croix.com/news/religion/should-protestants-receive-communion-at-mass/12797 [abgerufen am 1.8.2021].
158 Vgl. Vladimír Boublík, *Teologie mimokřesťanských náboženství*, Kostelní Vydří 2000.
159 Vgl. *Lumen Gentium*, 16; *Gaudium et Spes*, 22.
160 Der Exkommunikation von Leonard Feeney aus dem Jahre 1953 ging ein Votum des Heiligen Offiziums vom 8. August 1949 voraus.
161 Mk 3,28–29.
162 Vgl. Kallistos Ware, *The Orthodox Church*, London 1997, S. 308.
163 In einem Gebet für die Verstorbenen heißt es in einem Kanon im Messbuch: »[…] um deren Glauben niemand weiß als du«.
164 Vgl. 1 Kor 13,8–13.
165 Augustinus, Predigt 117,3,5 (auf den Text Joh 1,1).
166 Mehr dazu: Tomáš Halík, *Ich will, dass du bist*, Freiburg 2012.
167 Vgl. Mt 5,43–48.
168 Vgl. Jak 2,17.
169 Dies wird in der katholischen Sakramentaltheologie durch die Verbindung des *opus operatum* mit dem *opus operantis* zum Ausdruck gebracht, durch das »objektive« und das »subjektive« Element bei der Spendung und dem Empfang der Sakramente.

[170] Grace Davie, *Religion in Modern Europe. A Memory Mutates*, Oxford 2000.

[171] Mit diesem Ausdruck bezeichnet die Soziologie diejenigen, welche die Religion als ein Element der Kultur anerkennen, jedoch den Glauben als eine persönliche religiöse Erfahrung, eine persönliche Beziehung zu Gott nicht aufweisen.

[172] Ana-María Rizzuto, *The Birth of the Living God*, Chicago 1979.

[173] Jer 23,23.

[174] Hebr 1,1.

[175] Das Christentum lehnt den Pantheismus ab, die Identifizierung Gottes mit der Welt, aber in der Bibel finden wir wichtige Stellen, die dem »Panentheismus« nahestehen, der Auffassung, dass Gott alles Erschaffene umschließt und gleichzeitig übersteigt.

[176] Vgl. 1 Joh 4,16.

[177] Vgl. z. B. 1 Joh 4,8.

[178] Mk 11,22.

[179] *Neque enim quaero intelligere ut credam, sed credo ut intelligam* (Auch will ich nicht verstehen, um zu glauben, sondern ich glaube, um zu verstehen) – durch diesen Satz ergänzt Anselm von Canterbury in seinem *Proslogion* die Aussage des hl. Augustinus *Credo ut intelligam* (aus dem Kommentar zum Evangelium nach Johannes). Der augustinische Gedanke des Glaubens, der das Verstehen sucht, schließt an die lateinische Übersetzung von Jes 7,9 an, die lautet: *Nisi credideritis non intelligetis* (Wenn ihr nicht glauben werdet, werdet ihr nicht verstehen). Vgl. seine Predigt 43.

[180] Vgl. Mt 17,20.

[181] Vgl. Tomáš Halík, *Nachtgedanken eines Beichtvaters*, Freiburg 2012, S. 34–43.

[182] Vgl. 1 Kor 1,25–29.

[183] Vgl. Joh 12,24.

[184] 1 Kön 19,12.

[185] Aniela Jaffé (Hg.), *Erinnerungen, Träume, Gedanken von C. G. Jung*, Düsseldorf/Zürich 1971, S. 178–182 (im Abschnitt »Die Auseinandersetzung mit dem Unbewußten«).

[186] Kol 1,24.

[187] Die Erklärung *Dominus Iesus*, die von der Kongregation für die Glaubenslehre im August 2000 veröffentlicht und von Papst Johannes Paul II. approbiert wurde, bemüht sich sogar, den Begriff der Kirche nur für die römisch-katholische Kirche zu reservieren. Die anderen christlichen Gemeinschaften sollen »Kirchen« in einem anderen Sinne sein, als es die römische Kirche ist.

[188] Mt 13,52.

[189] 1 Joh 3,20.

[190] David Steindl-Rast nennt das Herz das »Organ für den Sinn« (vgl. David Steindl-Rast, *Auf dem Weg der Stille*, Freiburg 2016, S. 24).

[191] Ps 42,8 nach der tschechischen Fassung; vgl. die Formulierung »Abyssus abyssum vocat« in der Vulgata (dort Ps 41) (Anm. d. Übers.).

[192] Vgl. Mk 10,17–22.

[193] Vgl. Joh 3,3–6.

[194] Boaz Huss, *Spiritual, but not Religious, but not Secular. Spirituality and its New Cultural Formations* (Vortrag am 11. November 2018 an der Universität in Sankt Petersburg).

195 *Faith and Beliefs of »Nonbelievers«*; vgl. https://www.templeton.org/grant/faith-and-beliefs-of-nonbelievers [abgerufen am 3.11.2021].

196 Vgl. André Comte-Sponville, *Woran glaubt ein Atheist? Spiritualität ohne Gott*, Zürich 2009.

197 Eine von ihnen war z. B. die hussitische Bewegung in Böhmen.

198 Vgl. Jak 2,14–26.

199 Traditionell befanden sich diese Erneuerungszentren eher in der Peripherie, z. B. die irisch-schottische Mission. Unter dem Pontifikat von Papst Franziskus gehen kräftige Reformimpulse direkt vom Stuhl des hl. Petrus aus, was zu einem beachtenswerten Zeichen der Zeit wird.

200 Ich meine z. B. die Spiritualität der Kleinen Brüder und Kleinen Schwestern Jesu (vor allem in den Büchern von Carlo Carretto) oder die Monastischen Gemeinschaften von Jerusalem.

201 Thomas Merton hat gegen Ende seines Lebens seine mönchische Spiritualität um weitere Elemente bereichert, um einen interreligiösen Dialog mit dem Buddhismus und dem Hinduismus und um ein linksgerichtetes politisches Engagement im Geiste der Befreiungstheologie.

202 Ähnlich spricht Ulrich Beck über diese Gefahr: »Allerdings ist die pragmatische Entdogmatisierung der Religionen ambivalent, öffnet sie doch der Banalisierung und Trivialisierung Tür und Tor: Jedes Wellness-Hotel schmückt sich mit buddhistischen Weisheiten; religiöses Analphabetentum breitet sich aus; Atheisten wissen nicht einmal, an welchen Gott sie *nicht* mehr glauben« (Ulrich Beck, *Der eigene Gott*, Frankfurt am Main 2008, S. 115).

203 »Parum est voluntate, etiam voluptate traheris« (Augustinus, *Tractatus in Iohannis evangelium* [Kommentar zum Johannesevangelium] 26, 4).

204 Vgl. Gerhard Ebeling, *Das Wesen des christlichen Glaubens*, Freiburg 1993, S. 100 (6. Vortrag).

205 Zdeněk Neubauer, *O počátku, cestě a znamení časů*, Praha 2007, S. 214.

206 Johann Baptist Lotz, *In jedem Menschen steckt ein Atheist*, Frankfurt am Main 1981.

207 André Comte-Sponville, *Woran glaubt ein Atheist? Spiritualität ohne Gott*, Zürich 2008.

208 Jaroslav Seifert, *Alle Schönheit dieser Welt. Geschichten und Erinnerungen*, München/Hamburg 1985, S. 31.

209 Viktor E. Frankl / Pinchas Lapide, *Gottsuche und Sinnfrage*, Gütersloh 2005, S. 97.

210 Vgl. Sigmund Freud / Oskar Pfister, *Briefwechsel 1909–1939*, hrsg. von Isabelle Noth in Verbindung mit Christoph Morgenthaler, Zürich 2014, S. 107 (Brief vom 29.10.1918).

211 André Comte-Sponville, *Woran glaubt ein Atheist? Spiritualität ohne Gott*, Zürich 2008, S. 38.

212 Ebd., S. 129.

213 Vgl. ebd., S. 131.

214 Vgl. Tomáš Halík, *Ich will, dass du bist*, Freiburg 2015.

215 André Comte-Sponville, *Woran glaubt ein Atheist? Spiritualität ohne Gott*, Zürich 2008, S. 94.

[216] Slavoj Žižek / Michael Hauser, *Humanismus nestačí*, Praha 2008.

[217] Lk 17,20–21.

[218] Nietzsche meint, dass wir auch nach dem »Tode Gottes« Gott vielleicht wieder sehen werden, »wenn er seine moralische Haut ausgezogen hat« (vgl. Friedrich Nietzsche, *Nachgelassene Fragmente*, in: *Kritische Studienausgabe [KSA]*, hrsg. von Giorgio Colli und Mazzino Montinari, München/Berlin/New York 1967–1977, Bd. 10, S. 105). Die heteronome Moral nennt er »Moralin«, mit einem Neologismus in Anspielung auf das Wort Naphtalin. Und er sagt, dass er nur an einen Gott glauben könne, »der zu tanzen verstünde« (vgl. Friedrich Nietzsche, *Also sprach Zarathustra [»Vom Lesen und Schreiben«]*, in: *Kritische Studienausgabe [KSA]*, hrsg. von Giorgio Colli und Mazzino Montinari, München/Berlin/New York 1967–1977, Bd. 4, S. 49). Ausführlicher dazu Tomáš Halík, *Ich will, dass du bist*, Freiburg 2015.

[219] Nietzsche sagt an die Adresse der Christen: »[…] dass ich an ihren Erlöser glauben kann: erlöster müssten mir seine Jünger aussehen!« (Friedrich Nietzsche, *Also sprach Zarathustra* [»Von den Priestern«], in: *Kritische Studienausgabe [KSA]*, hrsg. von Giorgio Colli und Mazzino Montinari, München/Berlin/New York 1967–1977, Bd. 4, S. 118).

[220] Vgl. Friedrich Nietzsche, *Der Antichrist*, in: *Kritische Studienausgabe (KSA)*, hrsg. von Giorgio Colli und Mazzino Montinari, München/Berlin/New York 1967–1977, Bd. 6, S. 155–254.

[221] Vgl. Ernst Bloch, *Atheismus im Christentum: Zur Religion des Exodus und des Reichs*, Frankfurt am Main 1973.

[222] Gertrud von Le Fort, *Hymnen an die Kirche*, München 1924.

[223] Miguel de Unamuno, *Del sentimiento trágico de la vida en los hombres y en los pueblos*, Madrid 1912.

[224] Tomáš Halík, *Geduld mit Gott*, Freiburg 2010, S. 98–120.

[225] 2 Kor 4,7.

[226] Der Streit in der Alten Kirche, ob Maria nur der Titel *christotokos* (Gebärerin oder Trägerin Christi) oder auch der Titel *theotokos* (Mutter Gottes) zustehe, wurde im Jahre 431 durch das Konzil von Ephesus gegen Nestorius zugunsten der Legitimität des Titels *theotokos* entschieden.

[227] Die Auserwählung Israels bekräftigt Apostel Paulus mit klaren Worten: »Denn unwiderruflich sind Gottes Gnadengaben und seine Berufung« (Röm 11,29); insbesondere auf diese Aussage stützt sich die Auffassung des Zweiten Vatikanischen Konzils, welche die Vorstellung ablehnt, dass die Kirche Israel ersetzen würde.

[228] Vgl. Eph 2,14–16.

[229] Johann Wolfgang von Goethe, *Faust I*, V. 1700.

[230] Die Auffassung der Ideologie als eines falschen Bewusstseins war einer der Gedanken, in denen sich Marx nicht täuschte.

[231] Papst Franziskus, *Fratelli tutti*, 160.

[232] Vgl. Tomáš Halík, *Nicht ohne Hoffnung*, Freiburg 2014, S. 220.

[233] Ein ähnliches Bild der Kirche zeichnet auch Nicholas Lash: Nicholas Lash, *Holiness, Speech and Silence. Reflections on the Question of God*, Cambridge (MA) 2004, S. 5.

234 Ein positives Beispiel kann das Wirken der christlichen Kommunitäten in Südafrika nach dem Fall der Apartheid sein und in vielen anderen Ländern, wo eine »Heilung der Narben der Vergangenheit« nötig war.

235 Rod Dreher, *Die Benedikt-Option*, Kißlegg 2018.

236 Dreher fordert die Christen ausdrücklich auf, »eine christliche Lebensweise aufzubauen, die als Insel der Heiligkeit und Beständigkeit inmitten des Hochwassers der liquiden Moderne steht« (Rod Dreher, *Die Benedikt-Option*, Kißlegg 2018, S. 94). Nicht einmal die Benediktinerklöster waren aber abgeschlossene Inseln inmitten einer feindseligen Welt.

237 Vgl. 1 Kor 9,22.

238 Vgl. Lk 10,25–29.

239 Franz Kafka, *Der Prozess*, Berlin 1925, S. 371.

240 Vgl. Papst Franziskus, *Evangelii Gaudium*, 47.

241 Wer behauptet, dass man die Aussagen Jesu im Evangelium, welche die Scheidung betreffen, in keiner Weise ändern oder aufweichen oder Ausnahmen zulassen könne, sollte wissen, dass dies das Neue Testament selbst tut, indem das Evangelium nach Matthäus die Ausnahme »außer wegen Unzucht« (Mt 5,32) nennt und dadurch die ältere kompromisslose Aussage in den Evangelien nach Markus und Lukas (Mk 10,2–12 und Lk 16,18) korrigiert, die keine Ausnahme kennen.

242 Vgl. Lk 11,42–46.

243 Vgl. Papst Franziskus, *Amoris laetitia*, 300, 303, 312.

244 Im Jakobusbrief lesen wir: »Darum redet und handelt wie Menschen, die durch das Gesetz der Freiheit gerichtet werden. Denn das Gericht ist unbarmherzig gegen den, der kein Erbarmen geübt hat. Barmherzigkeit aber triumphiert über das Gericht« (Jak 2,12–13).

245 Vgl. Mk 5,25–34.

246 Vgl. auch Tomáš Halík, *Geduld mit Gott*, Freiburg 2010, S. 210–213.

247 Vgl. Lk 9,49.

248 An der fortwährenden Menschwerdung, der fortwährenden Kreuzigung und der fortwährenden Auferstehung.

249 »Das Herz spricht zum Herzen« (*Cor ad cor loquitur*) war das Motto von Kardinal Newman.

250 Dies ist eine der wichtigsten Botschaften der Enzyklika *Fratelli tutti* von Papst Franziskus.

251 Im Wortlaut: »Der Pluralismus und die Verschiedenheit in Bezug auf Religion, Hautfarbe, Geschlecht, Ethnie und Sprache entsprechen einem weisen göttlichen Willen, mit dem Gott die Menschen erschaffen hat.« Dokument über die Brüderlichkeit aller Menschen für ein friedliches Zusammenleben in der Welt, Abu Dhabi, 4. Februar 2019: https://www.vaticannews.va/de/papst/news/2019-02/papst-franziskus-abu-dhabi-gemeinsame-erklaerung-grossimam.html.

252 Es handelt sich um die Sure »Der Tisch« (hier Sure 5:48), in der den »Buchbesitzern« (den Juden und den Christen) gesagt wird (Übers. Hartmut Bobzin): »Für einen jeden von euch haben wir Bahn und Weg gemacht. Hätte Gott gewollt, er hätte euch zu einer einzigen Gemeinde gemacht – doch wollte er euch mit dem prüfen, was er euch gab. Wetteifert darum um das Gute! Euer aller

Rückkehr ist zu Gott, er wird euch dann kundtun, worin ihr immer wieder uneins wart.«

[253] Eine Religion in der Verschiedenheit der Riten, vgl. *De pace fidei* 1,6: https://urts99.uni-trier.de/cusanus/content/werke.php [abgerufen am 6.10.2021].

[254] Ein solcher Versuch war der Dialog über die Evangelien mit dem Dalai Lama von Tibet (*The Good Heart: A Buddhist Perpective on the Teaching of Jesus*, Somerville 2016)

[255] Erinnern wir daran, dass das Wort Intelligenz mit *inter-legere* zusammenhängt: zwischen den Zeilen lesen.

[256] Ignatius benennt die jeweiligen Aufgaben der vier Wochen seiner Geistlichen Übungen folgendermaßen: *deformata reformare*: reformieren (verbessern), was deformiert, fehlerhaft ist; *reformata conformare*: das Verbesserte anpassen (dem Leben und Handeln Christi angleichen); *conformata confirmare*: das Angepasste stärken (durch die Meditation über das Leiden Christi); und schließlich *confirmata transformare*: das Gefestigte verwandeln, über die Auferstehung Jesu und die Liebe Gottes meditieren, die »in allen Dingen anwesend ist«.

Namensregister

A
Abraham 7, 16, 26, 174, 283
Adorno, Theodor W. 164
Allport, Gordon 138–140
Altizer, Thomas 108
Amiézi, Alain Clément 92
Anselm von Canterbury 310
Arendt, Hannah 164
Aristoteles 119
Augustinus 28, 32, 46, 161–162, 187, 193, 206–207, 211, 222–224, 241, 243, 310

B
Bach, Johann Sebastian 227
Barth, Karl 84
Batson, Daniel 139–140
Bauman, Zygmunt 164
Beck, Ulrich 81, 311
Benda, Václav 265
Benedikt XVI. (Papst) 98, 123, 126, 145, 236
Berger, Peter L. 302, 304
Bernanos, Georges 226-227
Bloch, Ernst 239, 249
Bloy, Léon 227
Böckenförde, Ernst Wolfgang 147
Böll, Heinrich 226
Bonhoeffer, Dietrich 69, 85–87, 108, 303–304
Borromäus, Karl 289
Buber, Martin 16–17, 224

C
Caputo, John D. 306
Carretto, Carlo 311
Certeau, Michel de 39
Chesterton, Gilbert Keith 226
Chomeini, Ruhollah 135
Cicero, Marcus Tullius 65
Comenius, Johann Amos 287
Comte-Sponville, André 230–234, 238–243, 245–250
Cupitt, Don 108
Cyprian von Karthago 189

D
Daniélou, Jean 205
David (König) 209, 306
Darwin, Charles 42
Davie, Grace 196
Dawkins, Richard 229–230
Delp, Alfred 303
Deml, Jakub 227
Descartes, René 236
Desmond, William 306
Dostojewskij, Fjodor M. 50, 164, 226
Dreher, Rod 264–266, 313
Drewermann, Eugen 98
Duka, Dominik 271
Dulles, Avery 123
Durkheim, Émile 59

E
Ebeling, Gerhard 224
Eckhart (Meister Eckhart) 47, 85, 111, 185, 209, 304
Elija (Prophet) 31, 202
Erasmus von Rotterdam 76
Erikson, Erik H. 197

F
Feeney, Leonard 190, 309
Feuerbach, Ludwig 85, 230, 239, 250
Foucault, Michel 164
Frankl, Viktor E. 234
Franz von Assisi 214
Franziskus (Papst) 11, 13, 66, 90, 95, 98, 103, 112, 127–128, 131, 136–137, 143, 159, 163, 256–257, 259, 263, 271, 274, 284, 287, 311, 313

Freud, Sigmund 46, 67, 85, 166, 238, 241
Fromm, Erich 239
Frye, Northrop 50
Fukuyama, Francis 153

G
Galilei, Galileo 306
Garton Ash, Timothy 150
Gates, Bill 308
Gauchet, Marcel 76
Goethe, Johann Wolfgang von 165, 255
Goliat 209
Goya, Francisco 164
Greene, Graham 226

H
Habermas, Jürgen 116
Händel, Georg Friedrich 227
Havel, Václav 150, 265
Hegel, Georg Wilhelm Friedrich 42, 63, 107–108, 153, 282
Heidegger, Martin 66, 155
Henry, Michel 306
Hervieu-Léger, Danièle 309
Heschel, Abraham 303
Horkheimer, Max 164
Huntington, Samuel 157
Huss, Boaz 212

I
Ignatius von Loyola 12, 104, 214, 260, 289, 314
Isaak 174

J
Jakob (Stammvater Israels) 63, 174
Jakobus (Apostel) 19, 69, 179, 313
Jaspers, Karl 99, 152, 301
Jesaja (Prophet) 103
Joachim von Fiore 107
Johannes (Apostel und Evangelist) 69, 180, 183, 201, 206, 222, 243, 301, 310–311
Johannes vom Kreuz 12, 110–111, 194, 214, 289
Johannes Paul II. (Papst) 104, 126, 129, 151, 236, 303, 306, 310
Jonas, Hans 113
Joseph II. (Kaiser) 142
Jung, Carl Gustav 50, 53–56, 67, 72, 89, 99, 202, 207, 211, 237, 281, 301, 303–304

K
Kafka, Franz 50, 270
Kearney, Richard 106, 109, 239, 306
Kepel, Gilles 135
Kierkegaard, Søren 26, 67, 85, 226, 277, 302
King, Martin Luther 303
Knight, David 189
Koestler, Arthur 89
Konstantin I. (Kaiser) 72, 136
Küng, Hans 147

L
Lash, Nicholas 312
Lefebvre, Marcel 123, 126
Le Fort, Gertrud von 251
Lotz, Johannes Baptist 229
Luther, Martin 48, 69, 84, 104

M
Mádr, Oto 305
Mácha, Karel Hynek 231
Machovec, Milan 239
Mandl, Antonín 305
Marion, Jean-Luc 306
Maritain, Jacques 306
Martel, Frédéric 98
Marx, Karl 67, 79, 85, 312
Maslow, Abraham H. 302
Matthäus (Evangelist) 19, 104, 179, 186, 274, 313
Mauriac, François 227
McLuhan, Marshall 155
Medici (Familie) 75
Merton, Thomas 217, 311
Messiaen, Olivier 227
Metz, Johann Baptist 113
Mose 7, 31, 69, 174, 208, 306
Murray, John Courtney 306

N
Nancy, Jean-Luc 306
Natan (Prophet) 306
Neubauer, Zdeněk 60, 225
Newman, John Henry 313
Nietzsche, Friedrich 45, 50, 62, 67, 85, 107, 166, 176, 225–226, 228, 238, 242, 247–249, 312
Nikolaus von Kues 32, 47, 284

O
Ondrášek, Ľubomír Martin 303
Orwell, George 50, 263
Otto, Rudolf 306

P
Pascal, Blaise 67, 98, 109, 174, 207, 211, 246
Patočka, Jan 112, 303
Paulus (Apostel) 16–17, 26, 32, 34, 68–70, 85, 88, 179–181, 185, 201–202, 219, 243, 251, 253, 312
Paul VI. (Papst) 125–126
Petrus (Apostel) 69, 105, 311
Petrusek, Milan 307
Pfister, Oskar 238
Pius IX. (Papst) 82, 118, 306
Pius XI. (Papst) 119
Pius XII. (Papst) 82, 118
Putin, Wladimir W. 136, 154

R
Rahner, Karl 181, 189–190, 242
Ratzinger, Joseph *siehe* Benedikt XVI.
Ricœur, Paul 239, 306
Rizzuto, Ana-María 197
Rohr, Richard 181–182, 301
Romero, Óscar 303
Rudolf II. (Kaiser) 142

S
Saul (König) 209
Seifert, Jaroslav 231
Schleiermacher, Friedrich Daniel Ernst 80
Smith, Wilfred C. 146
Sölle, Dorothee 305
Soros, George 308
Steindl-Rast, David 310
Strawinsky, Igor 227

T
al-Tajib, Ahmed 284
Taylor, Charles 102, 147
Teilhard de Chardin, Pierre 42, 67, 87, 112, 156, 158–159, 181, 289, 301
Teresa von Ávila 12, 111, 214, 289
Tertullian 72
Theodosius I. (Kaiser) 72
Theophilus von Antiochien 19
Therese von Lisieux 111, 245
Thomas (Apostel) 177, 290
Thomas von Aquin 119, 189, 205, 243
Thomas von Kempen 17
Thunberg, Greta 170
Tiefensee, Eberhard 307
Tillich, Paul 303–304
Tischner, Józef 151, 303
Traer, Robert 146
Trojan, Jakub S. 303
Trump, Donald 103, 136, 162, 168, 308
Tutu, Desmond 303

U
Unamuno, Miguel de 251

V
Varro, Marcus Terentius 72
Vattimo, Gianni 108

W
Welles, Orson 156
Wells, Herbert George 156
Westphal, Merold 306
Wiesel, Elie 113
Wilde, Oscar 165
Wittgenstein, Ludwig 79

Z
Zahradníček, Jan 176, 227
Zulehner, Paul M. 302
Zvěřina, Josef 64, 102, 303, 305
Žižek, Slavoj 239, 242